校园冰雪运动文化
建设与发展战略研究

李佩聪　著

吉林出版集团股份有限公司
全国百佳图书出版单位

图书在版编目(CIP)数据

校园冰雪运动文化建设与发展战略研究/李佩聪著
.--长春:吉林出版集团股份有限公司,2020.4
ISBN 978-7-5581-8414-7

Ⅰ.①校… Ⅱ.①李… Ⅲ.①冰上运动－校园文化－
建设－研究－中国②雪上运动－校园文化－建设－研究－
中国 Ⅳ.①G812.5

中国版本图书馆 CIP 数据核字(2020)第 063598 号

校园冰雪运动文化建设与发展战略研究

XIAOYUAN BINGXUE YUNDONG WENHUA JIANSHE YU FAZHAN ZHANLUE YANJIU

著　　者	李佩聪	
责任编辑	冯　雪	
封面设计	崔　蕾	
出　　版	吉林出版集团股份有限公司	
发　　行	吉林出版集团社科图书有限公司	
电　　话	0431－81629712	
印　　刷	北京亚吉飞数码科技有限公司	
开　　本	787mm×1092mm　1/16	
字　　数	214 千	
印　　张	16.5	
版　　次	2021 年 3 月第 1 版	
印　　次	2021 年 3 月第 1 次印刷	
书　　号	ISBN 978-7-5581-8414-7	
定　　价	72.00 元	

如发现印装质量问题,影响阅读,请与印刷厂联系调换。

前　言

　　2022年冬季奥运会将在中国的北京市和张家口市联合举行。这是中国历史上第一次举办冬季奥运会,也是继北京奥运会、南京青奥会后中国第三次举办奥运赛事。京张冬奥会的申办成功为我国冰雪运动的发展带来了良好的契机。

　　为推动我国冰雪运动的发展,我国政府相关部门制定了相关的文件与政策。如国家体育总局制定了《冰雪运动发展规划(2016—2025)》,该规划提出了促进我国冰雪运动发展的四项原则:全民普及,优化提升;市场主导,政府引导;因地制宜,重点发展;协调互动,融合发展。力争到2025年,我国形成冰雪运动基础更加坚实,普及程度大幅提升,竞技实力极大提高,产业体系较为完备的冰雪运动发展格局。2019年,中共中央办公厅、国务院办公厅印发了《关于以2022年北京冬奥会为契机大力发展冰雪运动的意见》,提出要全面推进京张冬奥会、冬残奥会的备战工作,大力普及与推广群众冰雪运动,广泛开展青少年冰雪运动,推动我国冰雪产业的进一步发展等。由此可见,我国政府及领导人都非常重视我国冰雪运动的发展。

　　2022年京张冬奥会是我国重要历史节点的重大标志性活动。要想成功地举办冬奥会,必须要做好充分的筹备工作,在社会上、在学校中大力宣传与推广冰雪运动,促进冰雪运动的蓬勃发展。近年来,我国在推广冰雪运动方面取得了一定的成绩,但与世界冰雪强国相比,仍存在竞技水平不高、群众参与面不广、产业基础薄弱等问题,面临着极大的发展机遇和挑战。

　　学校作为社会各类人才培养与输出的重要阵地,扮演着十分重要的角色,要想培养大量的高素质的冰雪运动人才,推动我国冰雪运动的可持续发展,学校教育是一个非常重要的途径。目前,我国有很多学校都开设了冰雪课程,但这些学校大都集中于我国的北方地区,尤其是东三省(黑龙江、吉林、辽宁),这与东北地区先天性的自然优势是分不开的,东北地区拥有丰厚的冰雪资源,这为学校开展冰雪运动提供了良好的物质基础。为推动我国校园冰雪运动的发展,"推进冰雪运动进校园"被正式列入教育部2018年工作要点,《教育部2018年工作要点》中明确提出,推进冰雪运动进校园,遴选一批全国青少年冰雪运动特色学校。这为我国校园冰雪运动的发展奠定了良好的制度保障。本书就是在这样的背景和形势下产生的,希望通过对我国校园冰雪运动文化建设的研究为我国冰雪运动的可持续发展贡献微薄之力。

本书共有八章,前三章主要阐述了冰雪运动的基本理论、发展态势,以及冰雪运动与校园体育文化之间的关系。通过以上内容的分析,能帮助我们更好地认识与了解冰雪运动丰富的文化内涵,以及开展校园冰雪运动的价值和意义。第四章至第七章详细研究与探讨了促进我国校园冰雪运动发展的战略,同时也是本书的核心部分,具体内容包括冰雪运动基础设施建设,校园冰雪运动人才的挖掘与培养,大学生冰雪运动文化素养的培养,冰雪运动的产业化发展等。通过以上内容的研究,能极大地推动冰雪运动在我国校园中的发展。京张冬奥会日益临近,第八章重点分析了2022年京张冬奥会的筹备工作以及促进冰雪运动可持续发展的战略。

随着2022年京张冬奥会的日益临近,关于冰雪运动的研究也逐渐增多,本书紧跟时事热点,深入研究我国冰雪运动的开展情况,旨在促进我国校园冰雪运动的发展。本书在撰写的过程中,参考和借鉴了大量的有关冰雪运动方面的书籍和资料,在此向有关专家及学者致以诚恳的谢意,由于时间和能力有限,不足之处在所难免,恳请广大读者批评指正!

作 者

2019 年 7 月

目 录

第一章 冰雪运动理论概述

2022年冬季奥运会将在我国的北京和张家口举行,这对于我国冰雪运动的发展是一次极大的挑战和机遇。我国的冰雪运动从业者必须要抓住这一历史机遇,利用奥运会这一契机大力宣传与推广冰雪运动,让人们充分认识到冰雪运动的内涵与价值,从而积极主动地参与冰雪运动锻炼或赛事欣赏之中。这对于我国冰雪运动的发展具有深远的影响和意义。

第一节 冰上运动项目分类及发展

一、冰上运动项目分类

一般来说,常见的冰上运动项目主要有速度滑冰、短道速滑和花样滑冰等几种。这几个项目虽然同属于冰上运动,但各有特点,深受不同滑冰人群的喜爱。

(一)速度滑冰

在规定距离内以竞速为目的的滑冰比赛就是速度滑冰,这一竞速运动项目受到热爱刺激的年轻人的欢迎,在平时的休闲生活中,在滑冰场内都可以看到很多参与滑冰运动的人群。需要注意的是,速度滑冰是一项竞技体育项目,大部分的冰上运动项目的产生与发展都是建立在速度滑冰基础之上的。

速度滑冰跑道的发展经历了一段改革时期,目前速度滑冰的跑道得到逐步改善和发展,为运动员运动成绩和运动安全提供了重要的保障。速度滑冰主要由两条跑道组成,最大周长和最短周长分别为 400 米和 $333\frac{1}{3}$ 米；两个道为 180°弧,内弧半径要大于 25 米（图 1-1）[①]。我国速度滑冰通用的比赛场地为标准 400 米半圆式速滑场地。

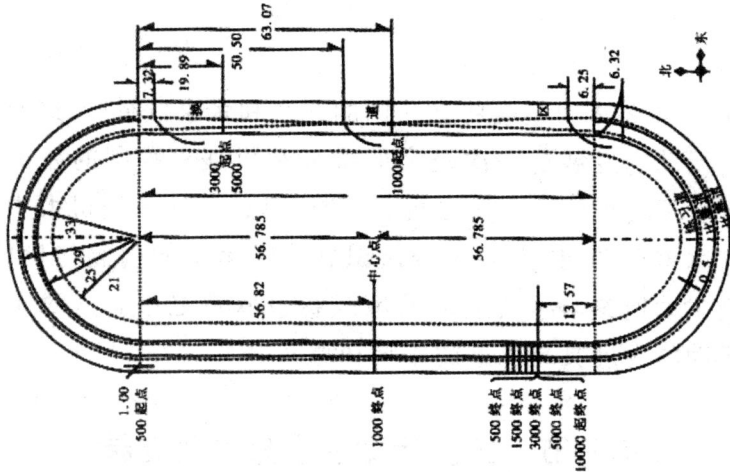

图 1-1

（二）短道速滑

短道速滑,顾名思义就是指短跑道速度滑冰,这一冰上项目与速度滑冰是相对而言的。短道速滑的跑道要比速度滑冰短,属于体能竞速性运动项目,要求运动员必须要具备出色的身体机能、运动技术以及良好的心理素质,另外,在比赛中还要学会利用各种战术,还要有良好的智能素质,这样才有利于提高运动成绩。

短道速度滑冰标准场地规格如图 1-2、图 1-3 所示。

在国内各项滑冰比赛中,一般情况下,冰面面积最小为 60 米×30 米,椭圆形跑道,周长 111.12 米,直道宽度大约等于 7 米,弯道弧顶与板墙之间的间隔距离至少为 4 米。

---

① 全国体育院校教材委员会:《冰雪运动》,北京:人民体育出版社,2007。

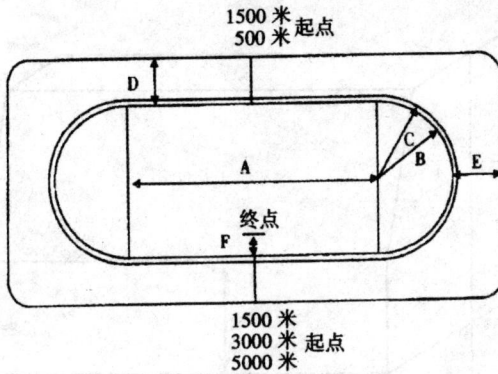

图 1-2

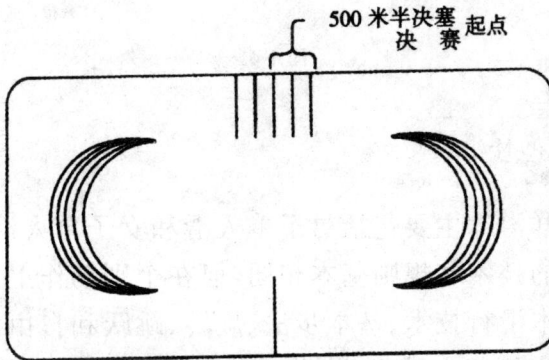

图 1-3

运动员在参加运动训练或比赛的过程中会存在运动损伤的风险,因此在比赛场地中要加设板墙和防护垫,这样能很好地保护运动员的安全,避免发生运动损伤。需要注意的是,在设置运动安全设备时,板墙需要用防护垫遮住,二者要保持相同的高度(图 1-4)。在选择防护垫时,要尽量选择具有防水、防切割功能的面料。

(三)花样滑冰

除了速度滑冰与短道速滑外,花样滑冰也是一项重要的冰上项目,与前两种冰上项目相比,花样滑冰对运动者的技术要求更高,属于技巧与艺术的结合,具有极强的观赏性。目前的花样滑冰项目主要有单人花样滑冰与双人花样滑冰两种。

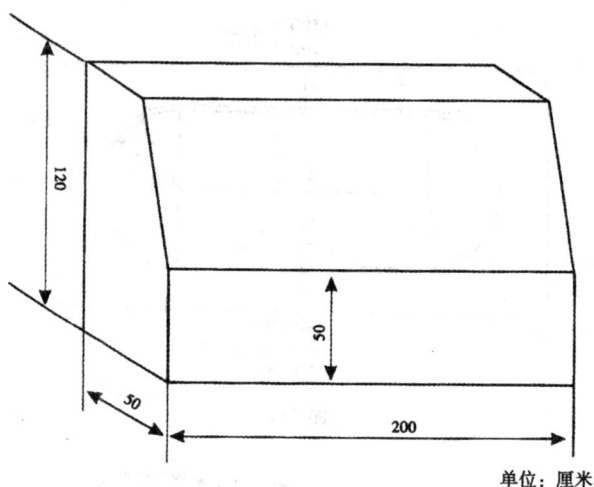

单位：厘米

图 1-4

1. 单人花样滑冰

单人花样滑冰主要包括男子单人滑和女子单人滑两个项目，这两个项目的技术和规则基本相同，但在个别动作上会存在一定的差别。基本滑行技术、基本步法、旋转、跳跃和自由滑动作等是单人花样滑冰的基本动作，这些动作是滑冰的基础动作，只有熟练掌握了以上动作，才能参加其他花样滑冰项目。

2. 双人花样滑冰

双人花样滑冰是一男一女组成一对，在音乐伴奏下共同表演技术动作的项目。在具体的运动比赛过程中，男女运动员要以不同的方式完成规定的动作，男女各项动作的完成要协调一致，因此对两人的默契提出了较高的要求。

双人花样滑冰对运动员的技术要求更高，同时还要求双方必须要具备良好的合作能力，建立良好的默契。一般来说，双人花样滑冰技术动作主要有托举、抛跳、螺旋线、双人旋转和双人自由滑等动作，要求男女双方能协调一致地完成各个动作。

二、冰上运动项目的发展

（一）速度滑冰的历史与发展

1. 世界速度滑冰的发展

速度滑冰的历史比较悠久，它可以说是冰上运动的源头，其他冰上运动项目都是在速度滑冰的基础上产生与发展起来的。

13世纪中叶，一种安装在木板上的铁制冰刀首先在荷兰出现。1572年，苏格兰人发明了第一双"全铁制冰刀"，这是现代冰刀开始的重要标志。17世纪后，欧洲的社会经济发展极为迅速，尤其是金属冶炼工业取得了突破性进展，铁制冰刀开始大量出现，滑冰运动开始向着专业化的方向发展。另外，冰刀有长短之分，长的为速滑刀，短的为花样刀，这都是满足不同滑冰运动需要而产生的。1676年，在荷兰出现了最早的速滑比赛，比赛的形式是从一个城镇滑到另一个城镇，这一比赛形式经过一段时间的发展，最后演变为环城赛。速度滑冰最初的场地都是直线赛道，这一情况不便于人们观看，因此为方便人们观看滑冰比赛，出现了"U"形跑道，后来逐渐演变为如今封闭式椭圆形400米标准跑道。

18世纪末到19世纪初，以竞速为主的滑冰比赛在荷兰出现并逐步扩散到其他欧美国家。后来随着运动员速滑水平的提高及赛事的增多，世界各地纷纷建立起了滑冰组织。1742年，第一个滑冰组织爱丁堡俱乐部首先在英格兰创立，这对于速度滑冰专业化的发展具有重要的历史意义。1850年，世界上出现了第一副钢质冰刀，这一滑冰工具的出现极大地促进了运动员滑冰技术的提高，速度滑冰成绩也有了明显的提升。

后来随着世界经济的不断发展，国际的交往更加频繁和密切，这为举办滑冰国际比赛奠定了良好的基础。最初国家与国家之间进行各种各样的小型滑冰比赛，后来随着国际交流的日益密切，出现了一些关于速度滑冰的大型比赛，如纽约布鲁克林区举行的 25 英里比赛与在挪威克里斯蒂安尼亚举行的对抗赛等就是较大型的滑冰赛事,这两项赛事在当时都引起了热烈的反响。在这一时期,三位挪威人保尔森、沃纳和黑格,通过多年的努力极大地推动了滑冰运动的发展,尤其是保尔森发明了管式冰刀,这极大地提升了速滑运动员的竞技水平,为速度滑冰的发展做出了突出的贡献。

1885 年,德国汉堡举办了第一次国际速度滑冰比赛,当时比赛跑道为 3 800 米和 800 米,另外还有用英里计算距离的。这一时期,关于比赛场地规格、比赛项目及竞赛规则等还存在一定的问题,面临着较大的争议。为解决这些问题,荷兰人提出了比赛采用双跑道两人一组同时出发,设立短、中、长距离比赛项目的建议。根据这一建议,国际速滑比赛规则确定下来。第一次按照新规则举行的国际比赛是于 1889 年在荷兰阿姆斯特丹举行的世界冠军赛。竞赛规则的统一对于速度滑冰的发展具有深远的影响和意义。

自 1889 年起,荷兰阿姆斯特丹连续举办了三次速度滑冰世界冠军赛。当时的比赛规则规定,只有获得全部项目第一名的运动员才能够被授予冠军称号,但事实情况是 1889 年和 1890 年没有任何一名运动员都获得第一名。直到 1891 年,美国运动员杰·多诺格夺得了 4 个项目第一名,他因此成为第一个速度滑冰世界冠军。

1892 年,第一届世界男子速滑锦标赛成功举办。该项赛事承认速滑世界纪录,比赛项目是全能比赛(500 米、5 000 米、1 500 米、10 000 米);1936 年开始增设世界女子速滑锦标赛,比赛项目是全能比赛(500 米、3 000 米、1 500 米、5 000 米)。经过一段时期的发展,从 1956 年开始,女子全能比赛项目改为 500 米、1 500 米、1 000 米和 3 000 米。到了 1983 年,又将女子全能比赛改为 500 米、3 000 米、1 500 米和 5 000 米。

从 1970 年起,每年举行一次世界短距离锦标赛,男女比赛项目均为两个 500 米、两个 1 000 米。为提高青少年的速滑水平,培养速滑后备人才,1975 年开始增设了世界青少年速滑锦标赛,年龄在 20 岁以下的运动员均可参赛。其中,男子比赛项目包括 500 米、1 500 米、3 000 米和 5 000 米,女子比赛项目为 500 米、1 000 米、1 500 米和 3 000 米。

2. 我国速度滑冰的发展

新中国成立后,党和政府非常重视滑冰运动的发展,各种群众性的冰上运动广泛开展起来,尤其是速度滑冰拥有不错的发展势头。每年冬季,我国北方地区,尤其是东北地区的学校都将滑冰项目作为重要的体育教学内容,并举办各种类型的冰上运动会,这极大地推动了我国冰上运动的发展。

由于我国东北地区拥有得天独厚的自然条件,因此东北地区的黑龙江、吉林、辽宁等省份的冰上运动水平普遍较高,他们普遍拥有设备齐全的现代化滑冰馆与滑冰场,同时还有强大的专业人才队伍,各体育院校的冰上运动发展势头也非常好。除此之外,这些地区的冰上运动专门研究机构也比较多,拥有雄厚的科研实力,这些都为促进我国冰上运动的发展做出了突出的贡献。

(二)短道速度滑冰的历史与发展

1. 世界短道速度滑冰的发展

短道速滑与速度滑冰之间有着极为密切的联系,可以说二者在历史的发展过程中是长期共存的。1905 年,在加拿大首次举行了短道速度滑冰全国锦标赛,受到人们的广泛关注。1915 年,同样在加拿大举行了第一次国际性的短道速度滑冰比赛。自此之后,短道速滑获得了非常迅速的发展。在科学技术日益发达的情况下,很多发达国家都投入大量的财力和物力修建了室内冰场,这为短道速滑的发展提供了良好的基础保障。在短道速滑日益发展的背景下,国际滑冰联合会做出了从 1978 年开始举办国际滑联锦标赛的决定,这一比赛设置男、女 500 米与 1 000 米各两个项目。

1981年,第一届世界短道速度滑冰锦标赛成功举办,虽然这一届比赛,参与的国家和运动员人数并不是很多,但对短道速滑起到了良好的宣传与推动作用。

1982年,世界短道速滑锦标赛上,加拿大首先在比赛中使用了短道速滑移位冰刀,极大地提高了运动员的运动成绩,利用该项技术,短道速滑500米的成绩成功突破了48秒大关。由此可见,短道速滑运动装备对运动员的重要性。

1988年,第十五届冬季奥运会上首次出现了短道速滑项目,但这一项目在此时只是表演项目,共设置10枚金牌,这为短道速滑加入奥运大家庭,成为正式奥运比赛项目奠定了良好的基础。

1992年,第十六届冬季奥运会,短道速滑成为冬奥会的正式比赛项目,共设置4枚金牌,其中包括男子1 000米、5 000米接力和女子500米及3 000米接力。短道速滑运动迎来了一个小的发展高潮。

1994年,第十七届冬奥会上又增加了两项短道速滑项目,分别是男子500米和女子1 000米短道速滑比赛。

1998年,第十八届冬奥会共设置6个项目的短道速滑比赛,分别为男子500米、1 000米和5 000米接力,女子500米、1 000米以及3 000米接力。

随着短道速滑运动设备的升级及运动员训练水平的不断提高,大量的短道速滑记录被打破,短道速滑运动在这一时期进入了一个快速发展的阶段。

2. 我国短道速度滑冰的发展

我国的短道速滑起步于20世纪80年代初,其发展历程主要包括以下五个阶段。

(1)起步阶段(1981—1984年)

1981年9月,日本短道速度滑冰讲学团来到我国讲学,加强了两国彼此间的交流和合作,正是在这次讲学之后,我国才决定开展短道速滑运动。

1982 年，第一次全国短道速滑集训比赛在北京举行，参加此次比赛的运动员大部分都是速度滑冰选手。这次集训比赛是我国短道速滑正式比赛发展的一个有益尝试。

1983 年，第一次全国短道速滑比赛在黑龙江省牡丹江市举行，同年 3 月份短道速滑被正式列为全运会正式比赛项目。4 月份，我国短道速滑运动队参加了在日本东京举行的世界锦标赛。由于与其他国家运动员的差距较大，大部分运动员在预赛中就被淘汰。

（2）飞跃发展阶段（1985—1986 年）

1985—1986 年是我国短道速滑运动飞速发展的时期。1985 年，我国短道速滑运动水平提升非常明显，在 1985 年世界大学生冬季运动会上，我国选手展焕丽夺得了女子 3 000 米比赛的第一名与 1 500 米比赛的第四名，同时还获得了总分第三名与女子 3 000 米接力的第三名，取得了优异的比赛成绩，这深深地鼓舞了我国短道速滑队成员的士气。在这一年，为促进我国短道速滑运动的进一步发展，国家体育部门进行了一定的运动训练政策调整，如增加运动员编制、引进国外先进技术等，这在一定程度上提高了短道速滑运动员的运动训练水平。

1986 年 7 月 1 日，国家体委召开全国短道速度滑冰集训工作会议，该会议细致分析了我国短道速滑运动发展中存在的各种问题，并针对这些问题提出了一些可行性建议，同时还制定了逐步推动我国短道速滑运动发展的规划，提出了相应的发展任务与指标。除此之外，本次会议还成立了短道速度滑冰技术委员会，以更好地指导我国短道速滑队的发展。自此，我国短道速滑运动进入了一个新的发展阶段。

（3）突破阶段（1987—1989 年）

1987—1989 年是我国短道速滑运动发展的突破阶段。1987 年，第六届全国冬运会上，李金燕打破了尘封多年的女子短道速滑世界纪录，之后她又在当年的世界锦标赛中闯入决赛，并最终夺得女子 1 500 米比赛的第五名。受此影响,我国的短道速滑受到体育管理部门的重视,成为一项国家重点扶持的体育项目。在第十五届冬季奥运会中,我国选手李琰获得了 1 枚金牌、2 枚铜牌,同时打破了两项世界纪录,这引起了我国滑冰界的瞩目,短道速滑项目开始被人们所熟知,这对于我国短道速滑运动的宣传与推广具有重要的意义。除此之外,在同年举行的世界大学生冬季运动会上,我国选手郭洪茹夺得 2 枚金牌,李金燕、蒋志彬各获得 1 枚金牌,这是我国在历届世界大学生冬季运动会中所夺得的最好成绩。1989 年,我国短道速滑运动员郭洪茹获得世界锦标赛女子 3 000 米比赛的金牌,为国人争得了荣誉。

(4)保持相对稳定的阶段(1990—1994 年)

1990—1994 年是短道速滑运动保持相对稳定与发展的阶段。这一时期,世界短道速滑运动得到了极为迅速的发展,我国则在女子短距离项目上保持一定的优势,男子项目的发展则相对落后。在此期间我国女子短道速滑队一共在各项赛事中夺得 8 枚金牌,为我国争得了荣誉。

为推动我国冰雪运动的进一步发展,1994 年,我国体育部门进行了一系列改革,冰雪运动管理体制得到调整和改变,国家体委冬季运动管理中心成立,这一时期国家开始重视对短道速滑人才的培养,为短道速滑人才的培养与发展提供了重要的物质与政策基础。

(5)再创辉煌阶段(1995 至今)

1995 年,为了备战第十八届冬奥会,我国冬季运动管理中心针对当时的实际对短道速滑运动项目的管理机制进行了相应的调整,为运动员的运动训练提供了便利。

1996—1997 年,国家短道速滑队先后参加了一系列世界大赛,如世界排名赛、世界大学生锦标赛及世界锦标赛等,通过这些赛事,我国短道速滑队与其他国家运动队加强了彼此间的交流,得到了很好的锻炼。

1998 年,我国短道速滑队参加了第十八届冬奥会,一共夺得

5 枚银牌与 1 枚铜牌，这是我国在历届冬奥会上所获得的最佳成绩。

1999—2000 年，我国短道速滑队一共参加了 6 站比赛，都取得了不错的成绩，尤其是在第 4 站比赛中一共夺得 8 枚金牌、1 枚银牌以及 1 枚铜牌，这为我国短道速滑队的发展积累了信心。

在 2010 年的温哥华冬奥会上，中国女子短道速滑队，包揽了女子 500 米、1 000 米、1 500 米和 3 000 米接力女子短道速滑项目的全部 4 枚金牌，创造了历史，受到世界滑冰界的瞩目。

2018 年，在平昌冬奥会短道速滑女子 1 500 米比赛中，李靳宇获得亚军。武大靖在男子 500 米决赛中以 39 秒 584 的成绩夺冠，为中国赢得平昌冬奥首枚金牌。

2022 年，京张冬奥会的申办成功为我国短道速滑运动的发展带来了良好的契机，因此我国短道速滑队要把握这一历史机遇，不断加强训练，提高运动水平，力争创造更加优异的成绩。

(三)花样滑冰的历史与发展

1. 世界花样滑冰的发展

早在原始社会时期，人类为了生存的需要，用兽骨制成冰刀来作为狩猎和生活的工具。后来又用兽骨制成绑式冰鞋在冰上参加各种活动，经过一段时期的发展，冰上活动逐渐演变为一项以娱乐为主的活动项目。这一以娱乐为主的冰上运动项目便是花样滑冰的雏形。

发展到 13 世纪，花样滑冰运动传遍欧洲大陆，很多贵族与上层人物也参与花样滑冰运动之中。

1683 年，英国国王查理斯二世曾经兴高采烈地观看在泰晤士河上盛大的化妆冰上表演，此次表演活动规模较大，参与人数众多，对花样滑冰运动是一次极大的宣传。

发展到 18 世纪，花样滑冰运动开始在美洲获得不错的发展。1742 年，世界上第一个滑冰俱乐部——爱丁堡俱乐部在英国诞生,该俱乐部结合花样滑冰的具体实际制定了很多章程与条例,所有的俱乐部人员都必须要遵守规则与条例,否则就会受到相应的惩罚。

1772 年,世界上第一部花样滑冰专著——《论滑冰》问世。该书全面系统地介绍了花样滑冰运动的基本理论知识、运动训练知识、花样滑冰的基本常识和运动方法等,此书发行量较大,深受广大花样滑冰爱好者的青睐。

1858 年,在加拿大的魁北克市建立了世界上第一个带盖的室内冰场。这一冰场能够抵御恶劣天气的影响,受到的客观限制因素较小,因此具有较强的场馆利用率。

1860 年,美国花样滑冰爱好者汉斯·杰克逊首次将花样滑冰技巧融入各类舞蹈中进行表演,这给人们眼前一亮的感觉。为促进世界花样滑冰运动的发展,汉斯·杰克逊做出了应有的贡献。

1887 年,首届花样滑冰国际比赛在俄国的彼得堡进行,吸引了诸多国家的选手参加比赛。最终俄国选手列别杰夫夺得了三个项目与总成绩的第一名,成为名副其实的世界冠军。

1892 年,国际滑冰联合会成立,总部设于荷兰斯奇威尼根,并制定了花样滑冰的相关比赛规则。两年召开一次大会,并对现有的宪章与规则进行了一定的修改,同时确立了花样滑冰运动的未来发展方向。

1896 年 2 月,在俄国的彼得堡举行了首届世界花样滑冰锦标赛,最终来自德国的福科斯获得了第一名,并且成为第一个花样滑冰世界冠军。

1906 年 1 月,在瑞士达沃斯举行的世界花样滑冰锦标赛上,女子单人滑成为此次比赛的重要内容,激起了各国女性滑冰运动员的参与热情。

1908 年,在俄国的彼得堡举行的世界花样滑冰锦标赛上,双人滑成为正式比赛项目。通过几天的角逐,我国运动员获得了双人滑的世界冠军。

1952 年,冰上舞蹈正式成为世界花样滑冰锦标赛的比赛项目,当时参与这一赛事的运动员不是很多。共有来自 4 个国家的 9 对选手参加此次比赛,最终来自英国的维斯特·伍德与劳伦斯·戴梅获得本次比赛的冠军,成为第一个世界花样滑冰大赛的双人冠军。

1920 年,花样滑冰运动正式成为奥运会比赛项目。其发展进入了一个健康发展的阶段。

2. 我国花样滑冰的发展

在我国古代史书记载中就有关于花样滑冰运动的内容,那时叫冰嬉,与现在的花样滑冰有着一定的相似之处。新中国成立之后,花样滑冰运动在我国北方一些冰雪资源优越的城市中率先发展起来,受到人们的广泛关注。

1953 年,首届全国冰上运动会在我国的哈尔滨市举行。花样滑冰运动员田继陈夺得了男子单人滑的冠军,而苏锦珠则夺得了女子单人滑项目的冠军。

1956 年,我国冰球与花样运动员(田继陈、刘敏)参加了世界大学生冬季运动会,加强了我国花样滑冰运动的国际交往。

1957 年,我国邀请捷克斯洛伐克花样滑冰专家来华讲学,后来根据讲课内容编制了《花样滑冰讲义》一书,该书对我国花样滑冰运动的发展起到了重要的指导作用。

1959 年,捷克斯洛伐克花样滑冰队访问我国,与我国花样滑冰运动员进行了表演与交流。同年,全国第一届冬运会举行,花样滑冰运动成为冬运会的重要项目。

1960—1963 年间,受各种主客观因素的影响,我国花样滑冰队的发展受到了严峻的考验,出现了运动员锐减,运动训练水平倒退的局面,在这一时期总的来看我国的花样滑冰运动并未获得良好的发展。

1964—1966 年,我国花样滑冰运动开始重新获得发展,滑冰技术获得升级,如运动员在训练和比赛中完成 3 种两周跳逐渐成为一种常态。如在 1964 年全国冰上运动会上,花样滑冰运动员王钧祥首次完成勾手两周跳,训练中出现两周半跳。

1966—1969 年,这一时期我国的花样滑冰运动停滞不前,甚至出现倒退的局面。直到 1970 年,花样滑冰这一运动才得到复苏。

1970 年,哈尔滨举行了全国兄弟省市冰上邀请赛。1972 年又举行了全国冰上项目集训比赛。老运动员组建了工人花样滑冰队,他们对我国花样滑冰运动的发展都做出了应有的贡献。

1973—1976 年,我国花样滑冰运动开始逐步走向正规,出现大量的花样滑冰比赛。与此同时,花样滑冰的优秀运动员队伍也在不断壮大,训练水平得以提高。在这一时期涌现出了不少高水平的花样滑冰运动员。

1977 年,我国花样滑冰运动初步实现了正常发展,同年,我国花样滑冰运动队首次出访日本,加强了与其他国家之间的联系和交流。

1978 年,全国花样滑冰比赛在乌鲁木齐市举行,参加此次比赛的规模较大,人数众多,共有 13 个代表队参加此次比赛,运动员多达 113 人。1978 年 2 月,国家体委组建了 5 人考察组赴加拿大渥太华进行考察,为我国带回了珍贵的花样滑冰发展的资料。

1979 年,我国举办了双人滑全国比赛,1981 年首次举行正式的冰上舞蹈全国比赛,这对于滑冰运动是一次具有实践意义的宣传。

1980 年,我国花样滑冰运动队首次参加第十三届冬奥会与世界花样滑冰锦标赛,这标志着我国花样滑冰运动进入了一个新的发展时期。

1983 年,我国黑龙江省建造了首个室内人造冰场,1986 年长春、吉林室内冰场也纷纷落成。这为这些地区的花样滑冰运动员提供了良好的运动场地条件,促进了运动员训练水平的提高。

1984 年,中国花样滑冰运动员许兆晓在匈牙利国际花样滑冰比赛中夺得了金牌,为我国争得了荣誉。

1985 年,我国花样滑冰运动员张述滨获得了世界大学生运动会男子单人滑的比赛冠军。

1986 年,在第一届冬季亚运会上,刘陆阳与赵晓雷分别获得冰舞第一名,我国花样滑冰运动开始具备冲击世界强国的实力。除此之外,我国花样滑冰的科研实力也得到加强,出版了一些有价值的学术刊物,对于丰富和完善我国的花样滑冰理论研究具有重要的意义。

1990 年 5 月,在长春召开了全国花样滑冰教练委员会扩大会议,本次会议总结了我国花样滑冰运动的发展经验,并制定了今后发展的目标和规划。

1990 年 11 月,在匈牙利举行的世界少年花样滑冰锦标赛上,我国花样滑冰运动员陈露表演成功,获得一枚铜牌,第二年又获得同样的成绩。

1992 年,在第十六届冬奥会上,陈露获得总分第六名的好成绩。在同年的世界花样滑冰锦标赛上,她又获得一枚铜牌,意味着她的技术水平已经进入世界先进行列。在 20 世纪 90 年代初期,可以说我国女子花样滑冰单人滑的整体水平提升非常明显,跨入世界先进行列。

1993 年,国家体委冬季运动管理中心成立,在管理中心的带领下,我国花样滑冰运动开始获得迅速发展,逐步走向辉煌。

1995 年,在世界花样滑冰锦标赛上,陈露勇夺世界花样滑冰冠军,站在了花样滑冰的世界之巅。

从 2002 年开始,申雪、赵宏博和庞青、佟健多次夺得世界冠军称号,在第二十届冬奥会上,张丹、张昊获双人滑银牌。

2010 年温哥华冬奥会上,申雪/赵宏博、庞清/佟健分别夺得冠亚军,张丹/张昊排名第五,中国花样滑冰队到达巅峰。

2018 年平昌冬奥会上,隋文静/韩聪以 235.47 分夺得花样滑冰双人滑亚军,至此,我国花样滑冰运动迎来了一个发展的春天。

第二节 雪上运动项目分类及发展

一、雪上运动项目分类

(一)以滑雪功能划分

依据滑雪的功能,可以将滑雪运动分为表 1-1 中的几类。

表 1-1 依据滑雪的功能对滑雪运动的分类

类型	说明
竞技滑雪	滑雪主流项目,专业性较强
大众休闲滑雪	滑雪主流项目,普及性较强
实用滑雪	常用于交通、军事领域
特殊滑雪	常用于探险、表演等场合

(二)竞技滑雪项目

关于竞技滑雪项目的分类比较严谨,不同类型的竞技滑雪比赛包含不同的小项目,如世界性的大型赛事与小范围的比赛存在着一定的差别。下面主要介绍一下冬奥会中竞技滑雪项目的分类。

(1)高山滑雪。基本动作有滑降,超级大回转,大回转,回转,滑降+回转等。

(2)单板滑雪。分为男、女单板雪上技巧、双人平行大回转、四人追逐赛等几个小项目。

(3)自由式滑雪。分为男、女空中技巧和雪上技巧项目。

(4)北欧滑雪。具体比赛项目及内容见表 1-2。

(5)冬季两项。主要包括男、女个人追逐赛及团体接力赛。

表 1-2　冬奥会中北欧滑雪项目

北欧滑雪	比赛项目
跳台滑雪	男子单人和男子团体
越野滑雪	男女单人和团体接力
北欧两项	男子单人和男子团体接力

二、雪上运动项目的发展

下面主要介绍冬奥会中几类滑雪比赛项目的发展情况。

(一)高山滑雪的历史与发展

1. 世界高山滑雪的发展

高山滑雪就是运动员利用滑雪板在山坡规定的线路上自上而下,以极快的速度与高超的技巧滑过不同的坡度、绕过不同的旗门,最终滑向终点的一项竞技运动。高山滑雪对运动员的技术要求非常高,要求运动员必须要掌握出色的降速与超级大回转、回转和大回转等技巧。在高山滑雪项目中,高山全能对人的综合素质要求较高。而娱乐滑雪则要求运动员要掌握好滑雪的速度,要充分利用转弯技术实现自由滑行的目的。

1936 年,在第四届冬奥会上,高山滑雪被列为正式比赛项目,设男、女全能项目。1948 年,在第五届冬奥会上,增设男、女速降与回转项目。1952 年,在第六届冬奥会上,又增设男、女大回转项目。1988 年,又增加男、女超级大回转项目。发展到现在,冬奥会一共设有男子与女子共 10 个单项,共包括 10 枚金牌。

2. 我国高山滑雪的发展

新中国成立后,我国高山滑雪运动获得逐步发展。第一次滑雪比赛诞生于吉林市。当时共有 70 多人参加比赛,运动员的滑雪水平普遍不高,也没有专业的滑雪裁判员进行执法。1959 年 2

月,第一届全国冬季运动会滑雪比赛在吉林市举行,只有内蒙古、吉林、黑龙江等几个省份的 122 名运动员参加了此次比赛,比赛水平仍然不高。

1994 年 3 月,我国首次举办第四届亚洲青少年高山滑雪比赛,加强了我国与其他国家之间滑雪运动的交流。1996 年 2 月,我国又举办了第三届亚洲冬季运动会滑雪比赛。2007 年 1 月,第六届亚洲冬季运动会雪上项目比赛在北大湖滑雪场举行。通过各项滑雪赛事的举办,我国积累了一定的滑雪运动发展的经验。

1961 年,我国参加在波兰札河班湟举行的社会主义国家友军冬季运动会,也是我国首次参加的世界性滑雪大赛。

1979 年,国际奥委会恢复了我国在奥运会上的合法席位,同年 11 月国际滑雪联合会接纳我国为临时会员。1981 年,正式恢复我国滑雪运动的会员地位。

1980 年,我国首次参加冬季奥运会,在此次冬奥会后,我国加强了与其他国家之间的交往与合作,学习与引进西方国家先进的滑雪技术,推动了我国滑雪运动的进一步发展。

随着我国社会经济的不断发展,以及人们生活水平的日益提高,大众滑雪运动开始逐渐进入人们的视野并获得了快速发展。截至目前,我国已经建成大大小小的滑雪场将近 200 个,年滑雪人次超过 300 万,高山滑雪已成为一项重要的冬季运动项目,在我国有着广阔的发展前景。

随着 2022 年京张冬奥会的申办成功,高山滑雪运动迎来了一个良好的发展契机,我国高山滑雪运动要把握住这一历史发展的机遇,不断加强基础设施与后备人才等方面的建设,努力提高我国的高山滑雪运动水平,实现高山滑雪运动的健康、快速发展。

(二)越野滑雪的历史与发展

1. 世界越野滑雪的发展

越野滑雪主要是以雪板与雪杖为滑雪用具,在起伏的丘陵山地沿着规定的线路滑行的一项雪上竞速运动。一般来说,越野滑雪主要包括个人比赛与团体比赛两种形式。

越野滑雪有着非常悠久的历史,最初起源于挪威,后来又流传于斯堪的纳维亚半岛与俄罗斯等地区。早先越野滑雪只是作为人们狩猎的一种方式与交通工具,后来随着时间的不断发展,逐渐演变成为一种身体运动方式,再后来逐渐形成一种体育竞技项目。

12世纪,滑雪运动由北欧传入英格兰。挪威首先将滑雪纳入学校的体育课之中,由此可见滑雪运动受到的重视程度。

在15—19世纪之间,越野滑雪成为欧洲一些国家重要的体育比赛项目,受到人们的广泛欢迎。在这一时期,也出现了有关滑雪运动的专著,如挪威人所著的《滑雪指南》成为指导人们参加滑雪运动的重要书籍。1860年,挪威举行了第一次正式的越野滑雪竞赛,标志着竞技滑雪运动进入了一个新的发展阶段。1888年,极地探险家弗里德乔夫·南森推着雪橇耗时46天完成了横越格陵兰岛的创举,这对于滑雪运动的推广是一次很好的宣传,为推动滑雪运动的发展做出了突出的贡献。

1910年,国际滑雪委员会成立,瑞典人西格弗雷德·埃德斯特伦被任命为协会主席,本次会议也通过商讨起草了国际滑雪规则,1913年,滑雪比赛新规则得以制定并实施。

1924年2月2日,国际滑雪联合会成立,经联合会成员的一致同意,决定自1925年起定期举办滑雪世界锦标赛。

2. 我国越野滑雪的发展

我国地大物博,适合滑雪运动的地区较多,尤其是东北与西北地区,滑雪成为这些地区人们非常喜爱的运动项目。在我国东北与西北地区,一直就存在着民间滑雪活动。这一地区的人们借助滑雪来从事相应的狩猎与生产劳动。滑雪板是他们常用的交通工具,利用滑雪板一方面可以做代步工具,另一方面可以方便狩猎。

新中国成立后,在党和政府的倡议下,我国东北地区的滑雪运动开展的势头日益高涨。1957年,第一届全国滑雪运动会在吉林省通化市举行。虽然这一时期我国的滑雪运动得到了一定程度的发展,但总体来看,发展比较缓慢,越野滑雪运动开展的时间较短,运动员的技术水平较差,需要进一步努力。

1959年,为促进我国越野滑雪运动的发展,加强与世界强国之间的交流,我国引入了苏联的滑雪技术,这是一次很好的尝试,对于我国越野滑雪运动水平的提高具有重要的意义。

在1961年和1964年,中国滑雪队先后两次到波兰扎克盘与罗马尼亚参加了社会主义国家冬季滑雪运动会,与其他国家的交流与切磋,一定程度上推动了我国越野滑雪运动水平的提高。

1980年,我国滑雪运动队首次参加冬奥会,从此登上国际滑雪的舞台,揭开了滑雪运动发展的新篇章。

在2006年意大利都灵举办的冬奥会上,我国选手王春丽在传统技术10公里比赛中取得了第十七名的成绩。

越野滑雪对于我国而言并不是一项优势项目,目前正有条不紊地走在发展的道路上。2018年国家体育总局提出了跨界选材的构想,极限马拉松运动员陈盆滨加入中国越野滑雪运动队,力争在2022年的京张奥运会上取得突破,这是一次不错的尝试。我国越野滑雪要想获得健康、快速的发展就需要结合自身具体实际走出一条创新的特色化道路。

(三)单板滑雪的历史与发展

1. 世界单板滑雪的发展

单板滑雪出现的时间也是比较早的,早在20世纪60年代,有一位叫舍曼·波潘的美国人将两支雪板并连在一起成为一块雪板,乘在这块雪板上从山坡上滑下。这种单板运动富有趣味性和娱乐性,受到当时儿童和少年的欢迎,成为青少年儿童重要的娱乐项目。

后来经过多年的发展，出现了用塑料、胶合板制作的单板。这一时期的单板没有现代单板的金属边刃，也没有底弧与边弧，主要是一种滑降游戏。发展到 20 世纪 70 年代后期，单板上开始出现了金属边刃，滑行面的材料也不断更新，出现了软鞋和注塑鞋等专业的滑雪鞋，在这一时期，单板滑雪运动迅速普及，获得了快速的发展。

（1）竞技单板滑雪运动的发展

纵观冬奥会的各个比赛项目，单板滑雪可以说是冬奥会中历史最短、最为年轻的运动项目。

1983 年，在美国举行了第一次单板滑雪的比赛，1987—1988 年赛季就开始了每年多站的世界杯比赛。在 1994 年 8 月召开的国际奥林匹克委员会会议上，国际奥委会主席萨马兰奇明确表达了期望单板滑雪成为冬奥会项目的意见，后来经过多年的努力，单板滑雪终于成为冬奥会正式比赛项目。2002 年，在美国盐湖城冬奥会上，单板 U 型场地滑雪仍然是正式的比赛项目，而单人大回转项目则由单板双人平行大回转取代。在 2006 年的都灵冬奥会上，又增设了单板追逐赛。单板滑雪运动进一步充实了奥运会比赛内容。

近些年来，世界单板滑雪运动获得了非常快速的发展，运动员运动水平逐步提高，成为冬奥会重要项目，由此可见单板滑雪运动有着非常大的潜力和美好的前景。目前，单板滑雪赛事越来越多，举办的越来越频繁。在国际范围内，仅世界杯层次的每年多站的单板竞赛项目就包括高山回转、高山大回转、自然雪面极限滑降、单板空中技巧等。除此之外，单板 U 型场地滑雪与单板空中技巧等项目也非常受欢迎，吸引了很多的赞助商，为赛事承办者带来了极大的经济效益，通过单板滑雪赛事也极大地宣传了赞助商的产品或服务，因此双方都获得了双赢的局面。

单板 U 型场地滑雪是冬奥会的金牌项目，与以往相比，单板 U 型场地滑雪项目在技术动作质量、飞起的高度与难度上都实现了质的飞跃。长野冬奥会时单板 U 型场地滑雪的空中技术包括抓板类、扭转类、转体类、空翻类和支撑类 5 大类,而到了意大利都灵冬奥会时单纯的扭转和支撑类技术动作已经不再出现,抓板与转体的结合、空翻与抓板的结合以及空翻、转体与抓板的结合发展成为该运动项目的主流技术。2010 年,在加拿大温哥华举行的冬奥会上,男子成功完成的最高难度为转体 1260°,女子成功完成的转体难度为转体 900°。可以说,单板 U 型场地滑雪的技术动作向着追求高度、难度等方向发展,另外由于其具有极强的观赏性,因此深受体育旅游爱好者的喜爱。

(2)大众单板滑雪运动的发展

随着竞技滑雪运动的不断发展,滑雪运动的影响力也越来越大,逐渐深入社会各个层面,目前各种单板协会相继成立,单板滑雪赛事不断增多,运动员运动水平日益提高,单板滑雪的发展势头非常好。单板滑雪运动有着鲜明的特点,它集滑行、冲浪飞跃、技巧、音乐于一体,体现出自由、奔放与创新的运动特点。与此同时,单板滑雪还能够让运动者很好地体会到飞起到空中的飘逸感、从坡面高速滑下的速度刺激感、在空中完成高难度的技巧动作后顺利着陆的自我满足感,以及自由控制速度滑过不同坡面、雪包和越过各种障碍的成功愉悦感,这些都来源于单板滑雪运动自身的魅力,这也使得很多年轻人一旦接触单板滑雪运动就会被深深吸引。如今,在欧洲、亚洲发达国家的滑雪场上,单板滑雪越来越受欢迎,逐步走进大众健身的视野。

在美国,目前有很多热爱单板滑雪运动的人已不再满足于在雪面上滑行了,而是渴望追求更高的难度,如从雪面飞起到空中,进行飞跃远度与高度的竞技;他们跃过了水面与高速道路,甚至越过了房顶;此外他们还滑上了专门设置的高台、平衡木、直管道、S 形管道以及高架在空中的铁管上;又从远度、高度的飞跃转向空中技巧的竞技,他们飞起在空中进行各种各样的空翻、转体、抓板的表演。

在亚洲,日本的单板滑雪实力比较雄厚,发展到现在,日本拥有的单板运动滑雪者已达到 100 万人。随着单板滑雪人口的不断增长,相关的安全问题、场地问题等也随之出现。在日本的滑雪场上,年轻人往往占据绝对的多数,而单板滑雪者则占绝大多数,单板滑雪人口正在不断增长。

单板滑雪运动之所以能够得到如此迅速的发展,除了项目特色鲜明,深受运动者的喜爱外,与场地设施、滑雪设备的建设是分不开的。一般情况下,大多数的单板滑雪者还是要在平整过的场地上滑行,因此,单板场地的数量与质量如何,对满足滑雪者的要求、提高滑雪者的兴趣、提高滑雪者的滑行水平都具有重要的作用。从国际上看,单板滑雪专用场地也在不断增加,单板场地上具有挑战性的各种设施在不断增加,空中索道的条件正在不断改善,快速安全的4人座吊椅与速度更快的封闭包箱已经将拖牵式的索道取代;数量充足的压雪机及造雪机很好地保证了场地雪的厚度与平整度,日渐完善的滑雪场服务设施与服务质量也极大地推动着单板滑雪运动向着健康的方向发展。

2. 我国单板滑雪的发展

我国滑雪运动的发展时间较晚,但经过多年来的努力,我国单板滑雪运动也进入一个良好的发展轨道。为推动我国单板滑雪运动的进一步发展,国家体育总局曾经于2003年、2004年两次派出了单板滑雪教练员研修团赴日本长野进行考察与学习。2005年,我国又派遣教练员赴奥地利学习单板高山滑雪技术。在冬季运动管理中心滑雪部的组织下,在沈阳体育学院举办了全国首届单板U型场地滑雪官员、教练员、裁判员的学习班;每年还设置了多站大众高山单板竞赛,这些举措都极大地推动了我国单板滑雪运动的发展。

2004年,我国单板滑雪运动队首次参加国际性滑雪比赛,黑龙江省女运动员潘磊最终夺得了单板U型场地滑雪的银牌,取得了不俗的成绩。

2005年,我国组建了单板U型场地滑雪国家集训队,参加了在日本举行的FIS的积分比赛;参加了2005—2006赛季世界杯智利站比赛,沈阳体育学院女子运动员孙志峰在比赛中获得了第八名。如今,沈阳体育学院、黑龙江省、哈尔滨市、哈尔滨体育学院、长春市、新疆等均成立了单板 U 型场地滑雪队伍并进行训练。在 2004—2005 赛季,首次全国单板 U 型场地滑雪冠军系列赛分别在北京云佛山滑雪场、沈阳体育学院滑雪场、黑龙江亚布力滑雪场顺利举办。2005—2006 赛季,分别在北京云佛山滑雪场、沈阳体育学院白清寨滑雪场和黑龙江亚布力滑雪场举行了单板 U 型场地滑雪的冠军系列赛。在 2005—2006 赛季,首次全国单板 U 型场地滑雪锦标赛在哈尔滨体育学院帽儿山滑雪场举行。

我国女运动员孙志峰和潘磊参加了 2006 年都灵冬奥会的资格,并在教练员王葆衡的带领下首次参加了冬奥会的单板 U 型场地滑雪的比赛。至今,我国女运动员刘佳宇和孙志峰不仅双双获得过世界杯的金牌和欧洲杯的金牌,刘佳宇还在 2009 年 1 月获得了世界锦标赛的金牌;男子运动员曾小烨与史万成不仅分别获得了一站世界杯比赛的铜牌,曾小烨还获得了欧洲杯的金牌。在 2010 年加拿大温哥华冬奥会上,在教练员王葆衡、刘长福的带领下,女运动员刘佳宇获得了单板 U 型场地滑雪的第四名,孙志峰获得了第七名,男运动员曾小烨获得了第十五名。

总的来看,我国单板滑雪运动发展势头还是良好的,但具体来看,还存在不少问题,其发展受到一定的限制,这突出表现在两个方面:一方面,我国单板滑雪起步晚、基础差、普及率低,与世界强国相比,参与程度显得比较低下,受众范围比较狭窄;另一方面,训练场地、训练设施建设不足,影响单板滑雪运动员训练质量的提升。因此,要想推动我国单板滑雪运动的进一步发展,必须要加强基础设施建设,并做好单板滑雪运动的宣传。

(四)跳台滑雪的历史与发展

1. 世界跳台滑雪的发展

第一届冬奥会上就有了跳台滑雪的身影。截至目前,冬奥会的跳台滑雪比赛共设有 K90 米个人、K120 米个人以及 K120 米团体共 3 枚金牌。

目前,世界上重大的跳台滑雪赛事主要有冬奥会跳台滑雪比赛、跳台滑雪世界锦标赛、世界青年锦标赛、跳台滑雪世界杯系列赛等,目前,跳台滑雪运动水平越来越高,运动员屡次在世界大赛中取得突破。此外,国际雪联每年还会举办一次世界跳台滑雪自由飞锦标赛,自由飞跳台场地的极限长度被限制在 K185 米,只有世界排名前 30 名的运动员才能参加。

总的来看,现代跳台滑雪技术主要经历了以下几个发展阶段。

20 世纪 30—50 年代是以挪威为代表的自然发展阶段。在这一时期,挪威人夺走了全部奥运会跳台滑雪的金牌。这一阶段跳台滑雪的技术特点为:助滑姿势高,起跳手臂向前摆,空中高姿折体飞行。

20 世纪 60—70 年代末是中欧各国向挪威霸主地位发起挑战的阶段。在这一时期,奥地利、德国等国非常重视跳台滑雪运动的发展,在基础设施、运动训练和人才培养方面都下足了功夫,经过多年的努力,终于在 20 世纪 70 年代末打破了挪威人的垄断地位。这一时期,形成了苏联、德国、捷克斯洛伐克、挪威等国多家争冠的态势。在这一时期,跳台滑雪的技术特点为:助滑姿势比较低,起跳时手臂向后摆,空中姿态身体平卧,双板平行。

20 世纪 80 年代是以芬兰为代表的双板平行飞行技术的完善阶段。在这一时期,芬兰人的双板平行飞行技术备受运动员的青睐,高水平的跳台滑雪运动员大都采用这一技术。20 世纪 80 年代,芬兰加强了跳台滑雪科技方面的投入,助滑材料不断得到更新,这大大地提高了运动员的比赛水平。总的来看,这一时期跳台滑雪的技术特点主要为:助滑姿势很低且起跳有力;起跳时身体躯干前倾比较大,向前性较好;飞行时身体呈平直姿态,有利于取得理想的滑翔效果。

20 世纪 90 年代,跳台滑雪运动出现了"V"形技术,这一时期,大部分运动员都采用这一技术。其技术特点为:空中飞行时加大了人体与雪板相对于空气的支撑面积,增加了浮力,便于取得理想的滑翔效果。这一时期,跳台滑雪的服装、器具以及器材也发生了一定的演进,其目的都是为了适应"V"形技术的需要。在科研方面,关于跳台滑雪的空气动力学、起跳动力学、运动学及完整技术的运动学研究日益深入,这对于丰富跳台滑雪理论体系具有重要的意义。

对于亚洲跳台滑雪而言,日本是一个跳台滑雪的强国,早在20世纪70年代日本就曾获得过跳台滑雪的世界冠军,多年来,日本培养出了一大批高水平的跳台滑雪运动员,对推动跳台滑雪运动做出了突出的贡献。日本跳台滑雪之所以能够取得成功,与日本政府多年来的重视,加强运动训练理论与方法研究,加强运动技术革新,加强运动队训练管理和人才培养是分不开的。这些都为我国跳台滑雪运动的发展提供了宝贵的经验。

2. 我国跳台滑雪的发展

我国跳台滑雪运动的发展时间较短,直到20世纪80年代初我国才出现跳台滑雪运动的身影。1982年,吉林市成立了我国第一支跳台滑雪队,1984年举行了国内首次跳台滑雪比赛。1986年,跳台滑雪项目加入全国冬季运动会大家庭,在之后的二三十年里,中国的跳台滑雪运动稳步发展。2016年,我国成立了首支跳台滑雪国家队,其目的是在冬奥会上取得突破。

近些年来,我国加强了跳台滑雪运动的投入,在运动训练方面借鉴其他发达国家的先进经验,取得了不错的效果。但总体来看,我国的跳台滑雪运动水平仍然处于一个比较低的层次,难以与世界强国相抗衡,在运动员培养方面还没有形成一个健全、完备的体系,运动员参加国际比赛的机会非常有限,这些都非常不利于我国跳台滑雪运动的长远发展,相关部门要引起重视,要尽可能地采取有针对性的措施和手段解决以上问题,从而推动我国跳台滑雪运动的健康发展。

（五）自由式滑雪的历史与发展

1. 世界自由式滑雪的发展

20世纪60年代，在美国诞生了自由式滑雪运动。自由式滑雪是以滑雪板与滑雪杖为工具，在专门设置的滑雪场地上完成一系列技术动作的雪上技巧性比赛项目。这一滑雪项目主要包括空中技巧、雪上技巧以及雪上芭蕾三个小项，对运动员的技术水平要求都非常高，不经过长期的训练是难以掌握各种高难度的滑雪技术动作的。

大量的事实表明，自由式滑雪是在高山滑雪的基础上发展起来的。早在1896年，著名极地探险家弗里德乔夫·南森在其所著《高山滑雪技术初级教程》一书中就提出要对运动员完成回转动作的数量及其优美程度进行评分。

发展到20世纪30年代，高山滑雪爱好者就经常在训练中做出一些高难度的技术动作，甚是让人感到赏心悦目。

20世纪50年代，高山滑雪表演团如雨后春笋般涌现出来，自由式滑雪也随之获得发展。

1966年，美国首次举办自由式滑雪比赛，这标志着自由式滑雪运动进入了一个新的发展阶段。

20世纪70年代，在美国出现了不少自由式滑雪比赛。如1971年道格·菲法尔组织的自由式滑雪比赛和1972年在美国科罗拉多举行的自由式滑雪比赛，这两次比赛的成功举办为1975年的世界杯（非正式）滑雪比赛奠定了良好的基础。在各项赛事的推动下，国际滑雪联合会开始修改与统一比赛规则。1978年，自由式滑雪比赛新规则获得国际滑雪联合会的批准，并决定从1980年开始举办世界杯比赛。

自由式滑雪对运动员的技术要求较高，在平时的运动训练和比赛中经常会发生一些伤害事故。为降低伤害事故发生的概率，自由式滑雪比赛的规则不断修改与完善，这促使该运动项目逐步走上正常发展的轨道。1979年,国际滑雪联合会正式承认自由式滑雪项目,首届世界杯自由式滑雪系列赛在1980年举行,而在1992年举行的第十六届冬奥会上,自由式滑雪雪上技巧项目成为正式比赛项目。在1994年举行的第十七届冬奥会上,空中技巧项目被列为正式比赛项目。

2. 我国自由式滑雪的发展

1989年,我国组织人员翻译了日本的《自由式滑雪教本》一书,这拉开了我国自由式滑雪运动发展的序幕。

1991年,自由式滑雪空中技巧比赛成为全国冬运会的表演项目。1992年开始举办第一次全国锦标赛。1995年,第八届全国冬季运动会正式将自由式滑雪列为比赛项目。

在1998年长野冬奥会上,中国女子空中技巧向金牌发起冲击,但由于我国选手郭丹丹在训练中受伤,最终只获得第七名,而小将徐囡囡则获得银牌,创造了我国冬奥会滑雪项目的最好成绩。

2002年盐湖城冬奥会,我国被视为夺冠热门选手的徐囡囡在比赛中遭受重大打击,由于多次出现重大失误,最终只获得第十二名,而小将李妮娜则发挥出色获得第五名。另外,中国男队也参加了本届奥运会,自由式滑雪运动员韩晓鹏最终获得本次赛事的第二十四名,由此拉开了中国男子自由式滑雪运动发展的序幕。

从2002年开始,以李妮娜为首的一批女子选手在世界自由式滑雪舞台开始崭露头角,并屡次获得各项大赛的冠军。徐囡囡、郭心心、王姣、张鑫、程爽等6名自由式滑雪运动员在当时几乎包揽了世界杯各站比赛的金牌,让世人刮目相看。男子方面,韩晓鹏作为我国自由式滑雪的领军人物,从2002年开始在世界大赛中屡创佳绩,其中在2004—2005赛季,韩晓鹏的世界杯积分排名第三位,创造了我国男子自由式滑雪的历史。

2006年,都灵冬奥会自由式滑雪女子空中技巧决赛中,中国运动员郭心心在第二跳时出现重大失误,与金牌失之交臂,李妮娜则获得一枚银牌,这也是中国参加历届冬奥会以来滑雪项目的最好成绩。而在本届冬奥会上,男子自由式滑雪项目,中国运动员韩晓鹏在男子技巧项目中勇夺金牌,给我们带来了惊喜,这为我国自由式滑雪运动的发展打了一剂强心针。韩晓鹏之所以能够获得成功,与我国人才培养与运动训练及科研建设等方面是分不开的。

2010 年,温哥华冬奥会自由式滑雪女子空中技巧比赛,我国运动员李妮娜获得银牌,郭心心则获得铜牌。男子方面,我国运动员刘忠庆收获 1 枚铜牌。本届冬奥会上中国自由式滑雪空中技巧项目共获 1 银、2 铜的成绩,运动成绩可以说是比较稳定的。

2014 年索契冬奥会,我国自由式滑雪项目仍然没有获得金牌。但徐梦桃、贾宗洋、齐广璞等运动员都拥有不俗的实力,其未来发展前景可期。

2018 年平昌冬奥会,以贾宗洋、张鑫、孔凡钰等为首的运动员发挥出色,本节冬奥会共获得 2 枚银牌、1 枚铜牌,男子项目与女子项目运动成绩相差不大,中国自由式滑雪运动队仍然在稳步向前发展着。

第三节 冰雪运动的多元价值

受京张冬奥会申办成功的影响,冰雪运动越来越受到人们的重视,社会各个层面都加强了冰雪运动的宣传,这能帮助人们进一步认识与了解冰雪运动的内涵与价值,了解参加冰雪运动的意义所在。具体而言,冰雪运动的价值突出体现在以下几个方面。

一、丰富人们知识的价值

人们经常参加冰雪运动,能极大地丰富自己的知识体系,这是冰雪运动的重要价值之一。

第一,参加冰雪运动,人们需要了解与掌握各种有关冰雪运动的知识,如冰雪运动的概念、冰雪运动的发展历史、冰雪运动训练知识、冰雪运动竞赛规则、冰雪运动场馆建设、冰雪运动产业发展等方面的知识,通过这些知识的学习,人们能深刻地理解冰雪运动的内涵。

第二,冰雪运动本身蕴藏着丰富内涵,不同民族地区的冰雪运动千差万别,存在着一定的差异,表现出不同的民族风俗和文化,因此参加冰雪运动能充分认识与了解各民族的文化习俗与生活方式,对于丰富人们的社会文化知识体系具有重要的作用。

第三,冰雪运动蕴含着丰富的哲学知识,如身体与精神的辩证观、整体与局部的辩证观、动与静的辩证观等。人们参加冰雪运动能受到深刻的哲学教学,提升自己对哲学的认识,建立哲学意识,这对于人们的日常社会生活也具有一定的帮助。

二、道德教育价值

通过参加冰雪运动,人们能很好地培养自己的道德行为和道德品质,促进良好道德观念的形成。人们参加各种各样的社会活动,与社会各个要素发生着密切的联系,其中,体育活动扮演着十分重要的角色。尤其是人们参加集体性的体育活动时,往往需要成员之间的配合与合作,并按既定的规则参加活动或比赛。在这样的情境下,人们能养成自觉遵守规则、团结合作的意识和习惯,同时还能有效培养自己的社会责任感和集体主义精神。除此之外,在参加体育活动或比赛的过程中,运动者表现出顽强拼搏、勇于奋斗的精神品质,这能促使人们良好道德观念的形成。由此可见,冰雪运动具有重要的道德教育的价值。

具体而言,冰雪运动的道德教育价值主要体现在以下几个方面。

(一)提高道德水平

冰雪运动作为一项体育项目,在发展之初就确立了一定的规则,冰雪运动的各种动作都有相当的规范性。运动员在参与比赛的过程中会受到规则的制约和限制,人们观赏冰雪赛事同样也会受到相应规定的约束。因此,参与冰雪运动的所有参与人员都要遵守相应的规则,这是最基本的道德要求。因此,在冰雪活动或赛事中,那些道德的、文明的行为理应受到称赞;而违反道德、不文明的行为则要受到一定的惩罚。这种奖惩的方式能帮助人们树立良好的社会道德意识,规范社会秩序,促进社会文明发展。由此可见,通过参加冰雪运动,人们能养成遵守规则和社会秩序的习惯,能有效提高自己的道德水平。

(二)升华道德情感

发展到现在,道德品质教育越来越重要。德育更加注重个体的情感体验和内化,而不是强制性的单一化道德规范的单向灌注。[①] 冰雪运动有着非常鲜明的特色,其独特的场地要求和形象化的手段,呈现出了道德文明中的精髓,人们能充分领略道德之美。人们在参加冰雪运动的过程中,通过各种技术动作的展示,会产生不同的内心情绪体验,如克服困难、勇于拼搏的精神意志、树立自信心的体验等,这些良好的心理体验也能感染到他人,使他们也能从中获得类似的心理感受。冰雪运动的比赛环境一般都比较复杂,比赛中常会出现一定的意外情况,比赛结果充满着不确定性,因此能促使人们产生强烈的情感体验和情感刺激,人们正是通过参加冰雪运动从而升华了自己的道德情感。养成了良好的道德品质。

(三)磨炼意志品质

冰雪运动与道德教育之间发生着密切的联系,这一联系主要体现在人们对自身的体能和智能的局限突破的过程中,就是说人们在参加冰雪运动的过程中能展现和培养自己的意志品质。一般来说,冰雪运动都是在寒冷的气候环境下进行的,经常参加这

---

① 杨桂兰,武玉元. 冰雪运动的道德教育价值[J]. 冰雪运动,2005(06):89—91.

一运动,能培养人们顽强的意志品质。要想取得理想的比赛成绩,运动员需要克服各种来自内部和外部的困难,需要付出艰辛的努力才能获得成功。没有一个顽强的意志品质,运动员是无法取得优异的比赛成绩甚至是完成比赛的。与此同时,运动员在参加比赛的过程中还能根据比赛的具体实际及时调节内部心理状态、控制内心情感、抑制不良情绪、提高注意力等,因此经常参加冰雪运动能很好地磨炼人们的意志品质,促进人们自身的完善与发展。

三、提升人们审美素质的价值

冰雪运动具有惊险刺激的特点,对人们的视觉能形成极大的冲击,因此能充分满足人们的审美需求,由此可见冰雪运动具有重要的审美价值。

在冰雪运动中,运动员需要充分伸展身体做出各种高难度的动作,运动员在做各种高难动作的过程中,会充分展现出身体的健壮美和动作的优雅美,这种富有感染力的美感是其他运动项目所不具备的。观众在现场观看比赛时,无不被运动员所呈现出来的姿势美、形体美、动作美等所折服,人们正是在参与冰雪运动欣赏的过程中逐步提高了自己的审美意识与审美能力。因此说,提升人们审美素质是冰雪运动的重要价值之一。

总之,冰雪运动有着极为丰富的知识体系,涉及各学科方面的内容,不仅如此,冰雪运动还包含道德规范方面以及审美观等方面的知识,通过这些知识的学习,人们能完善自身的知识结构体系,升华自身的道德意志品质,提高审美意识与能力。

第二章　我国校园冰雪运动发展态势分析

当前,冰雪运动在我国一些学校中受到重视,获得了一定程度的发展,这是一个非常好的现象。伴随着 2022 年京张冬奥会步伐的临近,相信越来越多的学校都会引进冰雪运动课程,这会极大地丰富我国学校体育教学的内容体系。本章重点调查与分析目前我国校园冰雪运动的发展情况。

第一节　我国校园冰雪运动的发展现状调查

关于我国校园冰雪运动的开展,芮秋云、王丹等学者曾经对我国部分中小学的冰雪运动开展情况做过详细的调查,调查结果显示我国校园冰雪运动的开展情况不容乐观,还需要大力发展。下面主要阐述当前我国校园冰雪运动的大体开展情况。

一、学校开展冰雪运动的基本情况

(一)教学场地

在校园冰雪运动开展的过程中,基础设施建设是非常重要的,它是教学活动开展的重要保障,是冰雪运动开展所必须具备的硬件条件。只有具备良好的硬件基础设施,冰雪体育教学与课外训练活动才能得到良好的开展。由于冰雪运动对场地的要求较高,因此学校一定要加强冰场或冰雪场馆的质量建设,以保证学生参加冰雪教学活动或课余训练的安全。

北方地区,尤其是东北三省(黑龙江、吉林、辽宁)有着丰富的冰雪资源,在这样的环境条件下,这些地区学校的冰雪课程开展的状况都比较乐观。这些地区一般都建设了大量的冰雪场,场地设施、器材等都比较齐全。在北京市,各城区的冰雪场地比较多,如西城区主要有什刹海冰场、陶然亭公园、北海公园;东城区主要有冠军溜冰场、龙潭公园等;朝阳区主要有国贸溜冰场、五彩城冰场等;昌平区主要有浩克冰场、虎仔冰球馆等;海淀区主要有五彩城冰酷运动中心等;通州区主要有冬奥冰尚俱乐部等。滑雪场地主要集中于郊区,如昌平区的军都山滑雪场、温都水城滑雪场;大兴区的雪都滑雪场、龙熙滑雪场;密云区的南山滑雪场、云佛山滑雪场;顺义区的莲花山滑雪场、乔波滑雪场等。在黑龙江省,有冠军溜冰场、酷炫旱冰场、哈尔滨轮滑馆、光大冰场、亚布力滑雪场、神鹿滑雪场、哈尔滨名都滑雪场等;在辽宁地区,主要有白清寨滑雪场、沈阳怪坡国际滑雪场、沈阳五里河滑雪场等;在吉林地区,主要有松花湖滑雪场、鸣山绿洲滑雪场、吉雪滑雪场、北大壶滑雪场等。

与北方地区相比,南方地区的冰雪资源不是很丰富,户外滑雪场地更是少之又少。我国南方地区有五大滑雪场比较出名,分别是湖北神农架滑雪场、四川峨眉山滑雪场、四川西岭雪山滑雪场、贵州六盘水玉舍国家森林公园滑雪场、云南玉龙雪山滑雪场,每年前来参加滑雪的人群络绎不绝。

整体来看,我国北方地区的冰雪场地资源还是比较丰富的,不论是冰场还是滑雪场在各个城区都能找到比较优秀的场地。据调查发现,大多数滑冰场多集中于城市核心区域,而滑雪场则主要集中在城市的发展区域,距离市中心较远。这对于某些学校而言,现有的冰雪场地难以满足教学的需求,需要加强冰雪运动场地的建设。而在南方地区,冰雪资源相对较少,不论是滑雪场还是滑冰馆,与北方相比显得数量不足,这需要今后南方地区各学校想尽一切办法采用现代高科技加强室内冰雪场地的建设,为学生参加冰雪运动提供必要的场地条件。

综上所述,目前我国很多学校在冰雪场地建设方面还存在着较大的问题。为解决学校冰雪场地不足问题,需要学校教育部门与区教委密切配合,加强与其他部门的合作,大力修建良好的冰雪场地。除此之外,我国的很多学校的冰场大都属于仿真冰场,这需要吸引投资,加强真冰冰场的建设。

(二)课程设置

在冰雪课程设置方面,我国大多数学校还是都比较重视的,通过多种形式来开展冰雪课程教学活动,以激发学生学习冰雪运动的积极性。除了开设一般的冰雪课程外,组建社团进行丰富多彩的课余训练也是其重要的手段。这对于增强冰雪课程教学效果,促进学生冰雪运动水平的提高都具有重要的意义。除此之外,一些学校还专门成立冰雪教育领导小组,定期召开冰雪运动研讨会,旨在推动冰雪运动在校园中的推广与发展。

(三)课程开展情况

在我国开设冰雪课程的各中小学学校中,绝大部分学校都比较重视冰雪课程教学的各方面建设,开展情况可以说是比较乐观的。

(1)在开设冰雪课程的学校中,绝大部分学校都将滑冰作为低年级的必修课程。有不少学校还建设了室外仿真冰场地,为学生冰雪课程的开展提供了良好的基础设施保障。

(2)在开设冰雪课程的学校中,绝大部分在初中部开设了冰雪校本课程,在高中开设了冰雪选修课。总的来看,初、高中学生学习冰雪课程不少于 10 课时。除了冰雪课堂教学外,学校还倡议学生在假期多参加冰雪活动,以提高运动水平。

(3)受 2022 年京张冬奥会申办成功的影响,冰雪运动在我国的发展日益受到重视。在校园中,一部分学校也引进冰雪课程,推动冰雪运动在校园中的普及与发展。北京市、黑龙江省哈尔滨市及其他市区、吉林省、辽宁省等地区的学校大多在小学三、四年级就开设了相关的冰雪课程,让学生充分体验冰雪运动的乐趣。我国南方地区的四川省也高度重视学校冰雪课程的开展,2017

年,四川省政府提出到 2025 年实现全省 1 350 所大、中、小学校园开展冰雪项目,100 万青少年参与冰雪活动。全省中小学校园冰雪运动特色学校 2020 年达到 200 所,2025 年达到 500 所。

(4)冰雪运动项目有很多,其中滑冰课程在各校开展的最为广泛。其他像花样滑冰、冰壶等项目对运动者的技能要求较高,对场地条件的要求也比较苛刻,因此开展这两类冰雪课程的学校不是很多。这两类冰雪课程对学生运动技能要求较高,需要较长的学时才能掌握,因此学校相关部门要尽可能地采取多种手段提高学生的冰雪运动水平。

(四)课外活动开展情况

冰雪课外活动对于普及与推广我国的冰雪运动,提升学生的运动水平具有重要的意义,因此很多学校都比较重视冰雪课外活动的开展。一些学校开设了诸多冰雪课程,其中冰上体验课、校冰球社团课程、旱地冰球课程等是最为主要的几个课程。学校通过校平台选课,学生们可根据自己的意愿自由选择各类冰雪课程,这能充分激发学生学习冰雪运动的积极性。另外,一些学校还建设了"移动仿真冰场",这为学生提供了良好的运动锻炼场地。像北京市、黑龙江省、四川省的一些学校还定期或不定期地组织相关教师参加培训活动,以提高体育教师的教学水平。另外,学校还会创建一些冰雪社团为学生提供重要的活动场所,从而能形成良好的冰雪氛围。

总体来看,我国各学校开展冰雪课程的情况还是比较乐观的,大都处于一个上升的势头,学生在良好的冰雪运动氛围下,能受到良好的熏陶,从而能更加积极主动地参与冰雪课程教学活动。

(五)学生安全教育情况

冰雪运动具有一定的惊险刺激性特征,因此在参加冰雪运动的过程中容易出现运动损伤,对于中小学生来说尤其如此,因此加强学生的运动安全保护与教育是至关重要的。大量的实践表明，除了冰雪项目自身因素外，之所以出现各种运动损伤，其主要原因在于运动专业化程度低，准备活动不足，自我保护意识不够。因此，体育教师在教学过程中一定要加强学生的运动安全教育。在这一方面，各个学校都开展了相应的宣传教育活动，在教学活动进行之前，教师也会反复阐述运动安全注意事项，有效降低了运动安全事故发生的概率。

二、学生参与冰雪运动情况

（一）学生参与冰雪运动的意愿

学生参加冰雪运动的意愿及兴趣对于提高冰雪运动教学质量，促进冰雪运动在学校中的开展具有重要的意义。学生只有具备强烈的参加冰雪运动的意愿才能充分激发自身学习的积极性，自觉主动地参与冰雪运动课程的学习。

学者芮秋云曾经做过一项调查，调查结果显示在开展冰雪课程的学校中，有超过 60％以上的学生都比较喜欢冰雪运动，由此可见，喜欢参加冰雪运动的学生还是非常多的，作为一名体育教师要采取各种措施和手段积极引导学生加入到冰雪课程教学活动中，激发他们参与冰雪运动的兴趣，只有他们参加冰雪运动的积极性提高了，才能从根本上提高冰雪课程教学的质量。

（二）学生参与运动项目的类别

冰雪运动主要分为冰上运动和雪上运动两大类，在我国学校冰雪运动课程中，学生对不同冰雪运动项目的选择呈现出一定的差异性。有的学生喜欢这一项运动，有的学生喜欢另一项运动，这是非常正常的。

据调查发现，在所有的冰雪运动项目中，最受学生欢迎的是滑雪，然后是冰球，其次是冰车等项目。通过进一步调查了解到，我国开设冰雪课程的学校，尤其是东三省（黑龙江、吉林、辽宁）的很多学校都成立了冰球社团,这极大地丰富了学生的课外生活,为学生参加冰雪运动提供了良好的保障,这种课内外一体化结合的形式对于提升冰雪课程教学质量具有重要的作用。除此之外,冰橇、冰车等富有民族特色的冰雪项目也受到一部分学生的青睐,选择这类冰雪课程的人数也不少。

(三)学生参与冰雪运动的频率

冰雪运动对人的要求较高,尤其是在技术方面,因此学生要想提高自己的冰雪运动水平不是一件容易的事情,这需要长期的学习和训练。总的来说,学生应做到以下两个方面的要求:一方面要坚持不懈地进行练习,要熟练掌握和巩固所学知识与技能;另一方面,学生要在完成基本课业的基础上,学会合理安排冰雪运动练习的时间,保持合理的练习频次。

据调查发现,我国大部分学校的学生每周参加冰雪运动的次数占比例最大的为1~2次,其中参与的项目大部分是滑雪,其他冰雪项目很少涉及。很多学生对于参加冰雪运动都抱有很大的热情。从来没有参加过冰雪运动的学生也占据着一定的比例,通过对这部分学生的访谈可知,之所以导致这一情况发生的原因主要有两个,一是学校缺乏对冰雪运动的宣传或者不重视冰雪运动,二是学生课业繁重,文化课学习压力较大,没有时间参与冰雪运动。针对这一情况,教育相关部门要引起重视,在做好冰雪运动宣传的同时,坚持以学生为中心,积极引导学生参与冰雪运动,为冰雪运动的开展奠定良好的基础。

三、教学师资情况

(一)体育教师年龄结构

教师在体育教学中扮演着非常重要的角色,可以说,学生知识和运动技能的获得在一定程度上来自于教师的指导,一名具有丰富知识结构和专业技能的教师往往能培养出较高素质的学生,同时也是教学质量提高的重要保证。如果教师拥有完善的知识结构和丰富的教学经验,不仅能够使学生信服,还能极大地提高教学质量。在体育教学中,资历丰厚的老教师非常重要,但年轻的教师也具有自己的优势,年轻的体育教师通常都充满了青春的活力,体能素质良好,技术水平较高。因此,要想提高冰雪运动课程教学水平,完善体育教师的年龄结构也是非常重要的。

据对体育教师年龄结构的调查显示,年轻体育教师占据着较大的比例,总的来看,冰雪体育教师的年龄结构呈现出年轻化的发展趋势,年轻教师逐渐成为校园冰雪运动的主力军,扮演着越来越重要的角色。

(二)体育教师学历情况

在体育教师能力结构体系中,学历也是非常重要的一方面。可以说,学历也是衡量体育教师文化知识水平和专业技能的重要标准。一般情况下,拥有较高学历的体育教师往往拥有较强的科研能力和创新能力,拥有较高学历水平的体育教师往往看问题更加深刻,能指导学生更好地投入到体育学习之中。因此,各学校在选拔体育教师时,学历都是一个非常重要的选拔指标。

据对体育教师教育背景的调查显示,我国学校有超过半数以上的冰雪教师具有本科以上学历,本科以下的冰雪教师非常少。由此可见,从事冰雪运动课程教学的教师大多数为本科学历。而研究生学历的体育教师也占据一定的比例,并且这一比例呈现出上升的趋势。在这样的情况下,学生学习冰雪运动就拥有了一个良好的师资队伍,确保了冰雪教学活动的顺利开展。

(三)冰雪专业教师情况

冰雪运动对运动参与者的技术要求非常高,如果缺乏专业的指导,很难有效提升自己的技术水平,因此,冰雪教师的专业水平如何将直接影响到学生运动成绩的取得以及冰雪运动在学校中的开展。可以说,冰雪教师的专业水平和业务能力在一定程度上反映了学校冰雪运动的发展前景。一个学校的冰雪教师如果没有良好的专业技能,就不能为学生学习冰雪运动提供良好的指导,不能为学生做出良好的示范,这在很大程度上制约着学生的进一步发展。由此可见,必须要加强冰雪教师专业能力的培养。

据对冰雪教师专业情况的调查发现,在开展冰雪课程的学校中一般都拥有专业的冰雪教师,他们普遍都拥有较高的专业水平,能为学生提供良好的专业指导。但总体来看,目前我国学校冰雪专业教师还是比较缺乏的,这影响到冰雪运动在学校中地发展前景。另据调查,没有冰雪专业教师的学校一般都通过外聘等方式,聘请冰雪专业教师或教练员来校进行指导或带队,但这一做法不是长久之计,需要学校相关部门加强冰雪教师师资力量的培训,挖掘和培养出高素质的冰雪专业教师,这样才能推动冰雪运动在学校中的开展。

(四)教学师资培训情况

随着2022年京张冬奥会的日益临近,冰雪运动在我国逐渐形成了一股热潮,参与冰雪运动的人越来越多。在竞技体育领域,我国的冰雪运动正在有条不紊的发展着,在学校领域,冰雪运动也日益受到学校教育部门及领导的重视。大量的事实表明,当前我国学校冰雪运动的师资力量建设还不足,教师专业水平不够高,这是制约我国校园冰雪运动可持续发展的重要因素。为了提高冰雪教师的专业水平,需要采取各方面的手段与措施加强教师的培训。通过培训,冰雪教师能学习到先进的教学理念,掌握现代化的教学手段与方法,从而为组织与管理教学过程奠定良好的基础。学校教育相关部门要创造一切可能为教师提供培训的条件和机会,帮助冰雪教师提高个人专业技能与业务水平。

据对体育教师参加冰雪培训的调查发现,每年参加一次冰雪训练的体育教师人数最多,接近调查总人数的半数比例,由此可见,大部分体育教师每年只参加一次冰雪运动的培训,有些学校的体育教师甚至从没有参加过冰雪运动的培训,这种情况是不容乐观的。另据调查,之所以出现这一情况的主要原因在于教师缺乏时间、学校不够重视等。鉴于此,必须要在学校进一步加强冰雪运动的宣传,从思想上重视起来,将推动校园冰雪运动的发展看作是一项重要的事业。

四、学生家长对冰雪运动的认知情况

学校教育的发展离不开社会方方面面的支持与帮助,其中家长就是一个非常重要的方面,家长不仅是学生的第一任老师,同时也是联系学生与学校教育的重要纽带。家长的认知、行为在学生素质教育中起着非常重要的作用,影响着学生的进一步发展。因此,学生能否参与冰雪运动,参与冰雪运动的积极性如何,家长在其中起着十分重要的作用。

(一)家长对冰雪运动的了解程度

据调查发现,我国大多数家长并不能很好地认识冰雪运动,对冰雪运动的理解存在着一定的偏差和歧义,尤其是在冰雪资源稀少的地区,大多数家长对冰雪运动的了解并不深刻,有些家长甚至并不清楚冰雪运动的概念。大多数家长普遍认为学生仅仅体验到冰雪运动这一项目就够了,不需要进一步的学习和锻炼。这种原始观念在很大程度上制约着学生的发展。因此,为改变这一局面,学校相关部门及领导、工作人员要加强与学生家长的沟通,或者邀请家长共同体验冰雪运动,了解冰雪运动的好处,获得家长的支持。

(二)家长对学生参加冰雪运动的支持程度

关于家长对学生参加冰雪运动的态度,据调查发现,学生家长对学生参加冰雪运动的态度多数为不支持,支持冰雪运动的人数只占五分之一左右。这说明目前冰雪运动在学校中的开展并未得到学生家长的认同。受应试教育的影响,学校和家长都比较重视学生的文化课成绩,体育运动仍旧处于一个较低的层次。除

此之外,冰雪运动具有一定的安全风险,发生运动损伤的概率较大,由此家长就对冰雪运动存在着较大的偏见。因此,校园冰雪运动的发展,除了校领导重视外,还要靠整个社会的支持,这一方面现在还比较欠缺。

五、校园冰雪运动发展中存在的问题

(一)学生了解冰雪运动的途径较少

据调查发现,当前我国大部分学校的学生对冰雪运动的认识较低,没有深刻认识到冰雪运动的内涵。大部分学生认识冰雪运动的来源与途径主要是网络、新闻和一些传统媒体,除此之外,通过朋友、同学等的介绍也能了解到冰雪运动方面的知识。尽管有些学校开设了冰雪运动知识讲座,但由于受众范围小,影响力较低,因而收效甚微。总的来看,当前我国大部分学校学生了解冰雪运动的途径偏少,需要加大冰雪运动的宣传与推广力度。政府部门也要结合当前冰雪运动的实际,制定一些有利于冰雪运动推广与发展的政策或文件,帮助学生更加深刻地认识与了解冰雪运动。[1]

(二)场地设施安全性不高,政府监管不力

从全国来看,我国冰雪场地大都集中于北方地区,尤其是东北三省(黑龙江、吉林、辽宁),相应地,东北地区学校的冰雪场地建设情况也是相对较好的,而南方地区冰雪场地就相对匮乏。但不论是北方还是南方地区的冰雪场地设施都存在着一定的安全问题,冰雪场地建设缺乏一个严格和规范的标准。另外,冰雪场馆还缺乏一个有效的监管机制。当前仅有少数的免费冰雪场地,而这些冰雪场地大都存在着较大的安全隐患,学生在参加运动的

---

① 王丹.天津市中小学生参与冰雪运动情况分析与完善策略[D].天津体育学院,2019.

过程中常会发生一定的运动损伤,不利于冰雪运动的开展。因此,将来一定要在保证安全的前提下建设冰雪场地或场馆,同时相关部门还要加强监管的力度,确保学生冰雪运动锻炼的顺利进行。

(三)学生参与冰雪运动的积极性不高

随着 2022 年京张冬奥会的申办成功,冰雪运动成为时下一个热点话题,人们参与冰雪运动的欲望也越来越强烈。但尽管如此,当前我国各学校学生参与冰雪运动的积极性还是有所欠缺,无论是参与冰雪运动的时间还是参与的次数都比较少。一般情况下,学生除了在学校中上冰雪课程外,参与冰雪运动的时间主要集中在寒暑假及节假日,平时学生参与冰雪运动的积极性并不高。究其原因,一是场地有限;二是学生有大量的可替代性运动项目;三是缺乏必要的指导。这需要今后加大冰雪运动的宣传力度,促进冰雪运动的健康发展。

(四)普及性不够高,冰雪比赛较少

据调查发现,我国学校参与冰雪运动的人口主要是以间接参与人口为主,不参与冰雪运动人口比直接参与人口要多,直接参与人口较少;男生参与冰雪运动的人数要比女生多,男女失衡现象明显,南北地区参与人数也存在着较大的差异。学生每学期参与冰雪运动的频率较低;每年参加冰雪比赛的数量也比较有限,参加的冰雪比赛主要是学校组织的小型比赛或当地体育局主办的比赛,大型的冰雪赛事并不多。这充分说明冰雪运动在我国学校中的普及性并不高,缺乏高质量的冰雪赛事,这在很大程度上制约着我国学校冰雪运动的发展。

第二节　影响学生参与冰雪运动的因素分析

据调查发现,影响学生参与冰雪运动的因素主要表现在以下

几个方面:第一,学业压力较大,学习冰雪运动的时间较少;第二,外出参加冰雪活动时,交通不便利;第三,受场地和经济条件限制;第四,缺乏专业人员进行指导。

学者周阳曾经对影响学生参加冰雪运动的因素做过相关调查,调查结果显示,影响学生参与冰雪运动锻炼的因素多种多样。需要注意的是,学生本身还是比较喜欢冰雪这一项运动的,只是受各种客观因素的影响,学生无法参加冰雪运动。在调查的过程中,还发现大部分学生都认为参加冰雪运动能极大地缓解自身的学习压力,能愉悦和放松自己,这说明学生面临着较大的学业压力,需要参与体育活动来放松自己的身心。因此,学校要结合自身的实际引进冰雪运动课程,为完善学生心理,改善不良情绪提供重要的帮助。由此可见,在学校中开展冰雪课程尤为必要。

第三节　影响校园冰雪运动课程开展的因素分析

影响校园冰雪运动课程开展的因素是多方面的,曾经有学者做过一定的调查,调查结果显示,场地器材、学校重视程度、师资力量、应试教育、家长重视程度、学校经费等是制约和影响学校冰雪运动开展的重要因素。

一、场地器材对校园冰雪课程开展的影响

冰雪运动场地和运动器材是学生参加冰雪运动教学的重要物质基础,没有了相关的场地与器材,教学活动也便无法进行。因此,加强冰雪场地与器材的建设与维护至关重要,它是影响校园冰雪运动开展的最为重要的因素之一。

据学生对现有的冰雪场地和装备的满意度的调查,发现绝大多数的学生认为目前的冰雪场地与器材能满足自己的运动需求。但是,我国大部分学校的冰雪课程教学场地大都是自建的冰雪场所以及校外冰场,很少有较为专业和规范的冰雪场地,这对于学

生学习冰雪运动是十分不利的,还需要进一步加强冰雪运动场地与器材的建设力度。

二、应试教育对校园冰雪课程开展的影响

当前,我国仍然实行的是应试教育,在这样的背景下,学生面临着繁重的学业,学习任务非常重,如果完不成学习目标对自身是一个极大的打击,这是影响学生参与冰雪运动教学的重要因素之一。虽然国家教育部门采取了大量的措施来帮助学生减压,但仍然改变不了应试教育的本质。在传统观念下,文化课程处于最为重要的位置,一切教学活动的开展都要建立在文化课学习基础之上,很多师生都存在着重文化课程轻体育的理念,这严重制约着学生全面素质的发展和提高。大量的实践表明,一味地埋头苦读并不能取得理想的学习成绩,要讲究劳逸结合,因此在课余时间参加冰雪运动就成为一种重要的手段。但需要注意的是,受教学大纲硬性要求的限制,学生仍然面临着较大的课业压力和升学的压力,另外再加上家长担心孩子在参加冰雪运动的过程中受伤等,这严重制约着校园冰雪运动的发展。

针对以上情况,学校应采取一定的措施尽量降低应试教育的负面影响,主张学生的全面发展,而不是只注重学生的学习成绩。学校相关部门可以利用主题讲座、校报等方式来加强冰雪运动的宣传,树立冰雪运动的良好形象,促进冰雪运动在学校中的开展。

三、冰雪专业教师数量匮乏,教师业务能力有待提高

随着京张冬奥会的日益临近,我国的冰雪运动氛围也随之日益浓厚,国内的冰雪运动宣传也逐渐增多,这促使大量的青少年燃起了浓厚的学习冰雪运动的兴趣。在冰雪运动需求日益增多的形势下,我国很多学校面临着师资力量匮乏的局面。据调查发现,北京市海淀区中小学也出现了专业教师匮乏的情况,其主要原因在于我国缺少大量的冰雪运动教练员和运动员。因此,相应的冰雪专业的体育教师也就非常稀少。在学校中担任冰雪课程

教学的教师大都来自于其他体育专业,经过一段时间的培训才能上岗,体育教师的冰雪运动技能也难以满足教学与训练要求,因此这就严重制约和影响着我国学校冰雪运动的开展。

四、学生参与冰雪运动的安全意识不够高

由于冰雪运动环境的独特性及对运动者运动技能要求较高,发生运动损伤的概率相比其他运动项目都要高,因此必须要加强运动中的安全管理,向学生灌输冰雪运动的安全意识。如有些学校就强制规定在上冰雪课时严禁学生私自带冰刀上冰。总之,要想保证校园冰雪运动的健康发展,加强学生的运动安全教育宣传是尤为必要的,要在平时的课程教学中,强化运动安全意识,帮助学生建立和形成良好运动习惯。[①]

五、政府与学生家长的支持力度有待提高

据调查表明,除了学生自己参加冰雪运动的意愿外,政府与学生家长的支持也是影响冰雪运动课程开展的重要因素之一。目前,有很多家长都不支持自己的孩子参加冰雪运动,他们普遍认为这项运动风险太高,容易导致运动损伤。为排除家长的困扰,学校制定了一些有利于保证运动安全的政策与措施,另外,还加强了冰雪运动场地、器材等基础设施建设,以保证学生参与这项运动的安全性。需要注意的是,这些基础设施建设都需要大量的资金投入,因此需要政府给予大力的支持,以促进冰雪运动在校园中良好的开展。[②]

六、学生参与冰雪运动的时间不够充足

据调查,在开设冰雪课程的学校中,受其他课程学业压力的

---

① 杨晓明.张家口市小学冰雪运动开展策略研究[D].河北师范大学,2019.
② 芮秋云.北京市海淀区中小学冰雪运动进校园的开展现状与对策研究[D].首都体育学院,2018.

影响,学生每周参与冰雪活动的时间还是比较少的,一般情况下每周1—2次冰雪活动。为满足冰雪运动的需求,很多热爱冰雪运动的学生经常会参加冰雪社团活动。造成这一现象的主要原因在于:第一,不受学校领导的重视,课内与课外冰雪活动较少。第二,冰雪运动基础设施建设不完善,学生没有参加冰雪运动的场地与器材。第三,学生学业繁重,面临着升学的压力,难以抽出多余的时间参加冰雪运动。

七、学生身体素质不一,运动技能要求较高

由于我国学校的学生大都属于独生子女,从小都是在比较优越的家庭环境下长大的,他们很少参加体育活动,身体素质相对较差。而冰雪运动则对运动者的各项素质要求较高,要求学生具备出色的力量、速度、柔韧等各项体能素质,另外冰雪运动技法掌握难度较大,并不能在短时间内就能掌握其中的技法和技巧,在这样的情况下,学生逐渐失去了参加冰雪运动的兴趣,从而产生厌学的想法。[①] 因此,学生身体素质欠佳,冰雪运动技能要求较高也是影响校园冰雪运动课程开展的重要因素之一。

八、冰雪运动开展经费仍有待增加

与其他体育课程不同,冰雪运动对基础设施的要求非常高,要想建设完善的高质量的教学场地必须要耗费大量的资金。而据调查发现,当前我国大部分学校建设冰雪基础设施的经费不到位,仅仅能满足日常教学的需求,现有的经费难以满足外聘教练和购买器材的需求,另外场地与器材维护费也是比较欠缺的。因此经费不足也是影响当前我国学校冰雪运动课程开展的重要因素之一。这需要学校相关部门结合学校的具体实际,从多方面各渠道吸纳资金加强冰雪场地与设施的建设。

---

① 唐赢. 北方校园冰雪运动调查研究[J]. 农家参谋,2018(15):296.

第四节　冰雪运动在校园中发展的案例参考

近些年来,冰雪运动在我国得到了一定程度的发展,一些有条件的学校也将冰雪运动引入到体育教学之中,受到一些冰雪爱好者的欢迎。下面主要以冰雪运动在清华附小及黑龙江齐齐哈尔市学校、四川师范大学的发展为例来探讨我国校园冰雪运动如何发展,以为我国其他学校冰雪运动的开展提供一定的参考和借鉴。

一、清华附小冰雪运动的开展

（一）冰雪运动的具体实施情况

清华附小引进冰雪运动课程的时间可以说是相对较早的,发展至今已成为冰雪运动的示范学校。下面就重点分析冰雪运动在清华附小的具体实施情况,以为其他学校开展冰雪运动提供重要的借鉴。芮秋云曾经在 2018 年对清华附小冰雪课程的开展做过调查,调查分析如下所述。

1. 教学活动安排

经过一段时间的发展,清华附小的冰雪运动课程开展情况非常乐观,现已成为北京市冰雪运动示范学校,随着 2022 年京张冬奥会的申办成功,人们对冰雪运动的认识开始逐渐深入。北京市各个社会层面都积极发展冰雪运动。在这样的形势下,学校也不甘示弱,纷纷采取各种措施和手段来普及与推广冰雪运动。对于清华附小而言,冰球运动发展情况最为良好,2017 年清华附小冰球队曾经获得北京市冰球联赛冠军。这说明清华附小的冰球运动水平非常高。

在具体的教学活动中,教师向学生讲解冬奥会的基本知识,包括冬奥会冰雪运动各项目常识及竞赛规则。另外还外聘冰雪运动方面的专家进行实践教学,学生在实践中得到了良好的身心体验。清华附小除了发展自身的冰雪运动外,还加强了与其他学校之间的沟通与交流,每年都会组织学生去崇礼富龙滑雪学校滑雪。2017 年 1 月,清华附小成立了滑雪队。队内的工作人员大都具有较高的专业水准,其中还有曾获得过多项奖牌的国家队运动员,教练员大都拥有丰富的冰雪运动教学经验。经过一段时期的训练后,老师会根据学生的水平评定等级,等级较高或进步较快的学生会受到一定的奖励。这种激励手段极大地激发了学生参加冰雪运动锻炼的积极性。除了平时的课堂教学活动外,清华附小还制定与实施了一系列课外活动计划,开展了各种冰上辅助项目,如速度轮滑与冰球辅助项目等,这对于学生冰雪运动水平的提高具有重要的意义。2018 年清华附小出版冰雪运动校本教材,冰雪教材的出版更进一步推动着清华附小冰雪运动教学水平的提升。

2. 训练竞赛情况

为进一步提升学生的冰雪运动水平,丰富学生的课余文化生活,清华附小还成立了冰雪体育社团,这深深吸引了大量的热爱冰雪运动的学生前来参与,学生每周 3 次在冰场接受冰雪运动锻炼,这极大地提高了学生的运动水平。经过精心的培养,清华附小向清华附中输送了 5 名高水平冰球运动员,这都得益于学校冰雪运动训练与竞赛活动的开展。

3. 教学资源保障

(1)师资力量建设

目前,清华附小本部的体育教师大约有 22 名,这些教师每年都会参加冰雪运动方面的培训,通过培训,体育教师不仅丰富了自身的知识体系,而且还积累了一定的教学经验,提高了冰雪运动专业水平。另外,在清华附小中,还有一位专职冰雪教师,这对于学校冰雪运动教学质量的提高是比较有利的(表 2-1)。

表 2-1　体育教师参加冰雪运动培训情况①

项目	时间	地点	人员
冬奥知识培训	2015 年至 2016 年	学校礼堂	学校体育教师
冰上培训	2016 年 3 月	虎仔西三旗冰场	学校体育教师
冰上培训	2016 年 9 月	虎仔西三旗冰场	学校体育教师
冰上培训	2017 年 3 月	虎仔西三旗冰场	学校体育教师
冰上培训	2017 年 9 月	虎仔西三旗冰场	学校体育教师
雪上培训	2018 年 1 月	崇礼富龙滑雪学校	学校体育教师

（2）场地器材情况（表 2-2）

清华附小现有仿真冰场一块,有防撞护垫,轮滑球场也有一块,学校内还设有器材室用来放置冰雪运动相关运动器材,以满足不同学生体验轮滑和冰上课程。

表 2-2　清华附小冰雪场地器材情况②

场地数量	设施
仿真冰场 1 块	保护垫
轮滑球场 1 块	冰雪运动器材室
冰球场地（外租）	
滑雪场（外租）	

（3）校外资源

现清华附小租用场地有三块,冰球队兼职教练有三人,外聘滑雪教练有一人,均是一年一聘用。虎仔西三旗冰场、马泉营浩泰冰场、张家口富龙滑雪场,租用场地提供设备,包括冰刀、滑雪板、滑雪服、训练头盔(表 2-3)。

---

① 芮秋云. 北京市海淀区中小学冰雪运动进校园的开展现状与对策研究[D].
首都体育学院,2018.

② 同上.

表 2-3　清华附小冰雪运动校外资源

校外冰雪运动场地	设备
虎仔西三旗冰场	冰刀
马泉营浩泰冰场	滑雪板
张家口富龙滑雪场	滑雪服装、保护头盔

（4）教学组织建设情况

为促进学校冰雪运动的开展,清华附小还成立了冰雪运动课程研究中心,制定了《办学行动纲领》(以下简称《纲领》),这一《纲领》成为全校师生开展冰雪教学活动的基本原则,确保了教学活动的顺利开展。另外,学校还成立了校园冰雪运动领导小组,领导小组内的成员各司其职,都分配相关的工作任务,主要负责学生的德育、招生、安全、培训等工作。这一教学组织的建立确保了冰雪课程教学与课余冰雪活动及竞赛的顺利进行。

（二）清华附小冰雪运动的参考与借鉴意义

（1）学校开展了各种各样的冰雪活动与竞赛活动,吸引了学生的目光,激发了学生学习冰雪运动的热情。另外,学校还通过冰雪游戏课程提升了冰雪运动的趣味性,这为其他学校开展冰雪课程教学提供了良好的建议。

（2）清华附小将冰雪运动与竞技活动充分结合起来进行,这对于富有好奇心和竞争心的学生具有一定的激励作用,既提高了学生学习冰雪运动的兴趣,又培养了学生良好的竞争精神。

（3）经过多年来的发展,清华附小的冰雪运动已初步建立了一个相对完善的训练体制和培训机制,并且还定期进行冰雪运动训练课程活动,这为冰雪运动人才的挖掘与培养提供了良好的保障。

（4）学校设置了相关的冰雪运动组织,组织内成员各司其职,分工明确,有效保证了学校冰雪运动的顺利开展。其他学校也应效仿这一做法,从而促使本校冰雪课程教学的顺利实施。

二、齐齐哈尔市学校冰雪运动的开展

（一）学校冰雪运动的大体开展情况

冰雪运动具有时尚性、惊险刺激性等特点，符合青少年的审美情趣，受到很多热爱体育运动的学生的欢迎和喜爱。但据调查发现，大部分学生对冰雪运动的认知存在着偏差，具有一定的局限性，他们都认为冰雪运动仅仅指滑冰和滑雪，参与这两项运动的人也最多。大部分学生对冰雪运动的关注较少，会通过电视、网络等媒体了解一些冰雪赛事。另据调查，有超过半数的学生认为冰雪运动具有一定的危险性而拒绝参加冰雪运动。在参加课外冰雪运动方面，有很多学生是由于经济原因而不参加冰雪运动，有些则是因为交通、环境等因素而拒绝参加冰雪运动，这对于校园冰雪运动的发展是非常不利的。

在冰雪运动教学师资方面，齐齐哈尔各学校的冰雪教师大都来自于体育专业院校，这些教师的理论知识都比较扎实，且有着一定的技术功底，但欠缺教学经验。在冰雪运动课程安排上，开设冰雪运动课程的学校大都依据教学大纲的要求，一般为18学时，冰雪课程类型以滑冰、滑雪为最多，教学手段主要是讲解示范法，教师做出教材所规定的基本动作，然后学生做模仿练习，这种教学方式比较机械死板，学生学到的只是一些皮毛，难以掌握较难的技术动作。

尽管齐齐哈尔市学校冰雪运动的发展存在着不少问题，但也有很多值得称道的地方。如为推动青少年冰雪运动的宣传与发展，齐齐哈尔市建设了一批冰雪基地，为学生提供了良好的课外场所。另外，学校还非常重视冰雪文化内涵建设，通过各种冰雪讲座、冰雪赛事的举办，吸引青少年参与冰雪运动，构建了良好的校园冰雪文化氛围。

（二）齐齐哈尔市学校冰雪运动的参考与借鉴

1. 加大宣传力度，组织冰雪赛事或活动

齐齐哈尔市为推动冰雪运动的发展，采取各种措施和手段加强了冰雪品牌宣传的力度，如邀请冰雪运动冠军或高水平运动员走进校园向学生讲述冰雪运动事迹，培养学生学习冰雪运动的兴趣和爱好，营造良好的冰雪运动文化氛围。[①] 除此之外，为丰富青少年学生的课余文化生活，齐齐哈尔市还打造了一批冰雪产业集群，组织开展了一系列冰雪活动或赛事，充分激发了学生学习冰雪运动的热情。这对于其他学校冰雪运动的发展来说具有良好的借鉴意义。

2. 打造冰雪运动文化特色

齐齐哈尔市有着丰富的冰雪资源，这为当地冰雪运动的发展提供了良好的物质条件。为推动冰雪运动的进一步发展，齐齐哈尔市非常注重冰雪运动人才的培养，而学校作为人才培养的重要阵地，受到学校教育部门的重视。在学校中大力开展各项冰雪活动，打造冰雪运动文化特色，让青少年学生真正感受到冰雪运动的乐趣，促进冰雪运动教育传承与发展。因此，努力打造当地特色鲜明的冰雪文化成为促进冰雪运动发展的一个良好的途径。

3. 完善冰雪教师培训体系

由于冰雪运动对运动的技能要求较高，因此教师在学校冰雪运动课程中扮演着十分重要的角色。作为一名出色的冰雪运动教师，必须要具备扎实的冰雪知识和高超的运动技能，这样才能帮助学生提升冰雪运动水平。经过多年的发展，齐齐哈尔市各学校的冰雪师资队伍建设良好，逐渐形成了一个健全和完善的冰雪

---

① 彭迪,连洪业. 齐齐哈尔市青少年冰雪运动发展现状及对策研究[J]. 理论观察,2018(07):91—93.

教师培训体系,培养出了一批高素质的冰雪运动人才,这对于学校冰雪运动的发展具有深远的影响和意义。

三、四川师范大学冰雪运动的开展情况

笔者作为大学教师、国家级社会体育指导员,自 2004 年起已持续 15 年从事社会体育指导与管理专业多门专业课程教学,是国内首批社会体育指导与管理专业方向专任课教师,具有丰富的教学和实践经验。作为攀冰教练员、高山协作员,自 2011 年起每年 12 月底至次年 2 月已连续 8 年在四姑娘山双桥沟从事攀冰教学,已累计培养学员近 1 000 人,备受四川省登山运动协会好评。作为滑雪教练员,曾先后在四川"西岭雪山""太子岭""米亚罗"等滑雪场和北京崇礼、哈尔滨工程大学等地接受滑雪运动培训学习,并利用户外运动专业方向学生冬季项目校外集中实习机会,自 2015 年开始每年冬季轮流带领不同年级学生在西岭雪山滑雪场、太子岭滑雪场、九皇山滑雪场、曾家山滑雪场、光雾山大坝滑雪场、八台山滑雪场等进行滑雪实践和假期兼职锻炼。经过 3 年多的积淀和努力于 2018 年 12 月 17 日至 12 月 21 日在阿坝州太子岭滑雪场,顺利地完成户外运动专业方向 2016 级全体学生滑雪课程校外实践教学的各项任务,达到预期目标,首开西南地区高校滑雪实践课程先河。

下面主要以四川师范大学为例,分析冰雪运动在南方大学校园中的开展情况。

(一)旱雪运动

截止到 2018 年,我国国内增加雪场数量 39 家(包括室内馆)。四川省 2018 年新增 2 个,分别是九方滑雪场和滑噜噜滑雪场。已有的滑雪场中新都尖峰旱雪场月接待游客人次达 4 000 人,美洲四季次之。

目前所有旱雪场都处于扩大场地面积、增加雪道数量、急缺滑雪教练的状态。川内滑雪场数量处于不饱和状态,2018 年国内

滑雪机数量达到 7 410 台,而四川较小的旱雪场雪乐儿俱乐部仅有 2 台,市场缺口大,有巨大发展前景。四川各雪场目前主要以承接团队活动为主,产业合作伙伴数量不多,且行业交叉较少,比较局限,因此具有较大的开拓前景。这些冰雪场地的建设为在校学生参加冰雪运动提供了良好的去处,使大学生在运动中提高了自己的冰雪运动水平,对冰雪运动的宣传与推广也具有重要的作用。

为响应冰雪运动进校园的号召,大力推广和发展冰雪运动。四川师范大学社会体育指导与管理专业户外运动方向学生数十人在旱雪场实习,带动四川师范大学雄鹰社社团成员 120 余人参与旱雪社会实践、教学活动。通过旱雪教学实践活动的开展,提高了学生的滑雪技巧和水平,且对冰雪文化的发展也具有良好的推动作用。

(二)滑雪课程建设

自北京成功申办冬奥会开始,我国冰雪运动的热度已呈明显的上升趋势。随着"北冰南展西扩"步伐的加快,"3 亿人参与冰雪运动"日渐成为现实。为贯彻国家体育总局(2016－2025 年)《冰雪运动发展规划》,全面落实"百万青少年上冰雪"和"校园冰雪计划"活动的精神,各级教育、体育部门正积极配合,共同推进"校园冰雪计划"。为积极响应国家方针政策,培养高水平的冰雪运动师资人才,四川师范大学体育学院户外运动专业 2016 级全体师生顺利完成为期 5 天的滑雪实践课程。

在国家大力发展冰雪运动的政策推动及市场快速增长的背景下,近 3 年来,体育学院户外运动教研室经过大量的前期论证工作,为课程实施及人才培养等方面奠定了良好的基础。一是积极与国家体育总局冰雪运动管理中心,以及东北、华北等地高校滑雪运动的专家取得联系,向他们请教开展滑雪课程的师资力量、安全管理、教学内容、教学评价等各项事宜;二是组织教师多次前往川内各滑雪场进行实地考察调研,完成课程实施的场地器

材等各项硬件准备。经过3年多的精心准备,四川师范大学2016
级户外运动专业全体师生于2018年12月17日至12月21日在
阿坝州太子岭滑雪场,顺利地完成教学的各项任务,达到预期目
标,西南地区高校还首创了滑雪实践课程(图2-1、图2-2、图2-3、
图2-4)。

图 2-1

图 2-2

图 2-3

图 2-4

　　滑雪实践课程得到太子岭滑雪场的大力支持,在场地器材租用、教练指导培训、住宿等方面给予了较大的优惠。四川师范大学和太子岭滑雪场以实现高质量的人才培养为目标,保障教学安全为前提,双方在人才培养、实习就业、科学研发等方面达成了合作的意向。优势互补,也能更好地实现高等教育造福社会的功能,对于双方都有着积极的意义。

　　北京冬奥组委体育部部长佟立新表示,我国冰雪事业在体育专业技术人才方面的缺口达 70%,未来冰雪专业人才需求缺口巨大。我校力争发挥出师范专业院校的积极作用,为我国冰雪人才的培养贡献力量,同时也为我校体育专业学生提供更加广阔的发展前景。

　　2017 年,笔者在西岭雪山经过一周的滑雪技术学习以及滑雪理论学习,顺利通过技能考核、理论考核、1 对 1 教学考核,正式成为一名双板滑雪教练。由笔者担任双板滑雪教练,对零基础游客进行双板滑雪教学。一个雪季教学人数 400 余人,游客年龄最小低至 8 岁,高到 50 多岁,通过对不同的年龄段、滑雪水平的游客进行教学,笔者掌握了全面的双板滑雪教学能力。图 2-5 为笔者和滑雪学员的合影。图 2-6 为已"整装待发"的滑雪学员。

图 2-5

图 2-6

2018 年雪季,在鸬鹚山滑雪场,由笔者担任滑雪教练,对零基础的游客进行基础滑雪技术的教学。在整个雪季中,除了平时的上班,一到下班就会找时间进行滑雪技能练习,因此技能方面增长明显,所学技能对初学者进行教学来说完全够用。在平时下班又不能滑雪时,还会进行滑雪技能方面以及滑雪教学方面的书籍阅读并学习,因此教学经验的增长也比较迅猛。经过一个多月的学习,笔者完成了 90 多个小时的教学,教学人数约 300 人,学员们基本掌握滑雪技能中的犁式制动以及其他基本技术。在笔者的教学中,学员们的满意度为 90% 以上,没有投诉,也没有和学员发生纠纷,总体来说这次学习不仅学到了技能还积累了丰富的教学经验。

(三)旱地冰球课程

相对于北方地区,南方地区的冰雪资源有限,因此利用现代科技手段建造一些冰雪场地可以为学生参加冰雪运动锻炼提供重要的基础保障。

2018 年 11 月 29 日,四川师范大学 2017 级社会体育指导与管理专业 68 人到万达滑冰场体验了旱冰运动。

2018 年 11 月,四川师范大学 2017 级社会体育户外运动方向学生参加成都旱地冰球邀请赛,获得冠亚军的好成绩(图 2-7)。

图 2-7

2018年,四川师范大学社体专业开始增设轮滑课程和旱地冰球课程。

图2-8为四川师范大学学生在旱地冰球课上进行教学练习。

图2-8

(四)攀冰运动

尖利而冷峻的冰瀑是冬日里的双桥沟最靓丽的风景线,刺激而震撼的攀冰是冬日里最时尚的户外运动。玩户外的小伙伴称滑雪为"白色鸦片",很多人一旦滑过一次雪就会迷恋上滑雪,多滑几次之后就会"入坑"。但是还有一项被忽略的、超级炫酷的运动——攀冰,它被叫作"冰毒",因为一次就上瘾。随着冰雪产业的崛起,近年来我国的攀冰运动得到了迅速的发展。而四川是目前攀冰的天堂,堪称中国绝无仅有的攀冰胜地,冰瀑数量多且集中,冰质坚硬,难度系数均匀,适合各种水平的人攀爬。四姑娘山除了攀冰,还拥有春夏秋冬四季绝美的景色,绝无仅有的山地资源,是户外爱好者的天堂。当地旅游开发相对较为成熟,冰雪产业的推广更能带动当地旅游业发展,二者相互促进,共同发展。

2018年1月,在四姑娘山双桥沟,四川师范大学社会体育指导与管理专业户外运动方向2016级20余人参加了由学校和自由之巅登山探险公司联合组织的攀冰实践教学活动,在四姑娘山双桥沟进行了为期 6 天的基础攀冰技术的学习,包括冰坡行走,装备的使用,攀爬技术和建站拆站等一系列内容。

图 2-9、图 2-10 为学员们在做攀冰准备和攀冰中。

图 2-9

与北方地区相比,南方地区的冰雪资源不是特别丰富。旱雪、滑雪、旱地冰球和攀冰等项目在四川师范大学得到了一定的开展,这为南方其他学校的冰雪课程开展提供了一定的可借鉴经验。在冰雪运动大力发展的今天,高校理应承担起宣传与推广冰雪运动的重任,大力建设特色的冰雪课程,引导学生积极参与冰雪运动。这不仅能培养出高质量的冰雪人才,而且对于我国冰雪运动的长远发展是非常有利的。

图 2-10

第三章　冰雪运动与校园体育
文化的协同发展研究

随着学校教育的不断发展,校园体育文化内容也越来越丰富多彩,各种体育运动项目层出不穷,吸引着学生的目光。当前,冰雪运动在社会上引起了强烈的反响,人们开始逐步认识与了解冰雪运动,这为冰雪运动在学校中的发展奠定了良好的基础。因此,研究冰雪运动与校园体育文化的协同发展,研究校园冰雪运动文化建设就显得很有意义。

第一节　冰雪运动对校园体育文化建设的影响

作为校园体育文化的重要内容,冰雪运动的发展将对校园体育文化建设产生重要的影响。发展至今,冰雪运动在社会各校园中日益受到重视,其中一个非常重要的原因就在于人们逐渐认识到冰雪运动对于社会发展及学校体育教育发展的重要性。

一、冰雪运动成为学校体育课程关注的重点

受传统教育观念的影响,体育教育在学校中历来不受重视,各方面的发展都受到一定程度的限制,而随着学校教育在当今社会的不断发展,体育课程建设在学校教育中的地位也逐步提升。学校教育部门领导及体育教师等都逐渐意识到,体育教学与校园文化之间有着极为密切的关系,体育教学的发展能极大地推动校园文化的发展。学校体育教育不仅能增强学生体质,促进学生的身心健康发展,还能帮助学生提早感受社会,适应社会,提高社会适应能力。

随着冰雪运动影响力的进一步提升,冰雪运动已成为学校体育教育的重要内容,很多学校都开设了冰雪课程,这在我国的东北地区,如辽宁省、黑龙江省表现得尤为明显。冰雪运动作为一项富有特色的体育项目,不仅能增强学生的体质,还能帮助学生保持良好的心情,完善心理素质,塑造良好的精神品质。① 大量的事实表明,坚持参加冰雪运动能促进人的全面发展,正因如此,冰雪运动逐渐成为学校教育关注的重点,发展校园体育文化离不开冰雪运动,冰雪运动作为学校体育教育的重要内容,对于学校体育文化的建设与发展具有重要的影响和意义。

二、与学生个性心理相符合

随着年龄的不断增长,学生的个性特征会表现得越来越明显,这符合学生身心发展的基本规律。随着学生身心的不断发展,他们对社会生活逐渐形成了较为系统的认识,兴趣爱好、价值理想、价值追求、意志品质追求等成为学生全面发展的重要内容。随着时代的不断发展,当代学生与以往相比呈现出更加鲜明的张扬、叛逆与独立的个性,他们勇于尝试、勇于挑战,对新鲜事物充满了好奇和热情。而冰雪运动本身的特性与学生的这一个性特点是相契合的,对学生具有强大的吸引力。通过参加冰雪运动,冰雪运动的内涵与特性能深深渗透进学生的体育素养之中,让学生成为冰雪运动的追随者,而借助冰雪运动,学生则能焕发青春活力,促进自身的全面发展。正因如此,冰雪运动才逐渐成为学校体育文化活动的重要内容,在学校体育文化建设中正发挥着越来越重要的作用。

三、与学生校园文化生活要求相符合

在校园生活中,学生要接受必要的身心教育,而体育就是学

---

① 刘万鹏,丁日明,刘邢. 探析冰雪运动对高校校园体育文化建设的影响[J]. 当代体育科技,2018(12):86+88.

生身心教育的重要途径和手段。在学校教育中,文化建设是学生人文素质教育和文化启蒙教育的重要内容和形式,影响着学生思维观念、价值观念和意志品质的发展。一个良好的校园体育文化环境对于学生的健康发展具有重要的影响和意义,这种影响是潜移默化的,并不是在短时间就能起作用的。而发展到现在,冰雪运动作为学校体育教育的重要内容,它对于校园精神培育和精神文明建设都具有积极的影响和作用,通过冰雪运动课程的建设与发展能营造良好的学校人文氛围,从而更好地促进学生的全面发展。① 因此,借助冰雪运动,对全面贯彻落实素质教育有着非常重要的意义。受传统的应试教育的影响,学生面临着巨大的学习压力和就业压力,长期在这样的环境下,学生会产生厌学的情绪,而通过参加冰雪运动,学生能在运动的过程中放松自己,释放压力,满足自己价值和追求的需要,促进个人的身心健康发展。一般来说,冰雪运动对学生身体、心理、技能都有着很高的要求,通过参加冰雪运动锻炼能培养学生良好的个性品格,完善心理素质,发展人际关系,提高社会适应力。由此可见,冰雪运动能营造一个良好的学校体育文化发展的平台,对促进校园体育文化发展,丰富校园文化生活具有重要的意义和作用。

四、冰雪运动能够促进学生身心健康发展

在学校生活中,学生一般都面临着一定的学业压力,各种繁重的学习任务深深打击着学生,在每天枯燥乏味的学校生活中,学生的心理情绪都比较低落,这导致学生每天都处于紧张的状态中,各方面都难以获得进一步发展。在平时的校园生活中,学生都会利用体育课来放松身心,获得娱乐,但受应试教育的影响,在升学的压力下,很多体育课被文化课所取代,致使学生得不到应有的身体锻炼,身体素质越来越差,甚至影响到日常的学习和生

---

① 张智敏. 冰雪运动对高校校园体育文化建设的影响[J]. 青少年体育,2019(01):137－138.

活。因此,我国学校必须要针对这一问题采取必要的手段和措施来加以解决。

目前,有很多学校结合学校实际增设体育课来促进学生的身心健康,丰富学生的精神文化生活,其中冰雪运动课程的开设就是这样一种重要的手段。同时冰雪运动课程的设置也非常符合当下我国体育运动发展的要求,能极大地丰富学生的校园生活,也能促进我国冰雪运动的发展。在冬季寒冷的环境下,适当的参加户外运动是尤为必要的,这样不仅能促进学生的血液循环,提高身体机能,还能培养学生适应周边环境的能力,促进学生身心的全面发展。另外,通过参加各种形式的冰雪运动,学生还能缓解学习的压力和疏散负面情绪,树立学习的自信心,促进学习成绩的提高。

五、与学校体育教育改革要求相符合

在新的时代背景下,学校体育教育改革日益深化,社会各个方面的发展对大学生素质教育提出了新的要求。随着京张冬奥会的申办成功,社会各界人士都越来越重视冰雪运动的发展,冰雪运动的发展因此有了一个良好的群众基础。目前,冰雪运动也逐渐成为学校体育教育改革的重要内容。与社会发展的目标一致,发展冰雪运动的目的在于培养具有良好的竞争意识、合作意识和创新意识等,最终将学生培养成各方面都能获得发展的复合型人才,而在复合型人才培养的过程中,要将体育素养和体育意识的培养、体育运动锻炼加入冰雪课程之中,从而实现既定的身心健康目标。总的来看,冰雪运动促进学生身心健康发展的目标与学校体育教育改革与发展的方向是一致的,冰雪运动所体现出来的创造性、文化性与娱乐性等特征能很好地弥补目前学校体育教学的缺陷,因此越来越受到重视。①

---

① 张智敏.冰雪运动对高校校园体育文化建设的影响[J].青少年体育,2019(01):137-138.

第二节　校园冰雪运动开展的价值分析

随着 2022 年京张冬奥会的申办成功,国家、社会、学校等各个层面都开始注重冰雪运动的开展,冰雪运动在人们心中的地位变得越来越重要。政府相关部门也出台了一些政策或文件来推动冰雪运动的发展。如国家体育总局颁布的《冰雪运动发展规划(2016－2025 年)》(图 3-1)中,分别以教材、特色学校、教师三个方面为切入点,推动冰雪运动在校园中的发展。之所以推动冰雪运动在校园中的开展,是因为冰雪运动具有丰富的内涵与价值。

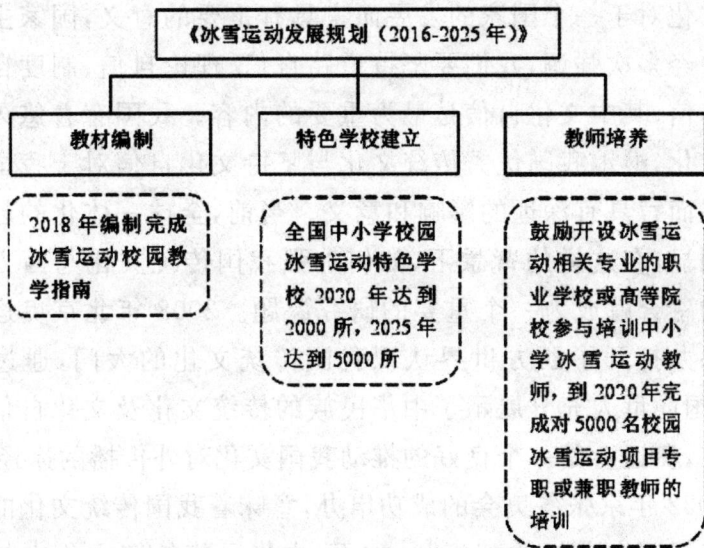

图 3-1
来源:国家体育总局颁布的《冰雪运动发展规划(2016－2025 年)》

一、实现奥林匹克文化的中国化

奥林匹克作为当今世界重要的文化内容,受到世界各个国家的重视,奥林匹克运动不仅影响着世界竞技体育运动的发展,还深深影响着整个人类社会文化的发展。因此,加强奥林匹克文化的传播与发展是尤为必要的。2018 年,国家教育部、国家体育总局联合印发了《北京 2022 年冬奥会和冬残奥会中小学生奥林匹克教育计划》(以下简称奥林匹克教育计划),这标志着我国奥林匹克教育计划的启动与实施。奥林匹克教育计划强调对人的身体与精神教育,鼓励广大民众重新认识奥林匹克运动,积极参与到奥林匹克运动之中,促进自身的完善与发展。奥林匹克教育计划属于一种教育手段,在全面素质教育发展的今天,奥林匹克教育与全面素质教育的要求相一致,是学校教育的重要补充。青少年在接受奥林匹克运动教育的过程中,能充分感受到美的熏陶,能培养积极向上、勇敢顽强的精神,使自己成为一名合格的世界公民。

文化对于一个国家的发展而言具有重要的意义,国家主席习近平曾经多次强调,我们要坚持道路自信、理论自信、制度自信和文化自信,其中文化自信是最为重要的内容。我国有着悠久的历史和文化,继承我国优秀传统文化与坚持文化自信对于我国的长远发展而言具有深远的影响和意义。当前,全球一体化的趋势越来越明显,在这样的背景下,如何加强我国传统文化与西方文化之间的融合就成为一个重要的研究课题。2008 年北京奥运会的成功举办打开了西方世界认识我国传统文化的大门,通过奥运会,我国向世人充分展示了中华民族的传统文化及文化自信。由此可见,奥运会是一个良好的推动我国文化对外传播的途径。

2022 年京张冬奥会的成功申办,意味着我国传统文化的发展又迎来了一个良好的契机:一方面,中华民族传统文化中与奥林匹克运动中的某些理念是相契合的,这为中外文化的交流提供了重要的平台;另一方面,中华民族传统文化与奥林匹克运动文化存在着一定的差异,二者可以求同存异、取长补短,共同获得发展。

青少年作为社会中最为活跃的因素,是国家未来的建设者。在平时的学习和生活中,青少年学生应有针对性地培养自己奋斗、开放、健康、创新、全面发展等方面的意识与能力,而冰雪运动以其得天独厚的优势为学生的全面发展提供了重要的手段。近些年来,"冰雪运动进校园"这一行动极大地丰富了我国体育教学内容,不仅推动了冰雪运动在我国的发展,而且极大地提升了我国体育教育的质量。冰雪运动在促使学生体能发展、人格塑造、意志磨炼等方面都发挥着极为重要的作用,通过冰雪运动能培养出身心兼修的现代公民,而这也正是奥林匹克教育所提倡和关注的焦点,由此可见,冰雪运动在实现奥林匹克中国化,促进我国社会主义现代化建设中都发挥着重要的作用,通过冰雪运动,不仅能促进我国的精神文明建设,坚守民族文化自信,还能在国际舞台上重塑中国千年礼仪之邦的形象,提升我国在国际上的影响力。

二、实现"体育"与"智育"的融合与发展

历来奥林匹克都十分强调"体育"与"智育"融合,通过这两方面的融合与发展,能实现改造社会、促进人类全面发展的目标。在学校教育中,要做到"体育"与"智育"的融合,就要将竞技运动与文化知识充分结合起来进行,加强彼此之间的联系,促进二者的交流与发展。受传统观念的影响,以前我国比较排斥体育运动,体育教育在学校中的地位非常低,发生这一现象的主要原因在于人们没有深刻认识到体育教育的内涵与价值。

很长一段时间以来,在举国体制的影响下,我国体育领域都比较重视竞技体育的发展,体育教育功能的研究比较匮乏。在学校体育教育上,则主要表现为过于重视运动技能的传授而忽略了对学生体育意识与认知的培养,这对于学生的全面发展是非常不利的。冰雪运动作为一项崭新的符合青少年学生身心特点的运动,对于丰富学生的知识结构体系、拓宽青少年学生的眼界具有重要的作用。从冬季项目的特征与环境来看,冰雪运动权衡青少年身心发展,对其"身、心、智"进行综合培养。[①] 通过参加各种形式的冰雪运动,学生能提高参加体育运动的积极性,培养恶劣环

---

① 庞博韬,刘俊一. 冰雪运动进校园的价值与实施路径[J]. 体育文化导刊,2019(01):88-93.

境下顽强的意志品质,树立"更快、更高、更强"和自我超越的奥林匹克精神,这会对学生的学习和生活产生至关重要的影响,当然这种影响都是积极的。

近些年来,我国很多学校都积极响应"冰雪运动进校园"的号召,纷纷开设了冰雪运动课程,极大地促进了冰雪运动文化在学校中的宣传,推动了冰雪运动文化教育在学校中的可持续发展。文化是事物发展的重要推动力,文化这一现象是看不见摸不着的,它潜移默化地推动着事物的不断发展。冰雪运动文化作为体育文化的重要内容,其发展能完善我国体育文化的体系。因此,进一步提升我国冰雪运动文化的软实力,对于推进我国"体育强国"建设,促进我国整个社会文化的发展具有重要的意义和作用。在当今学校体育教育中,冰雪课程逐渐走入校园之中,极大地丰富了学生体育学习的需求。要想实现冰雪运动的可持续发展,就要不断加强学校冰雪文化建设,以青少年为主要发展对象,创设冰雪运动特色化课程,加强师资力量建设,进而实现体育教育的可持续发展。需要注意的是,仅仅推动冰雪运动在校园中的传播与发展还是远远不够的,要通过校园冰雪教育来带动整个社会的冰雪运动文化的发展。

三、提升学生的综合素质与水平

近年来,"冰雪运动进校园"这一理念深深影响着每一个人,我国学校各个部门要积极响应这一号召,在不影响学生学习与发展的情况下,将冰雪运动引入学校体育教育之中,以丰富学生的体育学习内容,营造良好的冰雪运动氛围。这对于我国冰雪运动的发展及学生全面素质的提高均具有重要的意义。

学生是学校的重要主体,历来都受到学校及社会各个方面的重视。学生的发展在各个时期都成为社会关注的重点问题,因此如何引领学生发展显得至关重要。随着京张冬奥会的日益临近,冰雪运动的热潮越来越大,参加冰雪运动成为一个社会热点话题。

要想推动我国冰雪运动文化的传播与发展,校园是一个非常重要的途径。通过冰雪教育,使学生不仅能学习到丰富的冰雪文化知识,还能掌握各种冰雪运动技能,冰雪教育还能将奥林匹克运动精神融入冰雪教学之中,丰富学生的运动精神体验和感受。在校园中开展冰雪运动能极大地提升学生的认知水平,促进冰雪运动的传播与发展。总的来看,冰雪运动提升学生的综合素质与水平主要体现在以下几个方面。

第一,参加冰雪运动,能使学生充分融入大自然之中,充分释放自己的天性,这与绿色奥运的理念是相一致的。

第二,在寒冷的环境下参加冰雪运动,能为学生带来独特的健身效应,能促进学生肌肉、血管的收缩,提高人体新陈代谢速率,进而提高人体免疫力,增强身体素质。

第三,冰雪运动属于一项崭新的体育课程,能满足青少年学生的个性需求,极大地提高学生参与体育活动的积极性,有利于终身体育意识的养成。

第四,通过冰雪运动课程的学习,学生能掌握冰雪运动的基本理论与实践知识,理解冰雪运动的内涵与价值,完善自己的知识结构体系。

第五,学生通过在寒冷环境下对冰雪运动的学习,能磨炼自己的意志,养成坚韧不拔、艰苦奋斗的精神品格,对学生将来走向社会、适应社会都具有重要的意义。

第三节　我国冰雪运动进校园的相关政策

2022年京张冬奥会的申办成功对于我国冰雪运动的发展是一个很好的契机,为促进冰雪运动在我国的开展,国家政府相关部门也制定了一些关于冰雪运动发展的政策或文件,如国家体育总局曾经在《冰雪体育发展条例(2016－2017年)》中明确提出了"校园冰雪规划",这一规划实施的主要目的在于促进冰雪运动在学校中的传播与普及,促进青少年冰雪运动能力的提升。另外,我国政府相关部门还明确支持学校与社会培训机构加强沟通与合作,以政府购买服务的形式教授冰雪知识,促进冰雪运动的健康发展。京张冬奥会是一个时下的热点,在北京方面,北京市政府发布了《北京市人民政府关于加快发展冰雪运动的意见(2016－2017年)》,该意见提出扩大青年冰雪运动的覆盖范围,另外还制定了《北京青年冰雪运动发展规划》。冰雪运动得天独厚的特性符合青少年学生的个性,因此以校园中的青少年为主体,培养青少年的冰雪运动习惯,能极大地带动冰雪运动的发展。

随着2022年冬奥会的日益临近,我国要想在家门口的冬奥会上有所突破,就需要加强冬奥项目重点人才的培养。学校作为我国竞技体育人才重要的输出阵地,发挥着非常重要的作用。在冰雪中开展冰雪运动项目教学成为发掘冰雪运动人才的重要途径。为实现这一目标,国家政府相关部门可以制定相关的政策来引导青少年积极参与冰雪运动,从而为冰雪运动人才的挖掘与培养奠定良好的基础。

在推动冰雪运动开展的过程中,要掌握一定的工作原则,那就是合理布局、科学实施、因地制宜、稳中求进、顺势而为,这是冰雪运动开展的五项基本原则。冰雪运动的工作者要充分认识到冰雪运动发展的重要性,充分贯彻以上基本原则,共同推动我国冰雪运动的健康发展(图3-2)。①

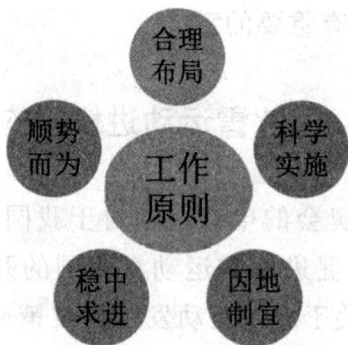

图3-2

① 芮秋云.北京市海淀区中小学冰雪运动进校园的开展现状与对策研究[D].首都体育学院,2018.

北京市教委体育健康与艺术教育司司长王军曾经指出,要想进一步推动我国冰雪运动的发展,建立一个长期的冰雪后备人才培养机制是非常重要的。以北京市冰雪运动发展为例,北京市初步建立了"专业冰雪运动队—冰雪运动后备人才队伍—初高中冰雪运动特长生—北京体育传统项目校—北京市冰雪学生社团—北京市冰雪运动特色学校"的人才培养体系(图 3-3)。[①] 通过这一体系的建设与发展,能为我国挖掘和培养出一大批高素质的冰雪运动人才,从而推动我国冰雪运动的可持续发展。

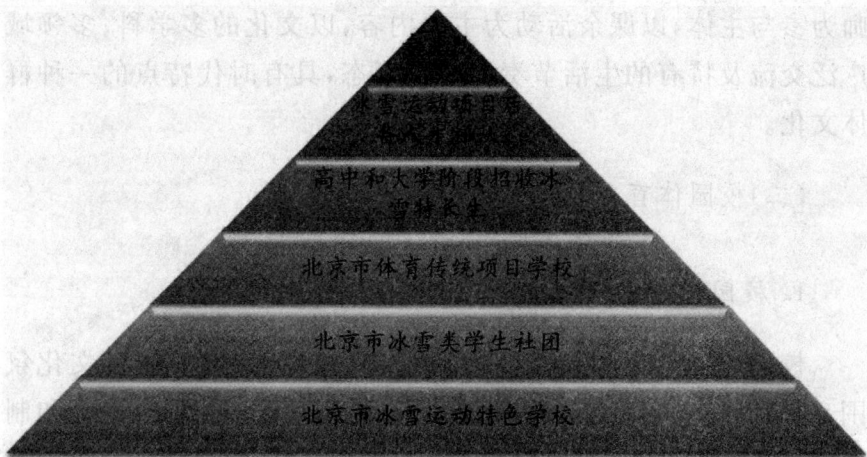

图 3-3

第四节　校园冰雪运动文化建设与发展策略

随着学校教育的不断发展,体育课程的内容越来越丰富,冰雪运动作为一项颇具时尚性和刺激性的运动,深受青少年学生的欢迎和喜爱,因此,很多学校都引入了冰雪运动,促进冰雪运动在校园中的发展。为促进我国冰雪运动的发展,学校是一个非常重要的途径,要想推动冰雪运动在校园中的健康发展,建立一个良

---

① 芮秋云.北京市海淀区中小学冰雪运动进校园的开展现状与对策研究[D].首都体育学院,2018.

好的冰雪运动文化体系是非常重要的。

一、校园冰雪体育文化的概念

（一）校园文化

随着现代社会的不断发展,校园文化的内容也越来越丰富多彩,关于校园文化的概念,不同的学者有着不同的见解。目前比较受体育学界所认可的是:校园文化是以校园为空间,以学生、教师为参与主体,以课余活动为主要内容,以文化的多学科、多领域广泛交流及特有的生活节奏为基本形态,具有时代特点的一种群体文化。

（二）校园体育文化

1. 校园体育文化的概念

校园体育文化是指校园内所呈现的一种特定的体育文化氛围。校园体育文化也有着丰富的内涵,物质文化、精神文化和制度文化是其重要的三个部分。校园体育文化是学校师生及全体员工在体育教学、运动训练和竞赛、体育设施建设等活动中所形成的所有物质和精神财富,以及体育观念和体育意识。在整个校园体育文化体系中,学生是最为重要的主体,因此在学校体育教育的发展中要坚持以学生为本,促进学生的全面发展。总体上来看,校园体育文化与竞技体育文化、大众体育文化共同构成了一个体育文化群,校园体育文化是其中非常重要的组成部分,理应受到重视。

校园体育文化是在特定的环境中产生与发展的,它并不是一成不变的,而是处于不断发展和变化之中,属于一个动态发展的系统。体育文化研究涵盖多方面的内容,其中包含人与自然、人与人、人的精神与物质等多方面的关系。对于校园体育文化而言,在其发展的过程中,要重点突出体育文化的创新精神及个性解放。

2. 校园体育文化的特征

校园体育文化具有丰富的内涵和特征,了解体育文化的特征有助于我们更加深刻地理解体育文化,进而采取科学的手段与措施促进校园体育文化的发展。

一般来说,校园体育文化具有以下几个方面的特征。

(1)时尚性特征

发展到现在,体育在人们日常生活中扮演着越来越重要的角色,体育已逐渐成为人们一种重要的生活方式。在余暇时间里参加体育活动已成为人们的一种习惯。另外,随着现代社会的不断发展,体育也逐渐成为人们参加社会人际交往和提高生活质量的重要方式,参加体育运动不仅是一种生活习惯,更成为一种社会时尚,因此说体育文化具有重要的时尚性特征。在校园中时时刻刻都能看见学生参与体育运动锻炼的身影,体育成为学生休闲娱乐活动中的重要主体。学生在参加体育运动的过程中,不仅能接受传统的体育精神产品和物质产品,而且还能吸收传统体育文化的精髓,创造富有个性的体育文化内容。传统的体育运动项目,如球类运动、游泳、健美操、拓展训练等深受学生的欢迎,而随着现代社会的不断发展,一些新颖的运动项目大量涌现出来,深深吸引着学生的眼球,其中冰雪运动就是这样一个运动项目,冰雪运动以其新颖性、刺激性和挑战性受到热爱惊险运动的学生的青睐,因此有着良好的发展前景,而参加冰雪运动同样也具有一定的时尚性,这符合体育文化的特征。

(2)娱乐性特征

在竞争越来越激烈的现代社会,人们普遍面临着较大的生活与工作压力,在学校的学生也同样面临着学业和就业的压力。在这种环境下,久而久之学生就会出现一定的心理问题,因此在平时的业余时间里参加富有趣味性和娱乐性的休闲体育活动就成为学生缓解压力、促进身心发展的重要方式。学生在亲身参与运动锻炼的过程中,能承受一定的运动负荷,发展和提高自己的体能水平,并促进心理素质的完善。总之,体育运动以其娱乐、趣味性特点深受学生的欢迎和喜爱,成为其重要的活动方式。

(3)导向性特征

在一个国家发展的过程中,学校教育具有重要的地位,学校教育承担着为社会培养人才的重任,以培养全面发展的人才为目标,因此校园体育文化活动也要服从这一目标。在平时的体育教学中,要提倡科学的、健康的、文明的体育文化活动,充分发挥体育运动的导向性特征,促进学生的全面发展。体育运动的导向性特征具体体现在以下几个方面。

第一,体育运动指导学生从自身实际出发,鼓励学生在参与体育运动的过程中表现自我、释放自我,获得不同的心理体验。

第二,体育运动能在一定程度上提升学生的人文素质修养,帮助学生树立正确的人生观、世界观、价值观和体育观。

第三,通过体育运动,还能促使校园体育文化向健康、文明的方向发展。

以上都充分表明,体育文化具有重要的导向性特征。

(4)隐蔽性特征

隐蔽性也是校园体育文化的重要特征之一。体育文化的隐蔽性特征主要表现在体育文化以不明确的内隐方式,通过无意识的、非特定的心理反应机制潜移默化地影响学生,使学生在无意识中领悟人生的真谛,进而约束和控制自己的行为。在学校体育教育中,一个良好的学习氛围至关重要,因为这一氛围能形成一种无形的力量,深深感染着每一名学生,促使学生主动地调节和控制自己的行为,从而获得身心健康的发展。总之,校园体育文化对学生的影响不是立竿见影的,而是潜移默化、持续不断的,这充分表明体育文化具有鲜明的隐蔽性特征。

(5)交叉性特征

从字面上就可以看出,校园体育文化是校园文化与体育文化的结合,校园体育文化同时保留了校园文化与体育文化的基本特征,这两种文化并存共同推动着校园体育文化的发展。在校园体育文化不断发展的过程中,其借由对校园文化与体育文化的选择与重构,展现出校园文化与体育文化的完美结合,因此说,校园体育文化是校园文化与体育文化有机结合的产物,是一个联结校园文化与体育文化的功能融合环。① 由此可见,校园体育文化呈现出鲜明的交叉性特征。

(6)民族性特征

我国民族众多,每一个民族基本上都有富有本民族特色的传统体育项目,正因如此,才使得中华民族传统体育丰富多彩,源远流长。如蒙古族的摔跤、射箭,汉族的武术、导引养生术,朝鲜族的荡秋千、跳板等都是各民族特色文化和风格的展示。随着我国学校教育的不断发展,各民族传统体育项目也陆续进入学校体育教学之中,成为重要的体育课程,极大地丰富了学校体育文化体系,使得学校体育文化也呈现出一定的民族性特征。校园体育文化在传播与发展的过程中并非强调体育教学模式的一致性,而是强调整体发展的同时,突出民族特色,实现校园体育文化的丰富多彩性。

(7)复杂性特征

复杂性也是校园体育文化的重要特征之一。作为体育文化的属概念,校园体育文化主要包括校园体育物质文化、校园体育精神文化、校园体育制度文化和校园体育行为文化四个方面的内容。这四个层次涵盖体育观念、体育道德、体育精神、体育基础设施、体育服装、体育用品、体育制度与规范等多方面的内容。通过以上方面内容的学习和教育,能极大地增强学生的体质,提升学生的心理水平、提高学生的运动技能,提高社会适应能力等,总之,接受体育文化教育与熏陶,能极大地推动学生的成长与发展。因此说,校园体育文化具有一定的复杂性特征。

另外,校园体育文化的复杂性特征还反映在其内部关系的冲

---

① 王革,张引等.高校校园体育文化的内涵与构建.韩山师范学院学报[J],2001(04):24-26.

突上。如体育课内文化与课外文化,体育教学与训练等都会产生一定的摩擦与冲突。如何处理好这些摩擦与冲突是一个难题。只有解决了这些难题,才能为校园体育文化的健康发展扫除障碍,为学生体育综合素质的提高打下良好的基础。

（8）动态性特征

在校园生活中,长期的"三点一线"式的学习生活,学生常会感到枯燥无味,学习的兴趣大大削弱。因此,为激发学生学习的兴趣,可以在课外举行一些富有趣味性的体育文化活动,通过这些体育文化活动,不仅能提高学生参与体育运动的积极性,培养体育学习的兴趣,还能丰富学生的体育文化知识与技能。如在紧张学习之余,可以组织小型的篮球、足球、网球比赛等,让学生获得休息。通过这些活动的举办,能极大地丰富学生的校园文化生活,让整个校园充满活力。由此可见,校园体育文化具有重要的动态性特征。

（9）群体性特征

在任何时期,学校教育都是非常重要的,它承担着培养社会所需人才的重任。作为学校教育的重要内容,体育教育也发挥着至关重要的作用。通过体育教育,不仅能增强受教育者的身体素质,提高其运动技能,还能传播正确的意识形态和价值观,促进受教育者的全面发展。需要注意的是,不论体育文化如何传播与发展,都是在一定的群体中进行的,它是一个流动的组合群体。从这个意义上来说,校园体育文化就呈现出鲜明的群体性特征。

（三）冰雪文化

冰雪文化是多层次、多功能、多样式的意识形态统一体,是各族人民在既定的时空里,受地理环境、经济形式、社会制度、民俗习惯、宗教信仰、价值取向等多种社会因素的影响而形成的一种文化形态。对于我国而言,冰雪运动最早诞生于黑龙江流域的以狩猎和捕鱼为主要生活来源的原始社会中,呈现出鲜明的地域色彩。与传统的冰雪运动相比,现代冰雪运动文化加入了体育、医学等多种多样的元素,其内涵和形式更为丰富,其社会属性越来越强。

（四）校园冰雪体育文化

关于校园冰雪体育文化的概念,不同学者有着不同的见解和看法,下面主要介绍几位专家关于校园冰雪体育文化的定义。

学者严德一认为:校园冰雪体育文化是指在一定社会政治、经济、文化、教育、体育等条件依托下,由学校内部有形的体育物质环境和无形的体育社会环境共同构成的,具有校园特色的生存氛围。

魏秋珍认为:校园冰雪体育文化是指在学校这一特定的范围里,人们在历史实践过程中创造的体育精神财富和物质财富的总和。

朱立斌和刘丽辉曾经在文中指出:校园冰雪体育文化是包含社会文化与校园文化的亚文化,是我国社会民族大文化的重要组成部分。

以上几位专家很好地诠释了校园冰雪体育文化的内涵,揭示了学校冰雪体育文化的实质。但实际上,目前关于校园体育文化的概念并没有一个统一的定论,其定义仍旧处于一个尚存争议的状态。

综合以上几位专家的观点,笔者认为校园冰雪体育文化是指以学生为主体的,以各种冰雪体育活动为主要内容,以校园为主要空间,以冰雪体育精神为特征的一种特定的群体文化。

二、校园冰雪体育文化的结构

从文化的角度看,校园冰雪运动文化可以分为物质文化层、精神文化层和制度文化层等三个层次(表3-1)。① 每一个层次对于校园冰雪体育文化的发展而言都至关重要,因此不要忽略了任何一个方面的建设与发展。

表3-1 校园冰雪运动文化层面

物质文化层	精神文化层	制度文化层
冰雪图书资料	冰雪体育精神	冰雪体育制度
冰雪体育雕塑	冰雪体育知识	冰雪体育文件
冰雪场地设施、设备与器材等	冰雪运动风尚等	冰雪体育传统

三、校园冰雪体育文化建设的原则

在校园冰雪运动文化建设与发展的过程中,不仅要掌握一定的手段与方法,还要时刻遵循以人为本、与时俱进、统筹协调的基本原则,以上三个原则要始终贯彻于整个校园冰雪运动文化建设过程中,不能忽视,否则就不利于冰雪体育文化的建设与发展。

(一)以人为本原则

以人为本可以说是现代学校教育的基本要求,学生是教学活动的主体,没有了学生,教学活动便无法进行。因此,在学校体育教育中,以人为本主要表现为"以学生为本"。作为学校教育的重要内容,开展冰雪课程教学也要坚持以人为本的基本原则。

具体而言,在冰雪运动课程教学中坚持以人为本,就是要围绕学生开展冰雪运动,将学生视为冰雪课程建设与发展中最为重要的要素,通过学生参加冰雪活动,促进其自身的全面发展。由此可见,在冰雪运动课程教学中,在冰雪运动文化建设过程中要始终遵循"以人为本"的基本原则。贯彻以人为本的基本原则要十分注重以下两个方面的要求。

---

① 丁日明,李永霞. 北京冬奥背景下的高校校园冰雪体育文化建设[J]. 冰雪运动,2018,40(03):75-78.

一方面,学生是冰雪体育文化的体现者和受益者。在建设与发展冰雪体育文化的过程中,要重视学生的心理体验,采取各种手段与措施帮助学生了解与掌握冰雪运动的规律,提升学生对冰雪运动的认知水平,培养学生积极参与冰雪活动的意识与能力。

另一方面,学生是冰雪体育文化的重要主体,如果脱离了这一主体,冰雪文化建设就无法进行,因此在冰雪体育文化建设的过程中要坚持以人为本的基本原则。在素质教育发展的今天,冰雪体育文化建设应以学生的素质教育为基础,注重学生全面素质的发展和提高。

(二)与时俱进原则

随着 2022 年京张冬奥会的日益临近,我国要顺应时代发展的潮流,加强冰雪体育文化的建设,营造良好的冰雪运动氛围,这对于弘扬与传播冰雪体育文化具有重要的意义。鉴于此,我们在发展校园冰雪体育文化的过程中要贯彻与时俱进的基本原则。总之,在构建冰雪体育文化体系时,应始终把握与时俱进的基本原则,这需要注意以下两个方面。

一方面,校园冰雪体育文化的建设与发展要符合时代的特点与要求。发展到现在,我国社会各个层面都发生了巨大的变化,学校体育教育的发展也是如此。随着社会各个层面日新月异的发展,人们对体育的要求、对学校体育发展的要求也不断地发生着一定程度的改变。在校园冰雪体育文化建设的过程中,体育教师要指导学生不仅要学习冰雪知识,掌握冰雪技能,还要在精神方面有所追求,通过校园冰雪运动课程教学活动能有效培养学生积极参与运动锻炼的习惯,并最终形成终身体育的意识和行为。

另一方面,校园冰雪体育文化的发展必须要与社会发展相同步,如校园冰雪体育文化建设要与京张冬奥会的发展保持密切的联系,二者获得同步发展,这就是与时俱进原则的具体体现。当前,我国全民健身理念已深入人心,热爱并参与运动健身的人群越来越多,因此校园冰雪体育文化的建设要与时俱进,加强与社会之间的联系,丰富冰雪体育文化建设与发展的体系,这对于冰雪运动的可持续发展具有重要的意义。

（三）统筹协调原则

校园冰雪体育文化是一个比较复杂的系统,在建设校园冰雪体育文化体系的过程中就需要各方面统筹兼顾,协调完善。这就是统筹协调的基本原则。只有各方面统筹协调发展了,校园冰雪体育文化建设活动才能有条不紊地进行。在构建校园体育文化体系的过程中,坚持统筹协调原则可以从以下方面入手。

1. 软件与硬件协调发展

校园冰雪体育文化的建设,需要各个方面的相互协调配合,其中软件与硬件的协调与配合是至关重要的一方面。冰雪运动的硬件主要包括冰雪场地、冰雪设备与器材等;软件则主要包括冰雪制度、冰雪精神、冰雪观念等内容。在建设冰雪体育文化体系的过程中,要将这两方面充分结合起来进行,使这两方面获得协同发展,这样才能保证校园冰雪体育文化发展的平衡,获得良好的发展效果。

2. 课堂教育与课外活动协调发展

在学校体育教育中,除了基本的课堂教育外,课外活动也是非常重要的一个方面,加强课内外一体化教学成为当今学校体育教育发展的重要内涵。因此,在建设校园冰雪体育文化的过程中也要将课堂教育与课外活动充分结合起来进行,促进二者的协调配合发展。

目前,我国各级各类学校的体育课都分两种形式进行,一种是室内课,另一种是室外课。通常情况下,室内课主要是理论课,室外课则是实践课。在进行室内教学的过程中,冰雪教师要依据教学大纲的规定进行讲解,将运动项目基本知识传授给学生,而室外课则是在体育教师的带领下组织学生进行各种模仿练习。

目前,总体来看,冰雪课程的课内教育与课外活动没有很好地统一协调起来发展,各学校都存在着轻理论重实践的现象。课外活动也是校园冰雪体育文化建设的重要内容,所以校园冰雪运动的理论课开展具有重要的意义,要高度重视起来。因此,为构建良好的校园冰雪体育文化体系,应取长补短,加强课内活动与课外活动的协调发展。

四、校园冰雪体育文化建设与发展的对策

对于青少年学生而言,他们都具有强烈的个性特点,对一切新鲜事物都抱有强烈的热情,加强青少年学生对于冰雪体育文化的认识不仅能够活跃校园体育文化气氛,还能扩大冰雪体育文化的影响力度,引导社会居民参与到冰雪运动之中,起到重要的辐射作用,促进冰雪运动在社会各个层面的发展。总之,在促进校园冰雪体育文化建设与发展的过程中可以采取以下对策。

(一)坚持区域特色化发展

我国地大物博,各区域都有自身鲜明的特色,因此各区域的每所学校体育文化也呈现出与众不同的特色。特色可以说是学校的名片,是学校优势的集中展现。冰雪运动对区域特点有着非常高的要求,其文化自身带有明显的区域性,这种区域性是由各地的地理、人文条件决定的。正如"只有民族的,才是世界的"一样,符合地域自然及民俗特点,突出地方特色,才是真正的文化建设。[①] 以东北地区为例,这一地区的冰雕文化、滑冰文化、滑雪文化等都是本区域的特色,对于本区域的发展具有重要的意义,这些区域特色在校园冰雪文化建设中都能得到明显的体现,因此坚持区域特色化发展是冰雪体育文化建设与发展的重要策略。

---

① 张志成,周祖旭. 高校冰雪文化建设与发展策略研究[J]. 黑龙江工业学院学报(综合版),2018,18(10):24—27.

（二）挖掘历史，做好冰雪文化继承和发展

每一个地方都有自己的历史与特色，挖掘地方历史对于充分认识与了解这个地方具有重要的意义。我国北方地区有着悠久的历史，这一地区的人们在日常生活中都离不开冰雪这一生活方式，需要我们认真挖掘和整理。考古学家在我国新疆阿勒泰地区发现距今有一万两千年的人类滑雪姿态的岩画，2007 年，上海大世界吉尼斯总部正式确认中国为人类滑雪文化的发源地，这宣布了我国在世界冰雪文化中的重要历史地位。而在东北地区的黑龙江，其冰雪运动的历史则更为悠久，冰雪运动历来都是这一地区人们的生活方式。目前我们所熟知的冰雕、雪雕、冰钓等运动形式，与东北地区的历史有着极为密切的联系。高校作为文化传播和交流的主阵地，应当主动担负起继承历史，发展冰雪运动文化的责任。①

（三）突破物质条件限制，丰富校园冰雪文化建设渠道

校园冰雪文化建设需要有一个良好的教学条件，否则校园冰雪运动就难以获得健康的发展。相关研究表明，即使在我国冰雪运动发展最为出色的北方地区，学校冰雪教学活动的发展也难以令人满意，仍旧存在着大量的制约校园冰雪运动发展的因素，如冰雪场地不足、教学内容单一、师资匮乏等。造成这一问题的主要原因在于，学校用于建设冰雪运动文化的资金不够。

在当今商业化发展的背景下，校园冰雪文化的建设与发展不应故步自封，而要积极寻求新的出路。学校相关部门要展开研究与探讨，从校内走向校外，加强场地资源的共建与共享、促进社会活动与校园冰雪活动的融合，吸引社会各方面的投资，加强校园冰雪运动文化的商业化运作，这都是促进我国校园冰雪文化建设的重要举措。

---

① 张志成，周祖旭．高校冰雪文化建设与发展策略研究[J]．黑龙江工业学院学报（综合版），2018，18（10）：24—27．

（四）制定规章，加强管理，协同发展

在高校冰雪运动发展的过程中，还要加强冰雪制度方面的建设，积极开展校园冰雪体育文化节、定期组织冰雪体育知识竞赛、定期组织冰雪体育知识讲座，营造良好的冰雪文化氛围。

冰雪运动对环境和场地都有着较高的要求，在建设冰雪场地的过程中会对环境造成一定的破坏。因此在发展校园冰雪运动的过程中必须加大管理力度，拒绝破坏生态环境的行为，坚持在保护环境的前提下进行其他建设，构建生态化高校冰雪体育文化。各个高校之间应多组织校外冰雪体育竞赛，激发大学生积极进行冰雪体育锻炼的意愿。[①]

学校相关部门要结合冰雪运动发展实际制定出切实可行的规章制度，从制度上为校园冰雪运动文化的建设与发展提供必要的保障，只有如此，校园冰雪体育文化才能得到可持续发展。

---

① 丁日明，李永霞.北京冬奥背景下的高校校园冰雪体育文化建设[J].冰雪运动，2018，40(03):75—78.

第四章 我国冰雪运动基础设施建设与发展

随着京张冬奥会的成功申办,冰雪运动成为我国当下的一个热点话题,冰雪运动以前所未有的速度在我国得到了迅速的传播与发展。要想推动我国冰雪运动的持续、健康发展,首先就要做好基础设施方面的建设,因为基础设施是冰雪运动开展的重要保障,没有一个良好的物质基础做保障,冰雪运动是难以获得健康发展的。

第一节 冰雪运动各项目场地与器材标准

众所周知,冰雪运动主要分为冰上运动与雪上运动两个大项,由这两个大项延伸的冰雪运动项目有很多,受篇幅所限,本节重点介绍冬奥会中重点冰雪运动项目的场地与器材标准情况。

一、冰上项目场地与器材

(一)速度滑冰

1. 速度滑冰的比赛场地

根据冬奥会速度滑冰的竞赛规则,速度滑冰比赛项目必须在人工制冷的国际滑联标准400米场地上举办,跑道依据国际滑联的规则设计,比赛道内侧还需要修建一条不小于4米的练习道。一般来说,冰场需要建在有取暖设施的室内,以防止天气对比赛造成不利影响。比赛场地需要保证在不直接横穿冰面的情况下人们可以方便地进入场地中央(内场),场地内必须有合理数量的观众席位,而且需要有能为运动员、贵宾、政府官员、电视台及其他媒体提供相应帮助和服务的设施。标准速滑跑道包括两条直线跑道与两条弧度为180°的半圆式曲线跑道,它们共同组成一个封闭跑道。跑道的最大周长为400米,最小周长为333.33米。国际性的比赛应在400米周长的跑道上进行,其基本标准为直线跑道长111.98米,宽5米,内跑道内圈半径5米,外跑道内圈半径30米。如果跑道是南北方向的,那么终点应在跑道的西南角,东边直线跑道将作为"换道区"。跑道分界线用宽10厘米、高5厘米的严密整齐的雪砌成,以便参赛者的冰刀稍触及即能清楚地看出痕迹。除了换道区无雪线外,其余跑道都应该堆砌雪线,但不可以让雪线冻结在冰面上。如果没有雪,可以用长10厘米、宽5厘米、高小于等于5厘米的橡皮、木块或其他合适的物体涂上协调颜色来代替雪线。起点线、起跑预备线、边线、终点线前5米每隔一米的标线都需要设置为蓝色,终点线为红色,线宽均为5厘米。冬奥会标准的速滑跑道如图4-1所示。

速度滑冰——400米椭圆赛道

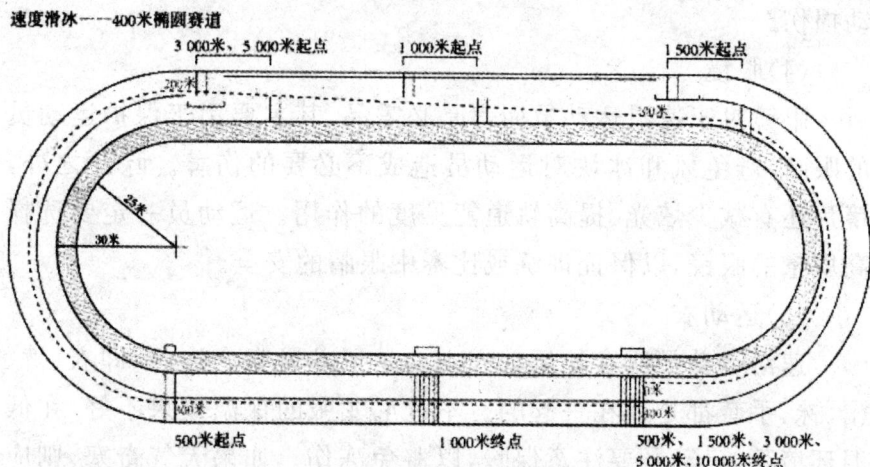

图 4-1[①]

---

① 李树旺,张磊.冬奥会项目及观赛指南[M].北京:中国人民大学出版社,2018.

2. 运动器材

(1)臂章

在速滑比赛中,位于内道的运动员要佩戴白色臂章,位于外道的运动员则需要佩戴红色臂章。

(2)冰刀

速滑冰刀具有刀长刃窄的特点,由合金材料制成,刀刃笔直。冰刀与鞋号相同或比鞋大一号。鞋穿在脚上要感到舒适、贴脚,又不太紧。男子冰刀通常长 42～46 厘米,刀尖比鞋尖要长 8～9 厘米,刀跟比鞋跟长 5～6 厘米,冰刀下面厚 1 毫米,左脚刀刃与鞋的纵向中线吻合,右脚刀尖稍偏左。

(3)克莱普冰刀

克莱普冰刀的刀片一般不会附着在滑冰鞋上,刀片将会通过铰接装置连接到滑冰鞋上。在运动员蹬冰时重心前移,后刀托可以自动与冰鞋分离,蹬冰结束时,冰刀蹬离冰面,分离的后刀托又能够自动弹回原位。这样能保证运动员比赛的安全,避免发生运动损伤。

(4)眼镜

眼镜对于速滑运动员而言是必需品,其主要用于保护运动员的眼睛,避免风和冰块对运动员造成不必要的伤害。除此之外,镜片还有减少炫光、提高轨道能见度的作用。运动员一定要选择高质量的眼镜,以保证训练或比赛中眼睛的安全。

(5)运动衣

速滑运动员所穿的运动衣主要是尼龙紧身全连服,即衣、裤、帽、袜、手套都是连在一起的。不过尼龙服的保温效果不好,在低温环境下,运动员要注意保暖,以避免冻伤。如果天气奇寒,则应在胸廓、膝盖等身体部位垫上防风纸或其他物品。在运动员做准备活动时,需要在其冰鞋上套上保温性能较好的鞋套,以免脚部冻伤。在训练或比赛时,运动员要在裤子两侧缝上拉链以方便穿脱。总之,运动员所选择的运动衣一定要适合自己,轻便、保暖和便于穿脱。

（二）短道速滑

1. 比赛场地

短道速滑比赛场地是一个 30 米 × 60 米的椭圆形跑道,直道长 28.85 米,直道宽至少 7 米,弯道半径 8 米,每圈长 111.12 米。场地两端弧形弯道处有黑色橡胶块,既作为标志线,也是为了保证比赛的安全。在比赛中,运动员不得滑入标志线内。而在直道区运动员则可以任意滑行。

（1）跑道

①短道速滑的跑道应为椭圆形,周长 111.12 米,一般情况下设在封闭式冰场中,并配有相应的供暖设备,以保证运动员的运动安全。

②直道宽度 7 米及以上。

③弯道弧顶距板墙至少 4 米。

④弯道是从一条直道的终端到另一条直道的起点的弧线,弧度应均匀对称。

⑤除标准跑道外,还设有另外 4 条跑道,这 4 条跑道可向标准场地的任一方向移动 1 米或 2 米。所有跑道使用一条终点线。

⑥奥运会竞赛规则规定,短道速滑 500 米项目的半决赛和决赛,只能使用中间 3 条跑道,如果违规就受到规则的处罚。

⑦使用宽度低于 30 米冰场跑道的国际比赛,要在比赛通知中进行一定的说明。

（2）起跑线和终点线

①起跑线和终点线为彩色线,二者都与直道垂直,宽度最多为 2 厘米。

②一般来说,短道速滑起跑线的长度相当于直道的实际宽度。终点线从板墙开始,长度相当于直道的实际宽度加 1.5 米。

③在 500 米和 1 000 米短道速滑比赛中,从跑道内侧 0.5 米

起,间隔 1.3 米设置半径 1 厘米的圆点标示起跑位置。

（3）弯道

短道速滑的每条弯道有 7 块跑道标志块,标志块的设置要按照赛事组委会的标准进行。

（4）冰场防护垫

①一般来说,冰场防护垫的面料必须使用防水防切割的材料。所有防护垫紧密连接并被固定在板墙上,凭借其自身重量置于冰面之上。在申请比赛场地建设时,冰雪运动赛事的工作人员要递交有关防护垫材料性质的技术说明和结构图,最大限度地保证运动安全。

②防护垫装置必须是可自然移动的,运动员在比赛中容易发生碰撞,这时防护垫就能起到一定的缓冲作用,有效避免运动损伤。

2. 器材装备

在参加短道速滑比赛的过程中,所有的运动员都必须佩戴头盔、手套、护腿、护膝、冰刀、护颈等运动装备,以保证运动安全。以上设备有一定的规格,运动员在选择时要依据赛事规则要求来选择合适的运动装备。

（1）头盔要符合美国材料实验协会（ASTM）标准,形状要有一定的规则,不能有凸起。

（2）手套应为皮革制成的连指手套或不含羊毛的合成材料手套。

（3）护腿主要用防扎、防割、耐用材料制成。

（4）比赛服的样式为长袖长裤连身服。

（5）软垫护膝或带有软垫的硬壳护膝。

（6）冰刀管必须是封闭的,至少有两点固定在鞋上。冰刀根部是半径至少 10 毫米的圆弧形。

（7）护颈要符合国际滑冰协会的标准。

总之,短道速滑运动员所选择的运动装备要符合比赛的标准,并且要能保证自身运动安全。

(三)花样滑冰

1. 比赛装备

花样滑冰的比赛标准场地近似长方形,依据竞赛规则,场地长至少 52 米,宽至少 26 米,最常见的规格是长 60 米,宽 30 米。冰面厚度 3～5 厘米。温度则是－6℃～－5℃。一般情况下,比赛场地内的室温最好不超过 15℃。

2. 器材设备

(1)冰鞋

冰鞋对于运动员比赛成绩的取得至关重要,因此要选择适合自己的冰鞋。冰鞋的鞋面要软质,鞋帮要硬质高腰,鞋底需要足够的厚度和硬度,鞋跟高 4～5 厘米。一般女子穿白色冰鞋,男子穿黑色冰鞋。冰鞋的大小要依据运动员脚的大小选择,不能过大或过小,否则就不利于完成技术动作,甚至会导致运动损伤。

(2)冰刀

冰刀主要由刀体、刀柱、刀托组成,具有一定的厚度,材料是特殊钢材。刀体是冰刀的重要部分,由刀刃和刀齿组成,冰刀必须刀刃锐利,其横断面没有变化。刀托不能超出冰鞋。

冰刀要根据项目的特点和冰鞋来选择,其规格用英寸作为计量单位。纵向看刀体应是一直线并与刀托垂直,侧向看刀底部有一定的弧度,刀的前部和后部弧度稍大些,刀刃由宽度均匀的凹形分成两个刃——内刃和外刃。

(3)服装

花样滑冰服应简洁、合身,不能戴装饰品,如项链、手链等。除冰舞创编舞外,禁用任何道具。一般来说,女运动员的服装是连衣短裙,裙子长度必须掩盖臀部,不可以穿上下分开的衣服。男运动员的服装则是上衣和长裤,不可以穿露胸无袖上衣和紧身裤。总之,穿着要得体、优雅,要给人以美感。

(四)冰球

1. 比赛场地

冰球比赛场地长为 61 米,宽 30 米,四周的木质界墙高 119～122 厘米。球场中间有一条 30 厘米宽的横贯全场的红色线,称为中线。中线将冰场分为两个半场:己方球门所在的半场为本方半场,或称后半场;对方球门所在的半场为对方半场,或称前半场。中线两侧各有一条蓝色分区线,也是 30 厘米宽,将球场分为三个区——攻区、中区和守区。己方球门所在的区为守区,即对方的攻区。球场两端各有一条红色球门线,宽 5 厘米,球门就在这条线的中央位置。

2. 器材装备

(1)冰球

冰球球体主要由硫化橡胶制成,一般为黑色,直径为 7.62 厘米,重量为 156～170 克,外壳厚 2.54 厘米。

(2)护具

冰球运动的护具主要有头盔、护胸、护肘和手套等。在青少年冰球比赛中,所有的运动员必须佩戴全护面罩。除头盔、手套和护腿外,其他护具必须全包裹在运动服里。如果出现全部或部分摘掉手套,或割裂手套露出手指的情况,运动员就会按照规则受到惩罚。

(3)冰球杆

冰球杆的材料一般为木质、铝或塑料,从柄端到根部不能长于 147 厘米。杆刃长度最多 32 厘米,宽为 5～7.5 厘米。守门员球杆杆柄的加宽部分从根部向上最多 71 厘米,宽度最多 9 厘米,杆刃长度不超过 39 厘米,宽度至多 9 厘米。球杆根部不能突出,其边缘被磨成斜角。

（4）冰鞋

冰鞋一般为高帮型，鞋头、鞋帮、两踝、后跟等外层均为硬质。前面的长鞋舌加上硬实的高帮，可将脚踝箍紧，帮助运动员维持身体平衡和便于运动中的发力。运动员要依据自身特点选择适合自己的冰鞋。

（五）冰壶

1. 比赛场地

冰壶比赛场地为一个长45.72米、宽5米的冰道。冰道的一端画有一个半径为1.83米的圆圈作为球员的发球区，被称作本垒。另一端则有营垒，由4个直径分别为0.3米、1.22米、2.44米和3.66米的同心圆组成。外面两圆之间涂成红色。场地并不水平，横截面为U型。

冰壶比赛场地边缘与圆垒间有一个斜面橡胶起蹬器，叫作起踏器，球场两端各一个，球员在掷球时可利用起踏器充分发力，将球掷得更远。

一般来说，冰壶场地的两端附近各有一条蓝色实线，靠近发球区的为前掷线，靠近营垒的为后卫线。未进前掷线或越过后卫线的冰壶都被视作无效，将被清到球场外。

2. 运动准备

（1）冰壶

冰壶是比赛中最关键的器材，在投掷中有丝毫差异都会影响比赛结果，因此冰壶规格要求非常严格，由不含云母的花岗岩石制成，重19.1公斤，高11.5厘米，半径15厘米。

（2）比赛用鞋

比赛用鞋分为塑料底的滑动脚所穿的鞋和橡胶底的蹬冰脚所穿的鞋。掷壶时，蹬冰脚所穿的鞋正面前部向下。滑动脚所穿的鞋的鞋底有专用滑板，因为需要与冰面接触产生摩擦，以帮助运动员维持身体的重心。

（3）冰壶刷

冰壶刷的刷毛一般是合成鬃或者马鬃。用冰壶刷"扫刷"能够融化冰表面,减小冰壶与冰面的摩擦,这样能让冰壶滑得更远。

二、滑雪项目场地与器材

在冬奥会中,滑雪项目主要有越野滑雪、跳台滑雪、高山滑雪、自由式滑雪和单板滑雪等项目。下面分别介绍一下以上几个项目的比赛场地与器材设备情况,以帮助学生更好地认识与了解冬奥会滑雪项目的基本常识。

（一）越野滑雪

1. 比赛场地

一般情况下,越野滑雪场地主要由开始区、赛道、更换区、接力区、结束区等几个部分组成。越野滑雪场地的空间较大,运动员在比赛的过程中要注意运动安全。

（1）开始区

越野滑雪的开始区是起点线后的50米内,被划分成数条赛道,并有以雪车压出的"雪槽",轨道深度2～5厘米,间隔必须在1.2米以上,同一轨道的两条轨道痕迹宽度需为17～30厘米。

（2）赛道

一般情况下,冬奥会的越野滑雪赛道主要由上坡路段、波动式路段、有变化下坡路段三部分组成。

上坡路段:规定上坡斜度在9%～18%之间,垂直高度差至少10米,另外还有部分短距离上坡斜度在18%以上。

波动式路段:充分运用当地地形的短上下坡路段,垂直高度差为1～9米。

有变化下坡路段:在这一路段比赛中,越野滑雪运动员必须要使用各种下坡技术,对运动员的技术要求较高,这一路段也是比较容易发生运动事故的路段,因此运动员要保持高度集中的注意力。

(3)更换区

越野滑雪中,允许运动员更换滑雪板,因此都会设置一定的更换区。更换区有数个小区,以选手背号作为区分,在选手自己的小区内放有另一对滑雪板以便更换。运动员进入区域完成更换后再回到赛道的距离必须比直接滑行赛道不经过更换区的距离长。更换区的入口至少 4 米宽,出口至少 6 米宽。小区的长度为 2~2.5 米,宽度为 1.2~1.5 米。其中滑雪混合两项赛只允许更换一次,30 公里以下的项目允许更换三次,超过 30 公里的则允许更换五次。运动员必须要严格按照比赛规则的要求更换装备,否则就会受到一定的惩罚。

(4)接力区

在越野滑雪团队项目中设有接力区,其位置在观众看台正对的区域。

(5)结束区

结束区是终点线后的 50~100 米。结束区必须被划分成数条赛道且可明确区分。在终点线前的 10~15 米设有一条控制线,运动员在通过控制线前不可脱下滑雪板。

2. 器材装备

(1)滑雪板

越野滑雪中,一般有两种滑雪板,即自由式技术滑雪板和传统式技术滑雪板。运动员要根据自己的滑行技术选择合适的滑雪板。比赛规则规定,自由式技术滑雪板的长度为 1.75~2 米,板的整个底部均用滑行蜡。传统式技术滑雪板略长,长度为 1.95~2.1 米,板底前后 1/3 使用滑行蜡,中部 1/3 为防滑蜡。

(2)滑雪杖

在自由技术滑雪中,滑雪杖一般长而坚硬,高度应达到滑雪者的下巴或嘴部位置。在传统技术中,站立时应保证滑雪杖能延伸到腋下。滑雪杖的底部圆盘起到一定的助推作用。

（3）蜡

蜡会在很大程度上影响运动员的滑行速度。蜡的速度取决于比赛中的环境条件,一般来说,蜡主要有防行蜡和防滑蜡两种。

（4）滑雪服

滑雪服的选择应以质感、保暖、透气性能好为最佳,运动员在选择滑雪服时要注意服装的性能。

（5）滑雪鞋

越野滑雪鞋类似于跑鞋。自由技术所用的雪鞋比传统技术所用的雪鞋的护踝面积更大,更坚硬。

（6）固定器

固定器是连接滑雪板和滑雪鞋的一个重要部件,它对于雪板滑行起着重要的支撑作用,因此是不可或缺的,运动员在比赛前一定要做好必要的检查。

（7）护目镜

滑雪护目镜类似于户外风镜,外框由软塑料制成,能紧贴面部,防上进风;镜面由镀有防雾、防紫外线涂层的有色材料制成。雪有利于光线反射,护目镜能帮助运动员免除阳光对眼睛的伤害。

（8）手套

滑雪手套要有一定的保暖和防寒性能,另外还要耐磨、柔软,有利于运动员比赛水平的发挥。

（9）其他设备

除以上滑雪装备外,还有雪橇车、铁锹和雪道设置器等滑雪设备,这些运动设备一般放置在赛场边,以供不时之需。

（二）跳台滑雪

1. 比赛场地

关于跳台滑雪项目,冬奥会和世锦赛对跳台滑雪的比赛场地都有不同的要求。跳台跳板的长度、高度、倾斜度,跳跃地区的半径和角度,共同决定了运动员在理论上可以跳多远。跳台滑雪的跳台主要包括助滑坡、跳台、着陆坡、终止区等几个部分。

2. 运动装备

(1)头盔

跳台滑雪运动员的头盔主要由硬塑模压制而成,头盔里设有保温层并且具有一定的弹性。整个头盔呈流线型,便于运动员完成技术动作。

(2)滑雪镜

滑雪镜是跳台滑雪必不可少的运动装备,其功能主要有:阻挡冷风对于运动员眼睛的刺激;防止紫外线灼伤运动员的眼睛;镜面不会起雾气;确保运动员摔倒后不会伤害脸部。如果滑雪运动员佩戴眼镜,那么就要选择大号的滑雪镜来包裹自己的眼睛。当前的滑雪镜技术含量越来越高,一般都是双层的并且防霜,适合在各种恶劣的天气条件下使用。

(3)滑雪手套

滑雪手套的原料主要为天然皮革和合成材料,外层面料要选择防水的材质,以免在比赛中造成湿滑,影响运动员比赛的进行。

(4)滑雪服

滑雪服一般由合成纤维制成,为了防止运动员出现摔伤的情况,内衬装有泡沫物。泡沫厚度限制为小于 5 毫米,风阻为 30%。滑雪服通常是光鲜亮丽的,其目的主要是保证运动员的比赛安全。因为色彩鲜艳的服装在大雪中十分显眼,以使运动员在比赛中出现事故时便于施救者营救。

(5)滑雪鞋

跳台滑雪鞋多采用皮革材料,运动员选择滑雪鞋时要根据自己脚的大小选择。一双合适的滑雪鞋,脚趾在鞋中要能够活动自如,但脚掌、脚弓、脚背、脚跟能被滑雪鞋紧紧地裹住。滑雪鞋外壳上的卡子要能保证运动员的踝关节可以向前屈,这样有利于运动员维持自己的重心。

（6）滑雪板

滑雪板的底板主要是高分子尼龙材料或塑料，相对而言，高分子材料底板要比塑料底板好，因为它的摩擦性能较好。滑雪板的边刃要锋利，这样才能保证不会发生侧滑现象。

（三）高山滑雪

1. 比赛场地

高山滑雪场地是滑雪项目中比较难以建设的项目之一。在建设高山滑雪场地时，要注意以下两个方面的要求：一方面要符合雪质、积雪期、温度、海拔、风速及足够落差等自然条件要求；另一方面要保证建设前后有充足的建设费用与养护费用。目前，我国的亚布力滑雪场、北大湖滑雪场、长白山滑雪场是建设情况较好的几个滑雪场。为迎接 2022 年京张冬奥会的到来，北京延庆将建设国家高山滑雪中心，这可以说是我国规格最高的滑雪场地。

2. 运动装备

（1）高山滑雪板

高山滑雪板主要分为前部、中部、腰部和后部等几个部分，其特点分别是前部宽、中部窄、后部宽窄适中。滑雪板呈弧形，因为两侧镶有硬钢塑，这样设计的目的是便于转弯。

（2）高山滑雪鞋

一般来说，高山滑雪鞋主要由内外两层组成，外层由树脂注塑或塑料制成，防水、抗碰撞，上面有调整鞋的肥瘦和前倾角的装置。内层对脚踝具有一定的保暖、缓冲等作用。竞赛型或准高级的滑雪鞋前部有很多夹子。表面有鞋舌，外壳坚硬，穿上较紧，仅脚趾有一些活动空间。这种鞋子可以将小腿下部和脚踝各部位紧紧裹住，避免血液流通不畅，但穿脱比较困难。

（3）固定器

固定器是由金属制成的，可以连接滑雪板和滑雪鞋。固定器主要分为前、中、后三部分。在横向外力过大时，前部固定器会脱开；中部有止滑器，能阻止滑雪板在和滑雪鞋分离后滑动，垫板用来避免立刃时滑雪鞋侧面与雪面摩擦；后部固定器在纵向外力过大时会自动脱开，能够调整前后长度，锁住雪鞋。前部与后部均有装置，能显示与调整松紧强度，有利于保证运动的安全。

（4）高山滑雪杖

高山滑雪杖一般由轻铝合金材料制成，有鞘度，上粗下细。上端有帮助手握的握柄和握革；下端有杖尖，防止滑雪杖在硬雪撑插时滑脱；杖尖以上有雪花形或圆形雪轮，避免滑雪杖插入雪面过深。

（5）高山滑雪服

高山上温度较低、风势较大，因此高山滑雪服必须具有保暖、防风的作用，最常见的是上下分身款式，即由上衣与下裤两件组成。另有连体款式的滑雪服，即上衣与下裤连在一起。

（6）高山滑雪手套

一副性能良好的滑雪手套有利于运动员顺利完成比赛，一般来说，滑雪手套掌心部加缝耐磨层，五指分开，不妨碍手部动作。其腕口长且宽大，并可调节松紧。整体要求能防水、保暖、不沾雪。

（7）滑雪头盔

滑雪头盔款式多样，由硬质材料制成，其主要目的是保护运动员在跌倒时头部不受侵害。

（四）自由式滑雪

1. 比赛场地

（1）空中技巧场地

冬奥会的空中技巧比赛场地一般由助滑坡、过渡区一、跳台、过渡区二、着基坡、停止区几部分组成。其中,助滑坡长度为55～65米,坡度为20°～25°。两个过渡区分别连接助滑坡与跳台以及跳台与着陆坡。跳台有四种类型,其中三种类型用于空翻系列动作;另外一种类型则用于直体系列动作。

（2）雪上技巧场地

根据自由式滑雪的竞赛规则,雪上技巧赛的场地长为200～270米,宽为15～25米,坡度达24°～32°。场地必须要保证坡度恒定,落差持续。斜坡不能过凸、过凹。雪包铺设要均匀,不能够过尖或过硬。场内亦不得有冰块或雪块。雪包将布满整个场地,在这些雪包中间还有2个跳台。整个场地从起点到裁判房不能超过300米。

（3）障碍追逐场地

冬奥会自由式滑雪中,障碍追逐赛道的规格为标高差130～250米,长900～1200米,平均坡度为10°～14°,斜坡宽40米,跑道宽6～16米。

（4）U型场地

奥运会U型场地技巧赛道规格为倾斜度17°～18°,长度推荐为170米,但不得小于150米,半圆筒宽19～22米,高6.7米。

（5）坡面障碍技巧场地

冬奥会自由式滑雪的坡面障碍技巧赛,赛道规格要求标高差不得小于150米,斜坡的倾斜度平均在12°以上,宽不得低于30米,选项不得少于6个,跳跃平台不得少于3个。

2. 运动装备

（1）滑雪板

自由式滑雪空中技巧赛中的滑雪板没有长度的限制,一般情况下,男运动员滑雪板长度为175～182厘米,女运动员滑雪板长度为167～174厘米。要求滑雪板必须具备一定的弹性和韧性,侧弧较小。雪上技巧滑雪板,男运动员滑雪板不得短于190厘米,女运动员滑雪板不得短于180厘米;另外,冬奥会竞赛规则还规定,对于男女身高不足 160 厘米的参赛者,则允许滑雪板缩短 10 厘米。

(2)滑雪杖

滑雪杖主要用于在滑雪时支撑前进加速、控制身体平衡和支撑变向转弯等。滑雪杖主要由杖杆、握革、握柄、杖尖、雪轮等部分构成。滑雪杖的长度要依据运动员的身体条件和个人特点而定。

(3)滑雪服

滑雪服主要起到保暖、透气、防风等作用。

(4)滑雪鞋

一般来说,滑雪鞋的前面比较软,后面比较硬。因为运动员在滑行的过程中,身体需要向前倾,而不是后倾。

(5)头盔

头盔主要用于保护运动员的头部不受侵害。

(6)护目镜

护目镜主要用于保护运动员的眼睛免受冰雪眩光的刺激。

(7)手套

手套主要用于保护运动员的双手,以免发生冻伤。

(五)单板滑雪

1. 比赛场地

(1)平行大回转

单板滑雪平行大回转的场地长 400~700 米,高度差为 120~200 米,平均坡度为 14°~18°,宽度 40 米,回转杆距离 20~27 米,三角旗门交替放置在左右,有 25 个旗门。比赛开始时,出发门自动开启,两名选手同时出发。

(2)U 型场地技巧

该场地为长 150~170 米、宽 19~22 米、深 6.7 米、平均坡度为 18°的 U 型滑道。

（3）障碍追逐

单板滑雪的障碍追逐比赛场地落差为 130～250 米,长度为 900～1 200 米,平均坡度为 10°～14°,滑行时间大约有 40～70 秒,坡宽 40 米,赛道宽度 6～16 米。

（4）坡面障碍技巧

单板滑雪坡面障碍技巧比赛在一个设置跳台、铁杆、桌面、箱子等各种障碍的赛道上进行,场地至少 30 米宽,垂直落差最少为 150 米,场地平均坡度在 12°以上,由 6 个以上的赛段、3 个以上的跳台构成。

（5）大跳台

冬奥会中单板滑雪大跳台项目的场地主要由出发区、起跳台、着陆区、停止区等几部分组成。其中,出发区长度最短为 5 米;起跳台高度最低为 2 米,起跳角度最小为 25°,宽度最小为 5 米;起跳至落地平行距离相差最少 10 米;停止区长 20～30 米,宽 20～30 米。

2. 运动装备

（1）滑雪板

第一类,竞技型板。这一类型的滑雪板主要用于专业的雪道滑雪,适合回转比赛。板比较窄,尤其是板腰部分;板尖部分略微向上翘起。

第二类,多功能型板。这一类型的滑雪板主要用于雪道滑行。此板前后端都向上翘起,方向性非常明确。

第三类,自由式板。这一类型的滑雪板主要适用于旋转、跳跃等技巧。

（2）滑雪鞋

单板滑雪的鞋主要分为软鞋和硬鞋两种。硬鞋与高山滑雪鞋非常相似,只在竞速比赛平行大回转中使用;而舒适轻便的软鞋则适合于技巧类项目。

一般来说,单板滑雪的固定器分为传统绑带式固定器、卡扣式固定器和可脱落式固定器。其中运用最为广泛的就是传统的绑带式固定器。

（3）滑雪服

滑雪服主要用来保证运动员身体温暖和干燥，同时还具有防水、防风、透气的作用。在单板滑雪中，可以采用三层着装法来保证实现滑雪服的以上功能，其基本做法为：内层穿一件不吸水的非棉制内衣，以便引导体表的湿气通过外层的材料排出，避免因湿气聚积使运动员不适；中间是绝缘保暖层，能保持热量并方便湿气通过；外层是防水并且透气的外套和裤子。衣服颜色多为蓝色、绿色等单色。单板滑雪服没有套装，上衣和裤子自由组合，能凸显年轻人的魅力。

（4）帽子

滑雪帽主要用于弹性较好的细绒线织成，目的是保护耳朵免受冻伤。如果在天气糟糕的情况下，可换成只露出双眼的头套，再配上一副全封闭型滑雪镜保护眼睛，这样能起到有效的保暖防风的作用。

（5）手套

单板滑雪的手套不需要防磨，只需要保暖防寒就行，通常情况下，主要用天然皮革和合成材料制成，外层面料一定要有防水的效果。

（6）护具

单板滑雪的护具主要有头盔、护腕、护肘、护臀、护膝和滑雪镜等。

第二节 当前我国冰雪运动基础设施建设现状

2022年京张冬奥会的申办成功为我国冰雪运动的发展迎来了一个良好的契机，冰雪运动在我国日益受到重视。尽管发展势头良好，各方面的建设情况都朝着好的方向发展，但目前来看，冰雪运动的发展还存在诸多问题，尤其是在基础设施建设方面，还需要大力发展。

一、冰上运动基础设施建设现状

(一)冰场建设情况

1. 冰场分类

随着冰雪运动的日益受重视,我国各种类型的冰场也在近年来不断增多,这为冰雪运动爱好者提供了重要的运动场地。冰场主要分为室内冰场与室外冰场(图 4-2)两种。其中,室内冰场主要为人工承建冰场,建设、运营与维护的成本都非常高,需要巨大的经费投入;室外冰场主要包括天然冰场以及室外人工冰场。天然冰场多分布于公园附近,服务于大众冰上运动,主要以娱乐性滑冰活动为主。室外人工冰场是人工浇筑的冰场,其目的同样是服务于大众冰上娱乐。

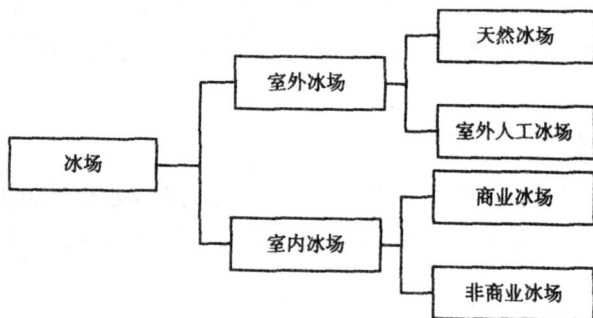

图 4-2①

依据冰场的所有者属性划分,政府、学校、企业是我国冰场的三大所有者。在这三大所有者中,政府所建设的冰雪场地规格最高,能承办具有国际影响力的大型赛事,这一类冰雪场地既可以作为全民健身的场地,又可以供运动员训练使用,因此有着广泛的适用性;学校的冰场主要以室外人工浇筑的冰场为主,广泛分布在我国东北地区的高等院校之中,开展的项目主要是滑冰,受

---

① 孙承华,杨占武,刘戈等. 中国冰上运动产业发展报告[M]. 北京:社会科学文献出版社,2017.

到学生的欢迎和喜爱;企业大部分冰场主要以商业冰场为主,多分布于市区的购物中心,开展滑冰、冰球等冰上运动项目,普遍收费较高,具有一定经济能力的家庭才能承担得起,这一类冰场主要为滑冰爱好者提供培训服务。

2. 冰场数量与分布

据调查统计,截止到 2016 年底,国内冰场共有 214 家,其中,室内冰场有 188 家,天然冰场有 26 家。受环境、气候等方面的影响,室外人工冰场的数量经常上会发生一定的变化,这里只统计比较固定的那些冰场。

据粗略统计,2016 年,我国室内冰场发展比较迅速,发展到 188 家,相比 2015 年新增 31 家,增幅为 19.75%,相比于 2011 年增长 176.47%(图 4-3)。2011 年以前,我国室内冰场的数量还较少,人民群众的参与度也不高,而在 2011 年之后,室内冰场数量增长迅速,几乎每年都会增加 20 多家,相比以往有了明显的提升。究其原因,主要表现在以下两个方面。

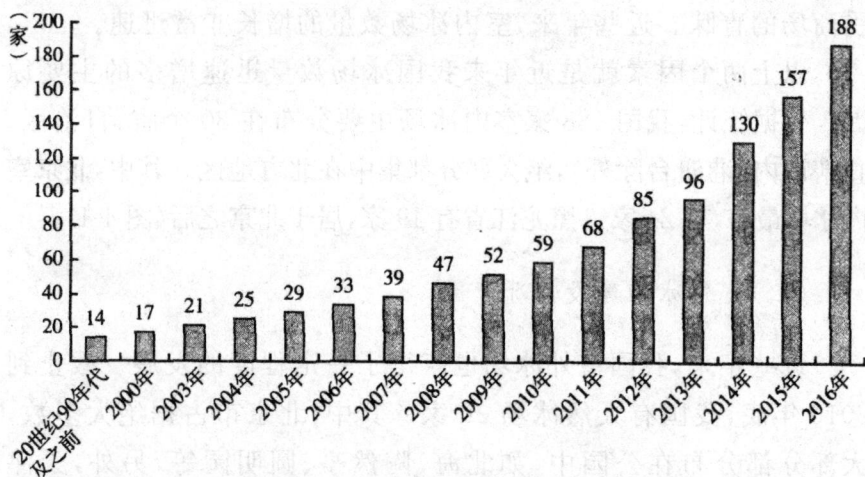

图 4-3①

---

① 孙承华,杨占武,刘戈等. 中国冰上运动产业发展报告[M]. 北京:社会科学文献出版社,2017.

一方面,近些年来出现"滑冰热"的现象,在这样的背景下,催生了一大批室内冰场。以北京为例,随着近年来"冰球热"的热潮,社会上出现了大量的冰场,如浩泰国际冰上运动中心(马泉营店)、小狼国际冰上运动中心、西三旗虎仔冰球俱乐部、华星国际冰上运动中心、华星博大路冰球馆、宏博冰上运动中心、飞熊冰球俱乐部等都是近些年建立的冰场,这些室内冰场大多为冰上运动培训市场,为冰雪运动爱好者提供培训服务,通常收费较高,主要消费人群为高收入家庭。

另一方面,随着冰雪运动宣传活动的深入及冰雪爱好者的日益增多,冰场逐步受到城市市区购物中心的认可,成为商场内业态的"标配"。因此,近年来商业冰场的发展非常迅速,这为广大的冰雪爱好者提供了良好的活动场地。购物中心在迅速扩张的同时,也面临着同质化的风险,因此一些大型购物中心开始关注体验式商业模式,在购物中心配备冰场、电影院、健身会所、电玩城、儿童游乐场等多种形态的服务设施。而冰场作为其中的一种业态在提升商场档次,吸引人群方面都有非常好的效果,因此深受商场的青睐。近些年来,室内冰场数量的增长非常迅速。

以上两个因素就是近年来我国冰场数量迅速增多的主要原因。另据统计,我国188家室内冰场主要分布在30个省、自治区、直辖市内(港澳台除外),绝大部分都集中在北方地区。其中,北京室内冰场最多,有24家。黑龙江省有19家,居于北京之后(图4-4)。

(二)室外冰场建设情况

近些年来,我国室外冰场也获得了一定程度的发展。截止到2016年底,我国有天然冰场26家。其中,北京市占据绝大多数,大部分都分布在公园中,如北海、陶然亭、圆明园等,另外,天津市、河北省、山西省等地区也有一定数量的天然冰场。这些冰场为滑冰爱好者提供了良好的运动场所。受自然条件的影响,室外人工冰场主要分布在我国的东北地区,其中黑龙江省数量最多,每到冬季很多学校都会浇筑室外人工冰场,组织学生进行上课,呈现出鲜明的地域特色。

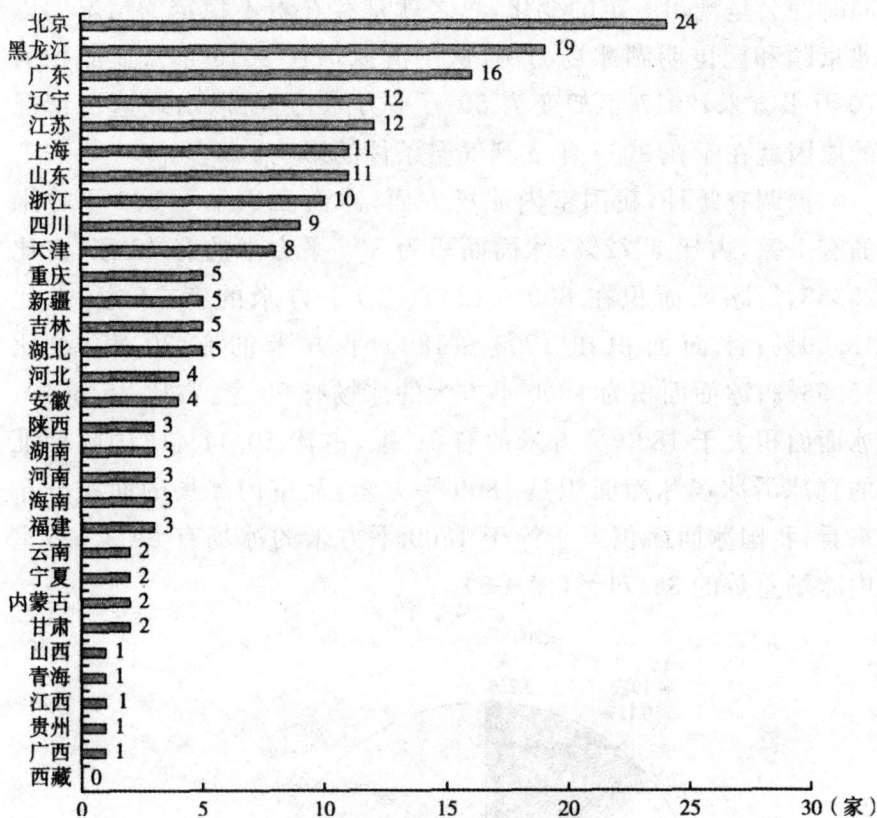

图 4-4①

在北京，也有一定的室外人工冰场，像三里屯 VILLAGE 冰上乐园、北京华贸冠军溜冰场等。这些冰场普遍造价高昂，定位于高端消费人群，具有一定经济实力的家庭才能在这些室外冰场进行消费。

（三）室内冰场建设情况

1. 按面积统计

冰场面积是衡量冰场规格的一个非常重要的指标，天然冰场

---

① 孙承华，杨占武，刘戈等．中国冰上运动产业发展报告［M］．北京：社会科学文献出版社，2017.

与室外人工冰场受气温等因素的影响较大,因此在不同年份、不同时期会呈现出一定的变化,总之就是存在着不稳定的情况。以北京颐和园昆明湖冰场为例,这一滑冰场在 2016 年营业面积为70 万平方米,2017 年却变为 50 万平方米,之所以出现这一情况的原因就在于在 2017 年受到气温条件的影响。

据调查统计,我国室内冰场方面,冰面面积小于 800 平方米的有 7 家,占比 3.72%;冰面面积为 800 平方米的有 48 家,占比25.53%;冰面面积在 800～1200(含)平方米的有 34 家,占比18.09%;冰面面积在 1200～1800 平方米的有 30 家,占比15.96%;冰面面积为 1800 平方米的冰场有 50 家,占比 26.60%;冰面面积大于 1800 平方米的有 19 家,占比 10.11%。国际标准的真冰滑冰场冰面面积是 1800 平方米,从室内冰场的面积分布来看,我国冰面面积大于等于 1800 平方米的冰场有 69 家,占室内冰场总数的 36.71%(图 4-5)。

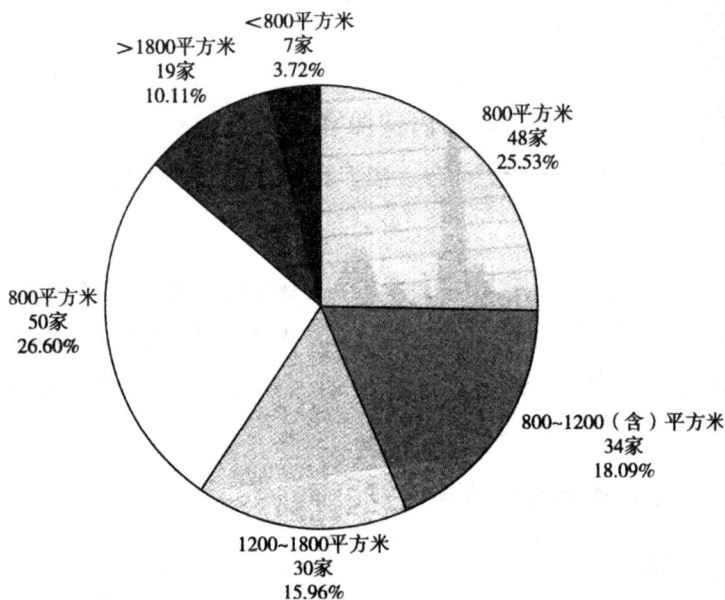

图 4-5①

---

① 孙承华,杨占武,刘戈等 . 中国冰上运动产业发展报告[M]. 北京:社会科学文献出版社,2017.

通过近些年来的不断发展,我国新兴冰场呈不断增加趋势,其中,800平方米与1800平方米的数量最多,分别为46家、47家,1000平方米与1200平方米的冰场各有12家,除此之外,其他冰场冰面面积较为分散,没有一定的规律可循。

通过对我国冰场的建设情况分析,可以发现政府兴建的冰场往往规格较高,符合国际比赛的标准。而商业冰场的面积则大小不一,有一部分符合国际比赛的标准,但绝大部分则比较自由,不符合国际比赛规定的标准。另外,我国各类冰场还呈现出不规则的发展态势,冬奥会申办成功后我国新建的面积大于等于1800平方米的室内冰场数量增加,2016年达到13家。从全国新增室内冰场的面积数量变化情况来看,2016年,我国800平方米的冰场新增数量较少,800~1800平方米与大于等于1800平方米的冰场新增数量较多。

2. 按所有者统计

据调查统计发现,目前我国拥有商业冰场156家,所占比重为82.98%;政府所建室内冰场有29家,所占比重为15.43%;学校所建室内冰场有3家,所占比重为1.6%(图4-6)。由此可见,商业冰场占据着绝对地位,这也说明近年来冰雪运动在我国形成了较强的影响力,大型的购物广场等都愿意建设室内冰场,能吸引大量的滑冰运动爱好者,从而获得可观的经济效益。

(四)商场内冰场发展情况

从我国冰场总量上来看,商场内的冰场占据着非常重要的地位。一般来说,商业冰场主要分布在市区的购物中心、大型百货、体育馆等场所内,由于没有一个统一的标准,我们将分布于购物中心、大型百货以及体育馆、商业街内的冰场统称为"商场内冰场"。如北京西单大悦城冰场、北京崇文门新世界冰上运动中心等都是如此。

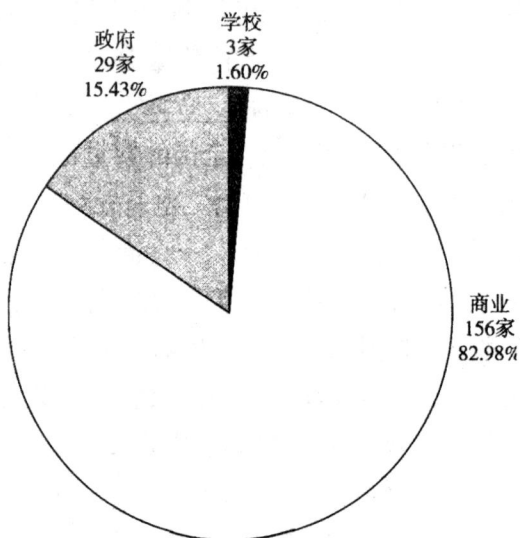

图 4-6①

1. 商场内冰场数量与分布

（1）商场内冰场的数量

据调查统计，目前我国共有 128 家商场内冰场，占室内冰场总量的 68.09％；占商业冰场总量的 82.05％。由此可见，商场内冰场是我国室内冰场的主力军，吸引着广大滑冰爱好者的参与。

（2）商场内冰场的分布

通过调查发现，我国商场内冰场主要分布在经济发达的华东地区以及华北地区，另外，广东、北京、江苏、浙江等地也是拥有商场内冰场较多的地区。商场内冰场对经济条件要求较高，没有雄厚的资金实力是无法建设滑冰场馆的，这也就不难理解商场内冰场主要集中于经济发达地区。

另据统计，我国一线城市共有 37 家商场内冰场，占商场内冰场总数的 28.91％；二线城市共有 69 家商场内冰场，占商场内冰场总数的 53.91％，一、二、三线城市中的商场内冰场占到其总数

---

① 孙承华,杨占武,刘戈等．中国冰上运动产业发展报告[M]．北京:社会科学文献出版社,2017.

的96.09%。这与城市的经济发展水平也是相吻合的。

（3）一线城市商场内冰场所占室内冰场比例

以一线城市商场内冰场的建设为例，北京有24家室内冰场，其中分布在商场内的数量为12家，占到室内冰场总数的50%；上海的11家室内冰场中，有5家分布在购物中心，占到室内冰场总数的45.45%；广州的2家室内冰场全部分布在购物中心，全部为商场内冰场；深圳有11家室内冰场，其中在商场内的为10家，占到室内冰场总数的90.91%；天津有11家室内冰场，全部分布在商场内。

与其他地区相比，北京的很多冰场主要是以俱乐部形式存在的，运动项目主要以冰球、滑冰培训为主，这些冰场都不分布在商场内。上海的商场内冰场占比也相对较低，主要存在于体育场馆中，例如松江大学生体育中心冰球馆、上海大学生国际冰球馆、上海飞扬冰上运动中心、上海海上王冠冰场等，这些大型冰场都能举办各种类型的比赛。

总的来看，大部分冰场都分布在高端的购物中心内，像国贸溜冰场、华润的万象城等，有一部分分布在市区的购物中心内，像西单大悦城、朝阳大悦城，有些冰场还分布在家庭型商场内，像深圳海岸城、北京金源世纪广场等。但无论如何，冰场消费都属于高消费活动，需要周围商圈的支持，如果没有商圈的支持，冰场就难以建设与开展下去。

二、滑雪运动基础设施建设现状

（一）滑雪场基本情况

图4-7是1996～2016年我国滑雪场数量的增长情况。2016年，据统计，我国共有646家滑雪场，相比于2015年的568家，新增78家，增长率为13.73%。同2015年增长23.48%相比，2016年滑雪场数量的增速有所减缓。

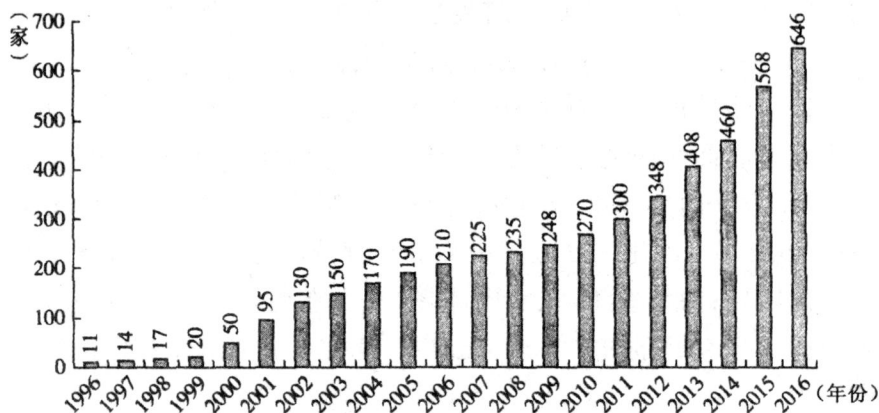

图 4-7①

　　我国共有 27 个省（区、市）有滑雪场，其中，黑龙江省的滑雪场最多，为 122 家，比第二名的山东省多出了 64 家，香港、澳门、台湾、江西、海南、上海、西藏等地没有滑雪场。

　　从 2016 年滑雪场排名变化来看，山东超越了新疆，排在第二，山西跻身前五名。排名由 2015 年的黑龙江、新疆、山东、河北、吉林变成 2016 年的黑龙江、山东、新疆、河北、山西。2016 年我国共新增 78 家滑雪场，按新增数量排序，山西省增加 10 家，位居首位；随后是河南、山东、内蒙古，分别新增 8 家、7 家、7 家；河北、陕西、新疆、甘肃分别新增 6 家、6 家、5 家、5 家。

　　从全国来看，我国滑雪场的分布状况如图 4-8 所示。其中，东北区域滑雪场数量占比最大，为 30.19%；其次为华北区域，为 24.30%。

　　从我国七大区域来看，与 2015 年相比，2016 年滑雪场数量增长最多的是华北区域与西北区域，都新增滑雪场 24 家；其次是华中区域，新增滑雪场 9 家。总体上来看，近年来我国滑雪场的数量不断增多，说明参与冰雪运动消费的人群也越来越多。

---

　　① 孙承华，伍斌，魏庆华等．中国滑雪产业发展报告[M]．北京：社会科学文献出版社，2017．

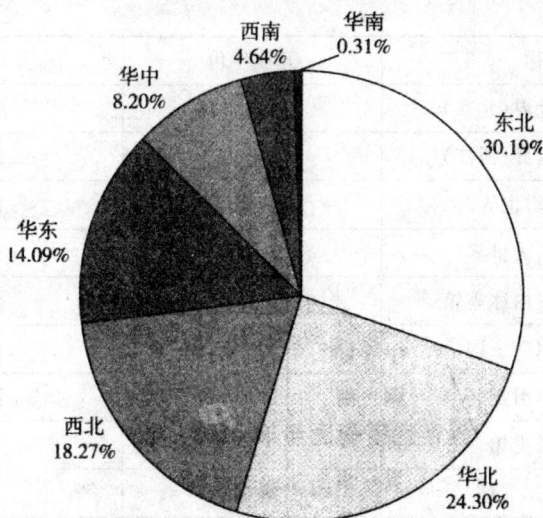

图 4-8①

（二）室内滑雪场建设现状

1. 我国室内滑雪场

据统计，2014 年国内有 7 家室内滑雪场，2015 年有 9 家，2016 年增至 12 家。截至 2017 年，我国处于营业状态的室内滑雪场有 14 家。我国是世界上运营室内滑雪场数量最多的国家（表 4-1）。目前，我国的室内滑雪场主要分布在二三线城市，这些室内滑雪场一般会选址在城市近郊地区。

表 4-1 我国室内滑雪场统计②

名称	开业年份	地区
阿尔卑斯冰雪世界	2000 年	深圳
达永山滑雪馆	2005 年	内蒙古

---

① 孙承华，伍斌，魏庆华等．中国滑雪产业发展报告[M]．北京：社会科学文献出版社，2017．

② 同上．

名称	开业年份	地区
乔波冰雪世界(北京)	2005 年	北京
乔波冰雪世界(浙江)	2009 年	浙江
瑞祥冰雪世界	2011 年	湖南
冠翔冰雪大世界	2014 年	辽宁
西部长青室内冰雪馆	2015 年	河北
三只熊冰雪王国	2015 年	湖南
秦岭四季滑雪场	2015 年	陕西
四季滑雪馆	2016 年	河北
仙女山冰雪城	2016 年	重庆
青田乐园室内滑雪场	2016 年	浙江
冰河世纪滑雪场	2016 年	广西
万达娱雪乐园	2017 年	黑龙江

根据初步统计,截至 2017 年,我国在建的室内滑雪场共计 15 家,除 2 家在建室内滑雪场在北方的黑龙江、山西外,其余在建室内滑雪场都在南方。贵州省 2017 年建成 3 家室内滑雪场,是 2017 年建成室内滑雪场数量最多的省份。2017 年在建的室内滑雪场开始向三四线城市发展。

2. 旱雪滑雪场

与其他雪场相比,旱雪场地具有建设周期短、投资成本小、绿色环保等方面的优势,因此受到我国的青睐。总的来看,我国旱雪场地主要建设在度假区、公园、旅游风景区。根据国内旱雪主要制造商尖峰旱雪的数据,2012 年中国投入使用的尖峰旱雪滑雪场数量为 2 家,2013 年为 5 家,2014 年为 9 家,2015 年为 14 家,2016 年为 18 家,在建的有 5 家。随着人们冰雪运动需求的不断增长,旱雪滑雪场也会越来越多。

3. 室内滑雪模拟训练场

室内滑雪模拟指在室内机器或设备上模拟滑雪动作,达到滑雪训练效果的一种运动。根据模拟材质、设备的不同,可将室内滑雪模拟分为VR滑雪模拟和魔毯滑雪模拟两类。VR滑雪模拟是运动者通过联合运用VR设备、训练器材达到模拟滑雪训练效果的一种运动。VR滑雪模拟的国内主要供应商是司凯泰思。魔毯滑雪模拟指运动者在魔毯设备上模拟滑雪的一种运动。国内魔毯滑雪模拟提供商主要有雪乐山、顽酷、零度等。总的来看,在经济发达地区,这一类的滑雪场建设情况比较良好。

据调查,目前我国滑雪模拟设备数量在30台以上。以室内旱雪模拟训练场地提供商雪乐山为例,雪乐山在北京的室内滑雪训练中心数量为3家,每家训练中心接待滑雪人次约为10000人。这为人们参加冰雪运动提供了良好的场地条件。

第三节　我国冰雪运动基础设施建设的对策

冰雪运动基础设施是冰雪运动得以健康、持续发展的重要保障,因此加强冰雪运动的基础设施建设无论在哪个时期都是非常重要的。通过分析当前我国冰雪运动基础设施建设的现状,我们可以采取有针对性的手段与措施找到适合我国冰雪运动基础设施建设的路径与对策,从而促进我国冰雪运动的进一步发展。

一、我国冰雪运动基础设施建设的路径

(一)走冰雪基础设施绿色化发展道路

"绿色奥运,人文奥运"是2008年北京奥运会的宣传口号。而2022年京张冬奥会的举办,我们同样也要注重奥林匹克运动与自然的和谐发展,因此坚持绿色化发展道路是我国冰雪运动理应秉持的一项原则。由于冰雪运动有很多项目都是在大自然环

境下进行的,因此难免会造成一定的生态环境的破坏,为尽可能地降低环境破坏的风险,我们应该创新绿色技术,在建设冰雪场地或场馆的过程中,要始终坚持使用环保、绿色的材料,尽可能地减少环境污染。为鼓励各地区利用绿色技术建设冰雪场地,政府部门可以采取减少税收、加大补贴的方式为冰雪场地或场馆的经营者提供必要的保障,走冰雪场地建设的绿色发展道路。

(二)加大对冰雪运动场地设施的安全监管,提高服务质量

在冰雪场地建设的过程中,政府应加大监督的力度,定期对各类型的冰雪场地或场馆进行安全排查,保证各个场馆的规范化运行,避免出现安全事故。这样才能为冰雪爱好者的人身安全做好良好的保障。除此之外,冰雪场馆的经营者还要提高自身的服务质量,建立一个健全和完善的服务体系,实现冰雪场馆管理的科学化和规范化。在构建冰雪场馆服务体系的过程中还要加强冰雪教练员的培养和培训,以为冰雪爱好者提供良好的指导,帮助其在提高冰雪运动水平的同时,还能感受到冰雪运动的魅力,提高参与冰雪运动的积极性,树立参与冰雪运动的自信心。同时优秀的指导效果让体验者体会到冰雪运动的魅力和激情,提升他们学习和提高冰雪技术的自信心。①

(三)营造群众冰雪文化氛围,充分利用学校教育传播方式

冰雪文化是推动冰雪运动发展的重要力量,借助 2022 年京张冬奥会举办的契机,我们应充分利用媒体的力量,做好冰雪运动的传播与发展。同时还要充分利用学校教育的传播,将冰雪运动引进到学校体育教学中,促使学生学习和掌握冰雪运动的知识,提高冰雪运动水平,从而营造一个良好的冰雪运动文化氛围。

随着 2022 年京张冬奥会的日益临近,在冬奥会筹备期间,我们应该抓住这一历史的机遇,采取各种手段与措施推动冰雪运动

---

① 秦晨晨,于冲.北京冬奥会背景下我国冰雪基础设施发展现状与路径选择[J].当代体育科技,2018,8(19):219-220.

的传播与发展,在做好冰雪运动基础设施建设的同时,构建良好的冰雪运动服务体系与文化体系,营造良好的冰雪运动文化氛围,走冰雪运动的绿色化发展道路和可持续发展道路。

二、我国冰雪运动基础设施建设的具体策略

(一)科学规划我国未来冰雪场地的建设与发展

《国务院关于加快发展体育产业促进体育消费若干意见》中明确指出:"以冰雪运动等特色项目为突破口,促进健身休闲项目的普及和提高。""制定冰雪运动规划,引导社会力量参与建设一批冰雪运动场地,促进冰雪运动繁荣发展,形成新的体育消费热点。"这就为我国冰雪运动的发展奠定了一个良好的基调。

在冰雪场地建设方面,我们要始终坚持"巩固存量、提高增量"的基本原则,结合我国各地的实际情况,事先做好冰雪场地的规划。未来我国滑雪场地重点发展的区域主要应集中在我国地形的第二阶梯和第三阶梯的衔接的广大区域以及长白山地区。由北向南主要包括长白山脉、阴山山脉余脉、燕山—太行山脉、秦岭地区等,其中,重点是秦岭淮河以北地区。以这些地区为发展的重点带动其他地区冰雪运动的发展。

(二)推动重点地区冰雪场地建设,打造中国冰雪产业发展增长极

据调查发现,我国冰雪场地建设情况较好的区域主要是京张冰雪产业带和哈牡(哈尔滨至牡丹江)冰雪产业带。其中,京张冰雪产业带拥有超过 40 个高规格的滑雪场地,近些年来经营收入能达到每年 3 亿元以上,平均每周接待滑雪者的数量要远远超过我国其他地区,因此发展势头非常迅猛。而哈尔滨、牡丹江地区作为我国滑雪运动发展时间最早的地区,冰雪运动水平历年来一直居于全国前列。这一地区拥有 30 多个高规格的滑雪场,平均年收入接近 1 亿元,每周接待滑雪者的数量也是较多的。

综上所述,京张地区和哈牡地区的冰雪运动都拥有不错的发

展势头,其发展水平要远远超过其他地区,完全具备了打造中国冰雪产业发展极的条件。根据国家统计局的报告,2018年黑龙江和河北省的 GDP 增速都居于全国后列。这两个地区面临着巨大的经济下行压力。而通过冰雪运动产业的发展,能极大地促进两地产业结构的优化和升级,推进京津冀一体化进程,这不仅能推动我国冰雪运动的进一步发展,还能为我国经济水平的发展和提高提供重要的动力。

(三)采用多种手段促进我国城市滑冰场地的建设

据调查统计,截至 2014 年底,我国共设有城市 653 个,其中直辖市 4 个、地级市 288 个、县级市 361 个。我国城市户籍人口为 3.86 亿人,暂住人口 0.60 亿人。因此要想推动我国冰雪运动的传播与发展,必须要加强城市滑冰场地的建设与发展。[①] 在建设城市滑冰场的过程中,必须要积极开拓思路,创新冰雪场地建设的理念,采用现代化的手段加强冰雪场地的建设。结合当前我国冰雪运动发展的实际,我们可以采用以下手段。

1. 充分利用我国公共水域建立自然冰场

我国拥有丰富的公共水域,这为我们拓展城市滑冰场地提供了良好的基础。发展到现在,在秦岭淮河以北的广大区域,我国各级城市都充分利用当地的公园水域及河流、湖泊等建设了一些公共冰场,为滑冰运动爱好者提供了良好的运动场所。

2. 充分利用可拆装冰场技术,拓展城市滑冰场地

可拆卸移动冰场是指利用冰毯技术、冰盒技术、吸收管技术等制冰技术建造的临时性冰场。利用这种技术可以在城市广场、购物中心广场、商场、公园等空间安装专业滑冰场地。因此,这一现代化的技术手段一经问世就受到人们的广泛关注。可拆卸移

---

① 刘佳宇.我国冰雪运动场地布局与发展研究[D].北京体育大学,2017.

动冰场能适应各种地面条件,并对原场地没有任何的损害,利用这一技术建设的冰场可以满足大众滑冰,以及运动员训练的需求。通过可拆卸移动冰场技术,可以在体育馆、体育场等体育设施内建设冰场,能极大地提高体育场馆的利用率,从而实现经济效益和社会效益的双丰收。

3. 建设冰雪运动乐园,提高城市文化品位

在我国冰雪运动发展较好的城市,为满足人民群众体育娱乐的需求,建立一批融冰雪娱乐为一体的大型冰雪运动乐园。在国外也是如此,国外比较著名的室外滑冰场主要有维也纳冰之梦乐园、莫斯科高尔基冰雪乐园等。这些冰雪场地的建设都为广大人民群众参与冰雪运动提供了便利的条件,推动了冰雪运动的进一步发展。

目前,伴随着京张冬奥会的日益临近,我国很多城市都采取先进的手段与措施加强了冰雪运动场地的建设,尤其是北方地区发展形势良好,如北京地区近些年来陆续建设了鸟巢欢乐冰雪季、龙潭湖冰雪嘉年华、新奥购物中心冰雪乐园、五棵松雪世界、南宫温泉冰雪嘉年华、北京蓝调庄园冰雪乐园等冰雪场地,由此可见北京地区的冰场规模还是比较大的,但很多场地的建设水平不足,需要进一步完善。

(四)强化山地运动休闲理念,提高滑雪场地的开发水平

与西方冰雪运动发达国家相比,我国滑雪运动的发展理念还较为落后,西方主要冰雪产业强国在滑雪场地管理方面远远超越了滑雪场管理本身,他们将滑雪场管理融入山地运动休闲管理的范畴。山地运动休闲管理的理念是综合运用山地户外运动资源,开展多种多样的山地户外休闲运动,满足人们多元化的户外运动需求,提高滑雪场地的综合利用价值。因此,我国各地区在建设冰雪场地的过程中,也要参考和借鉴这一发展理念,提高我国滑雪场地的开发水平,促进我国滑冰运动的健康发展。

（五）大力推进"北冰南展"发展战略

在冰雪运动发展的早期，我国就曾经提出过"北冰南展"的发展计划。该计划主要由政府部门主导实施，通过在经济发达的省市建立滑冰馆、滑冰专业队，推动我国南北方冰雪运动的平衡发展。在新的时代背景下，我们应赋予"北冰南展"战略新的内涵。在新的时期，推进"北冰南展"战略主要是贯彻习总书记关于"加强冰雪运动的发展和普及，使广大人民群众受益"，"推动三亿人参与冰雪运动"的要求。在实施"北冰南展"战略的过程中我们应做好以下方面的工作。

1. 大力推动青少年参与冰雪运动

在实施"北冰南展"战略的过程中，要牢记习近平总书记的要求，大力培养青少年冰雪运动人才。在我国南方地区，一些有条件的学校要将冰雪运动纳入学校体育教学范畴，提升学生的冰雪知识与运动水平。各级学校可以根据学校的条件举办各种类型的冰雪活动，吸引和鼓励学生参与其中，营造良好的冰雪运动文化氛围。除此之外，还要大力建设青少年冰雪运动俱乐部和特色学校，加强与社会机构的合作，吸引投资，组织各种冰雪运动冬令营活动。

2. 建设大型室内冰雪运动乐园

建设大型冰雪运动乐园的主要目的在于满足青少年参与冰雪活动的需要。室内冰雪乐园的建立可以促进冰雪运动产业与旅游产业的结合，可以说，建设大型室内冰雪乐园是推动冰雪运动发展的一个有效途径。通过建设室内大型冰雪乐园能打造一个多元一体化发展的产业模式，在促进当地冰雪产业发展的同时，还能带动地方经济的快速发展，可谓一举两得。目前，在南方地区，大型室内冰雪乐园主要集中在长三角、珠三角等经济较为发达的地区，需要南方其他城市加快发展的步伐，搞好冰雪场地基础设施建设,为当地居民提供优良的冰雪运动场所。

3. 充分利用仿真冰技术拓展南方城市冰场数量与规模

发展到现在,利用仿真冰技术建设冰雪场馆已成为一个趋势,利用这一技术建设的冰场,其与真正冰场的相似度已达到90％以上。仿真技术建设冰雪场馆有显著的优势,它不受室内、室外、季节、环境等方面的影响,在拆装、移动、可回收、环境保护等方面也有着独特的优势,另外利用这一技术建设冰雪场馆的成本也相对较低,因此值得推广。

第五章 校园冰雪运动人才的挖掘与培养

要想实现冰雪运动的可持续发展,除了加强冰雪运动的基础设施建设外,人才的挖掘与培养也是至关重要的一方面。人才是推动事物发展的重要力量,而在当前我国冰雪运动发展的现状下,冰雪运动人才极为匮乏,这严重制约和影响着冰雪运动的可持续发展。因此,大力挖掘与培养冰雪运动人才势在必行。

第一节 体育运动人才概述

一、体育运动人才的概念与特征

(一)体育运动人才的概念

体育人才,是指具有一定体育学识水平和技能,并能在体育领域里作出创造性贡献的人。[①] 在这一定义中,"体育人才"中的"人"是体育人才的属概念,在其内涵上,体育人才这一概念所指除了具有人这一属概念内涵的基本属性外,还"具有一定体育学识水平和技能,并能在体育领域里作出创造性贡献"这一内涵属性。

(二)体育运动人才的特征

1. 体育人才的先进性

人才是推动事物发展的重要力量,在体育运动中,高层次的

---

① 唐炎,朱维娜. 体育人才学[M]. 重庆:西南师范大学出版社,2006.

体育人才则是体育人群中的精华。因此,体育运动人才,尤其是高级体育人才具有明显的先进性特征。

体育运动人才的先进性特征主要体现在思想作风的先进性、体育知识的先进性和运动技能的先进性等方面。作为一名优秀的体育人才,必须要具备扎实的专业理论知识、高超的技能水平和顽强的意志品质,这样才能取得优异的运动成绩,为推动我国体育事业的发展贡献力量。

体育运动人才的先进性并不是自然而来的,需要接受长期的培养与训练。因此,一般情况下,体育人才的专业知识越丰富,运动技术水平越高,运动成绩越突出,体育人才的层次也越高。总之,没有经过长期的培养和训练,是很难发展成为优秀的体育人才的。

2. 体育人才的竞争性

整个社会充满了竞争,只有竞争才能推动社会的发展。竞争是体育人才的特性之一,只有竞争才能促进体育人才的不断发展和提高。优胜劣汰是体育竞赛的基本规律,也是推动体育事业发展的重要因素。竞争是竞技体育的灵魂,体育运动之所以能够得到快速的发展,其中一个非常重要的因素就是竞争。每一场体育比赛,都是胜利的争夺战。体育比赛固有的特点决定了体育人才的竞争性是其他人才或非人才所不能比拟的。没有竞争精神的人,很难成为体育人才。体育人才在竞争中产生,竞争又培养了体育人才。需要注意的是,竞争性只是人才本质特征之一。因此,不是有竞争精神的人都能成为体育人才,但体育人才必须有竞争精神,在平时的训练或比赛中都要表现出勤奋学习、刻苦训练、顽强拼搏的精神,这才是体育运动人才竞争性特征的具体体现。

3. 体育人才的创造性

创造性也是体育人才的重要特征。体育人才的创造性只要体现在在继承先人知识和经验的基础上,发展新的理论、创新新的技术。体育从萌芽状态发展到今天的竞技体育,从人类为了生存而产生的体育活动,到运动技艺的不断完善,运动水平的不断提高,无不是人才发现、发明和创造的结果。当代体育的激烈竞争更能使体育人才具有高度的创造性。一般来说,创造能力的大小主要是由体育人才知识水平和综合能力所决定的。因此,作为一名体育人才要不断提升自身的知识水平和能力。

4. 体育人才的社会性

人都是生活在社会环境之中的,因此社会性也是体育人才的重要特征之一。体育运动虽然本身没有国界,但体育人才都各自有自己的祖国,体育为本阶级的政治利益服务,是体育人才最显著的社会性。体育人才在发展体育事业的工作中和体育竞技运动中,所表现出的对祖国、对人民的热爱和为国争光努力拼搏的精神都是体育人才社会性的具体体现。

二、体育运动人才身心发展特点

(一)体育运动人才身体发展的特点

1. 体育运动人才生长发育的特点

人体在生长发育的过程中会受到遗传、社会环境、营养等各种因素的影响,除了遵循人体发展共同的规律外,也会呈现出鲜明的个性特点。青少年时期是人体各项素质发育的重要时期,要引起高度重视。

一般来说,青少年生长发育的特点主要体现在身体形态、生理机能、身体素质等方面,这几个方面发生着非常密切的联系。

(1)身体素质发展的敏感期

青少年的身体形态发展呈现出一定的阶段性特征,并非是匀速上升的,其身体机能的发展变化主要表现在骨骼肌肉系统、神经系统、呼吸系统以及心血管系统的功能变化上,各个系统的特点和功能都会随着青少年的年龄增长呈现出较大的差异,身体素质会呈现出明显的年龄特征和性别差异。

青少年身体素质的发展有一个敏感期,这个敏感期按照青少年不同身体素质发展的规律可以分为以下几个方面。

①速度素质敏感期:10～12 岁。

②力量素质敏感期:13～17 岁。

③耐力素质敏感期:10 岁、13 岁和 16 岁。

④协调性、灵敏性、柔韧性敏感期:10～12 岁。

⑤反应速度、模仿能力敏感期:9～12 岁。

⑥跳跃耐力增长敏感期:女孩为 9～10 岁,男孩为 8～11 岁。

⑦背肌和腿肌力量猛增期:女孩是 9～10 岁,男孩为 9～12 岁和 14～17 岁。

⑧臂部肌肉力量增长到 15 岁,然后发展缓慢。

在青少年的身体形态发展方面,发育最快的时期男孩为 11 岁、13 岁和 17 岁,女孩则从 11 岁起每隔两年就会出现一个发展的高潮期。

因此,为促进青少年身体素质的发展,在敏感期加强对青少年身体素质的锻炼是非常重要的。在冰雪运动人才的培养中,也是如此。要在青少年身体素质的敏感期对其进行有重点的培养和训练。

①抓紧青少年身体素质发展的敏感期进行有针对性的锻炼,使其具备良好的身体素质,为其今后运动技能的提高奠定良好的基础。

②除加强青少年灵敏、速度性项目的锻炼外,还要加强力量素质锻炼,随着年龄的增加可逐渐增加运动负荷。

③就肺活量而言,青少年从青春期开始以后提高得较快,16～17 岁可达最高水平,不过心肺系统从发育到健全比其他系统晚。因此,青少年时期必须注意保护心肺系统,进行适当的心肺功能训练,避免发生损伤。

④在提高青少年身体素质的过程中,要注意男女之间在体形方面的差异。一般情况下,女性身体的发育要比男性早,但素质能力比男性低。因此,女性应该抓紧体形发展的"黄金"时期,加强体形锻炼,以塑造一个完美的形体。

(2)生长发育特点与竞技体育运动教学

竞技体育是体育运动项目的重要基础,运动员进行运动训练的主要目的就是为了最大限度地挖掘教学在促进运动者生长发育、提高运动者身体机能、增强运动者体能等方面的有效性。因此,应该充分了解竞技体育后备人才的生长发育规律、有机体的机能特征以及不同年龄阶段竞技体育后备人才的身体素质特点,为竞技体育教学课程的设计提供依据。

竞技体育后备人才的生理发展特点和规律对竞技体育课程的设计有着一定的影响,突出体现在以下几个方面。

①分析竞技体育人才的相关特征时,尊重他们的生理发展特点,有利于我们准确把握竞技体育课程教学中存在的问题。

②创编竞技体育教材时,要充分考虑竞技体育后备人才的生理发展特点和规律,设计出内容丰富的体育教材。

③在制定竞技体育人才教学目标、选择教学策略和安排教学的过程中,遵循竞技体育后备人才的生理发展特点,有助于设计出适宜的教学目标和有效的教学策略,以及丰富多彩的教学内容。

总之,在竞技体育课程教学过程中,尊重竞技体育人才的生长发育规律,按照以上要求对后备人才进行有针对性的培养。

2. 竞技体育后备人才身体机能的适应特点

人体是一个大而复杂的系统,系统内各器官的活动是相互协调、相互制约的关系,通常情况下会处于相对平衡的状态,这种相对平衡的状态是人体参与各种活动的必要条件。这也是人体机能适应的基本规律和原理。人体机能适应规律和原理不但能有效地增强体能,而且能促使有机体的运动系统、神经系统、心血管系统等的机能水平向着更高水平发展。

（1）身体机能适应规律的过程

一般情况下，人体机能适应性规律要经历以下四个发展阶段。

工作阶段：人体内各器官机能的活动和能量的合成水平提高，但体内贮备的能源逐渐被消耗。

相对恢复阶段：即人体机能恢复到运动前水平。

超量恢复阶段：即通过休息，人体能源贮备和机能都超过了原有水平。

复原阶段：即运动痕迹效应逐渐消失，人体机能又恢复到原有水平。

因此，按照人体机能发展的基本规律，在第一次运动结束后，第二次运动只有在超量恢复阶段开始，人体的机能水平才会得到发展和提高。当外界环境发生改变时，人体机体内环境平衡会被打破，体内的各种功能都要重新进行调整才能维持平衡，这就是生物适应过程。在竞技体育教学中，竞技体育后备人才身体机能适应规律是指竞技体育后备人才在机能培养与训练过程中，身体内部会逐渐产生一系列的生化和物理性变化，经过长期的训练，后备人才的身体机能会逐渐适应，机体的适应能力也会不断增强。在这样的情况下，人体素质就会获得迅速的发展与提高。

（2）身体机能适应规律与竞技体育运动教学

一般来说，竞技体育后备人才身体机能适应特点与规律对于教学课程设计有着一定的影响，这主要表现在以下两个方面。

一方面，教学手段、教学模式等的设置要遵循竞技体育后备人才的身体机能的适应规律，要有利于促进竞技体育后备人才体能、身体健康水平和动作技能的发展和提高。

另一方面，在进行课程设置时，要严格遵循人体机能的适应规律制定课程内容，设计科学合理的课程方案。

（二）竞技体育后备人才心理发展的特点

一般情况下，竞技体育后备人才的心理发展特点主要包括认知发展、情感和意志发展、个性发展三个方面。在后备人才培养的过程中一定要高度重视这三个方面。

（1）认知发展主要包括感知、注意、记忆、思维和想象等要素。青少年的认知发展会随着年龄的增长而出现变化，受青少年个人经历、情感变化、生活习惯等方面的影响，不同青少年在认知发展方面呈现出较大的差异。

（2）青少年情感的发展具有内隐性及延续性的特点，他们的情感丰富、生动，表现强烈、鲜明，但是情绪、情感的状态还没有成熟，因此情绪控制能力不强。随着年龄的不断增长，竞技体育后备人才的意志力获得迅速发展，自控能力逐渐提高。

（3）青少年的个性发展主要包括个性心理特征和个性心理倾向。竞技体育后备人才的个性心理特征和个性心理倾向在不同的年龄阶段也具有不同的特点。

为促进青少年身体形态、身体机能、体能素质、适应能力、运动技能等各方面的发展，首先应充分了解和掌握竞技体育后备人才年龄阶段的心理特征和心理特点。竞技体育后备人才学习和掌握竞技体育知识和技能、增强体能、增进健康的过程不仅需要他们的身体参与，而且对竞技体育后备人才的心理过程也有较高的要求。培养竞技体育后备人才积极参与竞技体育运动的态度和行为以及健康的心理，更需要我们深入地理解心理学的相关原理，并活学活用。

三、体育运动人才的构成要素

（一）体能素质

体能这一概念最早是由美国的一家健康体育娱乐协会提出的，随着时代的不断发展，人们对体能的认识也不断深入。各个国家的专家及学者都对体能的概念做过一些阐述。其中，在早期的英文文献中，"体能"一词通常被用于表达人的身体对某种事物的适应能力；在德国，人们称"体能"为工作能力；法国人称之为身体适性；日本人称之为体力；中国港台地区则称为"体适能"。

发展到现在，体能的概念也是表述不一，没有一个确切、统一的定论。1984年中国出版的《体育词典》一书中认为，体能是人体各器官系统机能在体育活动中表现出来的能力。

1992年出版的《教练员训练指南》称运动素质为体能，指运动员机体在运动时所表现出来的包括力量、速度、耐力、柔韧和灵敏等能力。

1996年出版的《体育理论》中，认为体能是体质的一部分，是人体各器官系统的机能在肌肉活动中表现出来的能力。

2000年出版的体育院校通用教材《运动训练学》认为，体能是指运动员机体的基本运动能力，在运动员竞技能力中占据着重要的地位。

2002年出版的《运动训练学》认为，体能是运动员为提高运动竞技能力所需要的身体形态、身体机能、身体健康和运动素质等各种身体运动能力的综合。

综上所述，体能是指人体各种机能在大脑控制下的身体和心理活动中所表现出来的包括力量、速度、耐力、灵敏和柔韧等基本身体素质在内的主动与被动的能力，以及人体对环境的适应，对心理障碍的挑战、调适与控制的综合能力。

由此可见，关于体能的概念存在着不同的认识，体能素质在运动员各项素质中处于基础地位，没有一个良好的体能素质做保障是无法参加运动训练和比赛的。冰雪运动对人的身体素质要求较高，因此作为一名冰雪运动员，必须要加强体能素质的训练，为竞技水平的提高奠定良好的基础。

(二)心理素质

心理素质也是运动员所必须具备的一项重要的竞技能力，如果没有一个出色的心理素质，是难以顺利地完成训练和比赛的。关于心理素质的概念，可以从以下三个方面去理解。

(1)心理素质主要指的是非智力因素而不是智力因素。一般来说,人的心理成分主要分为智力因素和非智力因素两个部分。通常情况下,我们说一个人的心理素质不好,并不是说这个人的智商偏低,而是指他在情绪调控、人际交往等方面的能力不足。人的智力水平与心理素质不存在直接的联系,心理素质好的人,智商并不一定高;而智商高的人,其心理素质也不一定好。

(2)心理素质特指人格的力量与强度,而不是指某种具体的心理内容。一个人的人格主要包含认知、情绪、意志等方面的内容,有着丰富的内涵。从人的个性心理来说,人格主要包含了个性心理特征中的气质、性格等内容。在对心理素质下定义时,要从人格的功能角度进行把握,而不是从人格的内容角度进行。因此,在对心理素质进行研究与理解时很难用某一特定的个性心理特征对其进行解释,而应该用人格的整体力量进行解释,单纯用某种心理因素很难对心理素质的内涵进行解释。也正是由于从心理功能角度进行界定,心理素质才有好坏之分。当然,我们还应该对与心理素质密切相关的人格因素进行认真分析,从而为心理素质教育提供必要的基础。

(3)心理素质的好坏可以从"抗压能力"和"抗拉能力"两个方面来理解。一般来说,挫折与冲突是导致心理紧张的重要原因。挫折是在某种动机的推动下所要达到的目标受到阻碍,由于不能克服而产生的紧张状态与情绪反应。换言之,挫折就是一种逆境。如果一个人的心理素质良好,那么他就能够承受甚至超越挫折情景,无论这种挫折是需要的延迟满足还是外部的限制打击,或者是由于个人行为不当所造成的个人失败。在顺境当中很难对一个人心理素质的强弱进行考察与判定,冲突是一种选择的困境,一种面临两个或多个目标时由于难以抉择所产生的心理矛盾与焦虑。无论是双避冲突、双趋冲突还是趋避冲突,都会导致心理紧张状态的发生。发展到现在,人们的价值观念与生活方式越来越多元化,受客观条件的影响,人们往往面临着选择的困境。心理素质好的人往往能在恶劣的条件下保持良好的心态,做出合理的选择;而心理素质差的人,则不能承认周围环境所带来的变化,不能做出有效的回应。

(三)智能素质

智能是智力与能力的结合,即保证人们能有效地认识客观事物和成功地进行实践活动的相对稳定的心理特点的结合体。由此定义可知,人的智能主要包括智力潜能与智力能力两个方面。

智力潜能,是指"保证人们有效地进行认识活动的稳定心理特征的结合,它包括观察力、记忆力、想象力、思维力和注意力五种基本潜能"。而智力能力则是指"保证人们成功地进行某种实践活动的相对稳定的心理特点的结合,它包括组织能力、计划能力、操作能力、适应能力、创造能力等基本因素"。

对于运动员而言,要想提高自己的竞技能力,获得理想的比赛成绩,除了具备良好的体能素质、心理素质、技能素质外,还要具备一定的智能水平。一般来说,运动员的智能素质主要包括观察力、注意力和思维想象力等内容,具备优秀的智能素质对于运动员竞技水平的提升具有重要的推动作用。

(四)思想道德教育素质

1. 德育的概念

关于德育的概念,有广义和狭义之分。广义的德育是指对社会成员在政治、思想与道德等方面施加影响的活动;而狭义的德育则是指学校德育。学生在学校教育中,通过德育,能在政治、思想和道德等方面获得良好的发展,从而影响自己的社会行为。

2. 德育的内容

在学校教育中,德育是非常重要的内容。一般来说,德育内容要兼具现实性和理想性两个方面,既要注重现实的工作,又要做好社会理想性的宣传工作。一个完整的德育内容,从性质上来看,要能体现爱国主义教育目标、纪律教育目标、社会公德教育目标,等等。从表现形式上看,可以是文字的、图像的、影视的、自然景色的,等等。对教育对象进行德育,要依据德育目标进行,要充分考虑教育的条件、时机、情景、氛围等内容。总之,就是要以具体的德育目标为指导依据,做到因材施教,因地制宜,合理安排德育内容。我国的德育内容有着丰富的内涵,对于冰雪运动员而言,也要加强思想道德素质的培养,这主要体现在以下方面。

(1)爱国主义教育和民族精神教育

爱国主义教育和民族精神教育,是指培养受教育者爱国的思想和感情,并形成和具备相应的爱国行为的教育。主要包括以下内容。

第一,热爱国旗、国徽、国歌和首都。

第二,热爱祖国大好河山,热爱家乡。

第三,学习先进人物的英勇事迹。

第四,接受中华民族的传统教育及近现代史教育。

第五,接受有中国特色的社会主义建设事业教育。

第六,接受国家建设和改革开放的历史教育。

第七,接受国家意识和国家安全教育等。

总之,通过以上爱国主义与民族精神的教育能帮助人们树立爱国主义精神和强烈的民族精神,对于构建社会主义和谐社会具有重要的意义。

(2)劳动教育

劳动教育是指关于劳动、生产、技术和劳动素养等方面的教育。劳动教育主要包括以下几个方面的内容。

第一,要帮助学生正确认识劳动的内涵与意义。

第二,要培养学生对劳动和劳动者的深厚感情,要求学生尊重每一个行业的劳动者。

第三,培养学生正确的劳动态度,养成良好的劳动习惯,抵制社会不良风气。

第四,帮助学生进行劳动教育,适应社会发展的需求。

(3)民主法制教育

民主、法制教育也是德育的一项重要内容,通过民主法制教育能有效培养学生的民主意识、法律意识和遵纪守法的习惯和意识。具体而言,民主法制教育主要包括以下内容。

第一,传授学生宪法、法律和法规等知识,帮助学生了解公民的权利和义务,用法律来规范和保护自己的行为。

第二,遵纪守法,培养学生辨别是非的能力。

第三,培养学生的民主思想和参与意识,帮助其形成良好的民主和法治观念。

第四,培养学生依法办事的意识和习惯,规范社会行为。

(4)集体主义教育

集体主义教育是指帮助受教育者掌握正确处理个人与集体、集体与集体之间关系准则的教育。集体主义教育主要包括以下几个方面的内容。

第一,培养受教育者集体主义思想,帮助其自觉遵守集体纪律和行为准则。

第二,帮助受教育者能关心集体的发展,关心集体成员的成长,为集体贡献自己的力量。

第三,培养受教育者的集体责任感和荣誉感。

第四,教导受教育者尊重他人,尊重集体中每一名成员。

第五,帮助受教育者能正确处理个人利益与集体利益之间的关系,促进个人与集体的共同发展。

(5)人生观与世界观教育

人生观与世界观教育是指帮助受教育者确定人生的目的、价值、态度等,并形成正确的立场、观点和方法的教育。一般来说,人生观与世界观教育主要包括以下内容。

第一,人生哲学教育,教导受教育者树立正确的人生目标,实现人生价值。

第二,人生态度教育,帮助受教育者树立正确的荣辱、生死、善恶、苦乐以及名利等观念。

第三,人生理想教育,向受教育者指明正确的人生方向。

第四,对受教育者进行辩证唯物主义教育和无神论教育。

综上所述,通过对受教育者进行人生观与世界观的教育,能帮助其在学习文化知识的同时,确立正确的人生观、世界观和价值观,从而促进自身健康的发展。

(6)品格和文明行为教育

品格和文明行为教育,是指引导受教育者提高自我修养和文明素养,养成良好的文明习惯和行为方式的教育。通常主要包括以下内容。

第一,养成良好的卫生习惯,仪表保持整洁。

第二,具有自主、独立、自尊、自强的品质。

第三,言谈举止得体、文雅。

第四,尊重父母,尊重长辈和亲友。

第五,遵守社会公共秩序。

第六,礼貌待人,尊老爱幼。

第七,爱护公共财物,保护环境和资源等。

除此之外,思想道德教育还包括生态教育、性道德教育等方面的内容,接受思想道德教育,受教育者能形成良好的道德品质,这对于其从事任何行业都具有重要的意义和作用。

第二节　我国冰雪运动人才发展现状分析

随着 2022 年京张冬季奥运会的申办成功,冰雪运动成为人们关注的焦点,人们参加冰雪运动的热情日益高涨,在全民健身理念深入人心的今天,冰雪运动逐渐成为人们重要的健身方式之一。在这样的情况下,涌现出了大量的冰雪运动竞技人才,我国的冰雪竞技实力逐步增强。但与国外冰雪强国相比,我国的冰雪运动人才还相对匮乏、竞技实力偏弱。目前,总体来看,我国冰雪竞技人才储备不足、整体竞技实力还有待于进一步提升,不论是竞技运动员、教练员，还是冰雪运动管理人员，其综合素质都不高，需要今后大力发展。

一、人才储备总量较低

随着近年来我国冰雪运动的不断发展，出现了大量的雪场，据粗略统计，当前我国的滑雪场总数量已达 700 余家，预计至 2025 年，全国雪场数量将翻一番，达到 1500 余家，除此之外，在各大商业中心、体育馆中，也建设了不少的滑冰馆，为冰雪运动爱好者提供了良好的运动场所。伴随着冰雪运动的日益兴盛与发展，亟须大量的冰雪人才，当前我国在冰雪运动员、教练员、冰雪场馆运营、冰雪器具维护维修等方面都存在着人才稀缺的局面，需要加强冰雪运动人才的挖掘与培养。有冰雪运动方面的专家认为，虽然未来冰雪专业人才需求缺口巨大，但现在的人才供给无论是数量、质量还是人才匹配上存在的问题与矛盾，却让冰雪运动人才发展的形势变得更加严峻。[①]

目前，与国外冰雪运动强国相比，我国冰雪运动员无论在数量还是质量上都处于落后的局面，并且发展也欠稳定。与其他竞技体育项目相比，参加冰雪项目培训的运动员较少，这充分表明我国冰雪项目运动员存在着极为匮乏的局面。究其原因，最为主要的因素在于我国冰雪运动发展的机制还不健全，并且与发展时间较晚，气候、地域、场地、训练等方面也有一定的关系。另外，运动员学训矛盾突出，当地政府支持不够、家长不支持孩子参加冰雪运动也是非常重要的因素。

二、后备人才质量不高

发展到现在，我国的竞技体育已形成初、中、高三个级别的训练层次，这一层次呈现出"金字塔"式的结构。要想培养大量的

---

① 王锥鑫．我国冰雪运动竞技人才储备与发展路径研究[J]．南京体育学院学报（社会科学版），2017,31(02):82－87．

"塔尖"的高级运动员,必须要建立在一定的"塔基"(初级运动员)基础之上,没有雄厚的"塔基","塔尖"也就不能稳固发展。换言之,在冰雪运动中,如果没有一定数量的初、中级运动员,高级运动员也便成了"无源之水",难以获得持续、健康的发展。

三、后备人才结构不完善

要想促进冰雪运动的可持续发展,建立一个完善的后备人才队伍是非常重要的。一个完善的后备人才结构主要包括教练员、运动员和管理人员等方面,只有以上几个方面获得协调发展了,我国冰雪运动才能获得健康发展。目前,我国冰雪运动后备人才的培养质量还不是很高,主要集中在一些传统优势项目上,很多非奥项目或者非传统优势项目方面的后备人才都比较稀缺。比如,在2017年2月落幕的第8届亚冬会上,我国在短道速滑、单板滑雪平行回转、单板U形场地、花样滑冰等传统项目上都取得了优异的比赛成绩,但是在滑雪项目上,如高山滑雪、跳台滑雪等,我国运动员发挥欠佳,没有取得理想的成绩,这导致我国冰雪运动存在"冰强雪弱"的局面。因此,在今后的发展过程中,要重视滑雪方面后备人才的培养,促进冰上与滑雪运动获得同步发展。

在历届冬奥会上,我国运动员在短道速滑、花样滑冰、自由式滑雪等项目上都取得过优良的比赛成绩,多次获得过奖牌。但在其他项目上,则成绩欠佳,无缘奖牌。以2014年索契冬奥会为例,在该冬奥会上,中国冰雪运动代表团只在2个大项9个小项方面获得奖牌,获前8名的只有18个小项,其中还有一些项目在我国并未开展。即使像我国传统的优势项目如短道速滑、自由式滑雪空中技巧、速度滑冰短距离、花样滑冰等几个项目也存在后备人才储备不足的问题。

总的来看,我国冰雪运动项目发展不均衡,后备人才结构不完善,还需要今后采取有针对性的措施和手段加强我国冰雪运动后备人才的培养,推动我国冰雪运动的可持续发展。

四、人才区域分布失衡

受我国地域、气候等方面因素的影响，我国冰雪后备人才存在着区域分布严重失衡的问题。以第 13 届全国冬运会为例，参与本届冬运会的共有 52 个代表团、1388 名运动员，其中绝大部分运动员都来自于东北三省，其他地区的运动员远不及以上三个地区。导致这一现象的主要原因在于受地理位置的限制，东北地区拥有丰厚的冰雪资源，便于冰雪运动的开展，因此有着先天性优势。

我国冰雪运动人才呈现出区域分布失衡的局面，绝大多数冰雪运动人才都集中在少数几个代表队。其中，哈尔滨市、解放军、长春市、乌鲁木齐市等 4 个代表队冰雪运动人才较多，这几个地区所获得金牌占金牌总数的 70.41%，由此可见呈现出巨大的差异。另外，冬运会奖牌的分布也极不均衡，绝大多数奖牌都集中在黑龙江、吉林、解放军。这也反映了冰雪后备人才区域分布的不均衡问题。[①]

总的来看，如果区域差距过大，既不利于我国冰雪后备人才的培养，也不利于我国冰雪运动的可持续发展，因此在今后的发展中一定要注意冰雪运动人才在各区域的均衡发展。

第三节　我国冰雪运动人才培养与发展的策略

通过以上分析可知，冰雪运动人才的培养对于我国冰雪运动的可持续发展具有重要的意义。因此，采取各种策略和手段加强冰雪后备人才的培养与发展至关重要。

一、加强校企合作

为推动冰雪运动的健康发展，挖掘与培养大量的高素质人

---

① 王锥鑫. 我国冰雪运动竞技人才储备与发展路径研究[J]. 南京体育学院学报（社会科学版），2017，31（02）：82—87.

才,加强校企间的合作是一个重要的策略和手段。依托高校与社会企业的合作,建立一个校企联合的发展机制,采取联合培养、场地共建共享等方式,选拔优秀的赛事组织管理人才、优秀专业技术人才和高技能人才到社会企业中负责各项培训工作,设立冰雪运动指导员制度,加强冰雪人才的培训。除此之外,高校也可以围绕场馆运行、活动咨询、赛事文化管理等工作,对社会各企业进行相关的培训活动。还可以根据当前我国冰雪运动发展的实际,制定冰雪技能人才培训上岗制度,在学校和企业中开展岗前培训,鼓励冰雪人才参加各项冰雪活动,带动我国冰雪产业和文化的发展。[①]

二、引进高水平人才

人才对于冰雪运动的发展非常重要,因此为推动冰雪运动更好的发展,可以从各高校引进高水平的人才,作为推动我国冰雪运动发展的领军人物。当前,我国有很多高校都开设了冰雪课程,如东北师范大学、哈尔滨体院、首都体院、沈阳师范大学、吉林师范大学等,这些学校大都集中在北方地区。通过多年来的发展,这些学校都培养出了不少的冰雪运动人才。以哈尔滨体院为例,哈尔滨是我国重要的冰雪资源地,同时也是我国冰雪运动发展水平最高的地区,哈尔滨建设有大量的冰雪场地,如轮滑球场、速滑、花样滑冰、冰球场等,其中一些场馆是国家高山滑雪、单板滑雪场滑雪项目的重要训练基地。哈尔滨体育学院为国家培养出了罗致焕、刘凤荣、申雪、赵宏博、王曼丽、张丹、张昊、王濛等优秀的冰雪运动人才,这些人才都为我国冰雪运动的发展做出了杰出的贡献。

因此,为推动我国冰雪运动的进一步发展,可以在冰雪运动发展良好的地区引进高水平的冰雪运动人才,如运动员、教练员、

① 彭丽娜,张崇龙,江志全,李丹,周旭雪,王万朋.京津冀高校冰雪运动人才培养路径初探[J].当代体育科技,2019,9(06):218－219＋221.

裁判员、管理人员等,建立高校与社会合作的工作机制,提升我国冰雪人才培养的质量,为促进我国冰雪运动的可持续发展奠定良好的基础。

三、加强高校多方合作,应邀培训

加强高校多方合作,应邀培训也是提升我国冰雪运动人才培养质量的一个重要策略。可以从冰雪运动较为发达的地区引进高水平的教练员,与学校签署联合培养协议,将高校作为冰雪运动后备人才培训基地,定期不定期地邀请高水平冰雪运动员对后备人才进行培训指导,提高他们的冰雪运动水平。除加强国内高校的合作外,也可以积极走出去,加强冰雪运动的对外合作与交流,如张家口教育局就曾邀请来自基茨比尔的4名滑雪教练员,对张家口市青少年冬季奥林匹克运动学校的百余名师生进行了一段时间的培训,取得了不错的成果。另外,京津冀地区的很多高校还与奥地利、瑞士、美国、加拿大等欧美冰雪强国积极展开合作,组织相关人员去这些国家进行学习和进修,将西方先进的冰雪训练理念和方法带回来,从而促进了我国冰雪运动人才的发展,推动了我国冰雪运动的进一步发展。

四、创新冰雪运动人才培养方式

受各区域经济发展水平、冰雪项目特点与人才具体实际等因素的影响,冰雪运动人才的培养没有一个固定的模式,因此为促进冰雪运动人才的成长,要不断创新人才培养的模式。如河北省体育局与国家体育总局冬季运动管理中心签署了《共建国家自由式滑雪坡面障碍技巧队合作框架协议》,充分利用国家在训练管理等方面的优势,组建自由式滑雪空中技巧、高山滑雪、单板滑雪、速度滑冰、冰球、花样滑冰等8支重点项目集训队伍,参加训练的人员超过100人,通过这样的集训极大地提高了冰雪运动人才的综合素质。山东在青岛建立了冰雪后备人才培训基地,专门聘请高水平的教练员,培养冰雪运动人才。张家口还联手奥地利基茨比尔,培养冰雪运动专业师资、高级管理人员、规划和开发决策人才、体育竞技人才和研发专业人才等各类体育人才。[①] 北京市依托于民间,充分利用社会各种力量,加强了与社会各类机构之间的交流与合作,如与民间俱乐部、单项运动协会合作,组建了花样滑冰、冰球等冰雪运动专业队,通过训练与比赛,挖掘与培养了颇具实力的冰雪运动人才。

五、构建大中小学校冰雪运动人才培养体系

学校是传播与推广冰雪运动、人才培养和输出的重要阵地,我国《冰雪运动发展规划(2016—2025)》明确提出,完善以各级各类体校、体育学院和专业队为主,以大中小学校和社会培训机构为辅的人才培养体系。目前,受夏季奥运会与冬季项目发展不均衡的影响,在学校冰雪运动方面,存在着招生难、就业难、后备队伍不足的困境。为解决这一问题,可以构建一个大中小学校冰雪运动人才培养与发展的体系。这样能持续不断地培养出高素质的冰雪运动人才,推动我国冰雪运动的可持续发展。

对于中小学而言,应在学校开设基础的冰雪课程,在学校中普及与推广冰雪基础知识,培养学生学习冰雪运动的兴趣和爱好。作为学校教育部门,要建立冰雪运动教学大纲,各学校及体育教师依据教学大纲的规定开展冰雪课程教学。近些年来,我国北京、吉林、河北等省市进一步加强了校园冰雪课程及相关活动的建设。以冰球为例,以往冰球注册运动员仅有 200 多人,发展至今增至 4000 多人,取得了可喜的成果。

发展到现在,我国还建立了一批高质量的冰雪运动学校,作为冰雪运动人才培养的重要基地。如新疆建立了上百所冰上运动示范学校,并计划进一步扩大学校数量。新疆每年都对冰上运动示范学校开展检查评估,检验各示范学校训练情况,以挖掘优

---

① 王锥鑫．我国冰雪运动竞技人才储备与发展路径研究[J]．南京体育学院学报(社会科学版),2017,31(02):82—87.

秀的冰雪运动后备人才。作为我国冰雪运动大省,黑龙江省还成立了九年义务教育阶段的冰雪运动学校,由教育部门负责师资和教学,体育部门负责训练保障,学生学训相结合,既保证了学生文化课的学习,又提高了学生的冰雪运动水平。

在大学阶段,学校建立了相关的联赛制度,把有条件的项目逐步推向市场,培养优秀的冰雪竞技人才。另外学校还加强了教练员与运动员的培训,满足他们的学习需求;加强国际交流与合作,输送优秀运动员去参加国外职业联赛,聘请国外优秀教练员来国内执教,同时引进国外先进的技术和经验;选拔输送优秀人才赴国际公认的高水平教育机构进修,与国际体育组织建立合作关系,选派人员参与国际赛事的裁判与赛事组织工作,同时有计划地申办国际冰雪体育赛事,培养冰雪运动专门管理人才;加强与社会企业之间的交流与合作,培养冰雪市场所需要的人才。以上举措都极大地推动了我国冰雪运动的发展,为我国培养出了一大批高素质的冰雪运动人才。

第六章　大学生冰雪运动文化素养的培养

在素质教育理念日益深入的今天,在体育教学中加强学生的文化素质教育受到越来越广泛地重视。因此,大学生在学习冰雪运动技能的同时也要注意培养自身的文化素养,这样才能促进自身的全面发展。本章将重点阐述大学生的冰雪文化素养,主要包括冰雪竞赛基本知识、运动损伤、运动营养和医务监督等方面的内容。

第一节　冰雪运动竞赛文化的欣赏

一、冰上运动竞赛文化

(一)速度滑冰

1. 速度滑冰竞赛种类

(1)全国性速滑比赛

一般来说,全国性速滑比赛主要有以下几种是我国开展较早的滑冰比赛。

①全运会。这是我国最高层次的综合性赛会,每4年举行一次。1993年起增设速度滑冰比赛,其中设男、女全能和短距离全能比赛。

②中华人民共和国冬季运动会。涵盖全部的冬季运动项目,包括速滑比赛,每4年举行一次。

③全国冠军赛。每年举行一次,其中设男、女全能和短距离

全能比赛。

④全国单项锦标赛。每年举行一次。

⑤全国青年锦标赛。每年举行一次。

⑥全国少年锦标赛。每年举行一次。

⑦全国速滑联赛。每年举行 5～6 站全国联赛,目的是提高我国运动员的速滑水平。

(2)国际性速滑比赛

一般来说,国际性速滑比赛主要有以下几种。

①冬奥会。全世界最高规格的冬季综合性运动会,每 4 年举行一次。分设男、女 12 个小项,速滑是其中一项。

②世界速滑锦标赛。每年举办一次,设置男、女全能和男、女短距离全能比赛。

③世界青年速滑锦标赛。每年举行一次,设置男、女全能和男、女单项及男、女集体滑比赛。

④欧洲速滑锦标赛。世界性速滑大赛之一,设置男、女全能比赛。

⑤世界速滑单项锦标赛。每年举行一次,所设项目与冬奥会速滑比赛项目基本相同,但是不包括集体项目。

⑥世界杯。属于世界速滑单项系列比赛,设置单项及集体滑比赛。2009 年增设男、女青年世界杯。

⑦洲际性冬季运动会。每 4 年举行一次,主要包括冬季各项运动项目,速滑是其中一项重要赛事。

⑧世界大学生冬季运动会。每 2 年举行一次,速滑比赛包含其中。

2. 竞赛规则

注:短跑道速滑比赛除外。

在比赛中,所有的运动员必须按逆时针方向滑跑。内道起跑的运动员,滑行到换道区时应换到外道滑跑,外道运动员要换到内道。在换道区争道时,出内弯道运动员要主动让道。

运动员做好起跑姿势,听口令,鸣枪前不准活动,保持静止,枪响后即起跑。在弯道滑跑中,冰刀不准切入雪线。2 名以上运动员在同一条跑道滑跑时,后面运动员必须与前面运动员相距 5 米之外,在不影响前面选手正常滑跑情况下,可以超越。运动员的冰刀触及终点线,才算到达终点。运动员在比赛中受非自身因素影响而出现摔倒等情况时,经裁判长允许,可以休息 30 分钟后,重新参加该项比赛。

全能冠军应是取得 3 个以上单项第一的运动员。若无人达到这一要求,以 4 项得分最优者(得分最少)为全能冠军。获得 3 个单项第一名,但有 1 项被取消比赛资格或因个人原因未滑完 4 个项目的运动员,不能授予全能冠军,也不能计全能名次。

在冬奥会中,全能得分规定如下:500 米成绩的秒数就是该项所得分数;1000 米成绩的 1/2 数字就是该项的得分数;1500 米成绩的 1/3 数字就是该项的得分数;3000 米成绩的 1/6 数字就是该项的得分数;5000 米成绩的 1/10 数字就是该项的得分数;10000 米成绩的 1/20 数字就是该项的得分数,总分数只计算到小数点后 3 位,如遇几名选手的总分差别微小,应考虑到小数点后 4 位。

(二)短道速滑

依据冬奥会短道速滑的比赛规则,短道速滑的比赛场地面积为 30 米×60 米,跑道每圈周长 111.12 米,比赛采用淘汰赛制,抽签决定道次。比赛时,多名运动员在一条起跑线上同时起跑,滑行过程可以随时超越对手。运动员必须戴防护头盔和防护手套,身穿防切割服参加比赛。1980 年短道速滑首次出现在冬奥会上,当时为表演项目。1992 年阿尔贝维尔冬奥会短道速滑被列为正式比赛项目,设男子 1000 米、女子 500 米和男女接力四项。1994 年利勒哈默尔增加到男女 500 米、1000 米和男女接力六项。2002 年盐湖城冬奥会又增加了男女 1500 米,发展到现在,短道速滑已经增加到八个比赛项目。

短道速滑比赛由每组 4 名选手(有时更多)进行比赛,集体出发沿逆时针绕圈滑行。采取淘汰赛的形式，每次比赛的前两名晋级下一轮，直至决赛。在短道速滑比赛过程中，超越对手通常是在直道的外道，如果领先者留下很大的空隙，也可能在弯道的内道完成。由于比赛异常激烈，因此经常会出现摔跤的现象，有些运动员由于违反比赛规则会被取消比赛资格或比赛成绩。短道速滑的接力比赛由四名队员按预先确定的顺序依次完成，每一棒要滑一圈半或者两圈。接力交接棒由一名队员推动另一名队员完成。在队友滑行过程中，其余三名队员在赛道的内部等待。

（三）花样滑冰

冬奥会的花样滑冰比赛是重要的比赛项目，设置单人滑、双人滑和冰上舞蹈三个项目，每一个项目都有极强的观赏性，因此受到观众的欢迎和喜爱。

1. 单人滑（男子单人滑、女子单人滑）

花样滑冰的单人滑项目，分设男子单人滑和女子单人滑两个项目。一般情况下，男、女短节目时间长度需在 2 分 30 秒（±10 秒）内，运动员必须完成一套由跳跃、旋转、联合跳跃、联合旋转共 8 个动作和连接步编排而成的节目。

男子自由滑时间长度需在 4 分 30 秒（±10 秒）内，女子自由滑时间需在 4 分（（±10 秒）内，运动员必须完成一套编排均衡，由跳跃、旋转、步法以及各种姿势组成的滑行动作。

2. 双人滑

花样滑冰的双人滑主要由一男一女组成，要想高质量地完成比赛，男女双方必须要有超高的默契度。双人滑中的典型动作，如托举、捻转托举、双人旋转、抛跳等难度较大，极具观赏性，观众会受到极大的感染和熏陶。

双人滑中的短节目时间长度需在 2 分 30 秒（±10 秒）内，每个动作只允许做一次，附加动作要扣分。

自由滑时间长度需在 4 分 30 秒(±10 秒)内,包括单人动作和双人动作(典型的双人动作)。依据比赛规则,花样滑冰的双人滑与单人滑比赛评分方法相同,但在打分时要充分考虑男女双方动作的一致性及和谐性,因此对双方运动员的默契度有着较高的要求。

3. 冰上舞蹈

冰上舞蹈也是花样滑冰的比赛项目之一,主要分短舞蹈和自由舞两种。

短舞蹈:是原先规定舞和创编舞的整合。具体时间是 2 分 50 秒(±10 秒)。

自由舞:运动员自己可以根据自己的特点自由选择适合自己的音乐,在规定的 4 分钟内(±10 秒)完成由各种步法、托举、小跳、姿势、握法等动作组成的自编舞蹈,裁判员根据运动员的表现进行打分。

4. 评分规则

(1)评分基本原则

每个动作都有一个基础分值(BASE VALUE),该分值(SOV)在分值表中标注。

每个裁判员给每个动作按 7 个等级定值执行分(GOE),每个等级有相应的加或减分值,这也在分值表中标注。

裁判组的执行分(GOE)是通过计算 9 个计分裁判的执行分的修正平均值来确定。

修正平均值的计算方法:去掉最高分和最低分并计算出剩余 7 个裁判的平均分数。这个平均分数即一个单个动作的最后执行分。裁判组的执行分精确到小数点后两位数。把这个动作的平均执行分与其基础分相加即这个动作的总得分(技术分)。

联合跳跃应作为一个动作单位来评分。两个跳跃基础分加上其中最难的跳跃的执行分为该动作单位的最后得分。

连续跳跃应作为一个动作单位来评分。两个最难跳跃的基础分相加,乘以 0.8 的系数,之后加上最难的跳跃的执行分。

把裁判组给所有动作的分数加在一起。

规定数量之外的任何额外动作将不计入运动员成绩中。一个动作只有在进行第一次试做时(或在规定数量之内的试做)才可被计入成绩之内。

创新性动作或衔接可给予特别的 2 分奖励。一套节目中只可有一次这样的奖励。

奖励分数(如有)将与所有动作的裁判组评分之和相加而得出总的技术分。

单人滑自由滑中节目后半段时间内完成的所有跳跃的基础分将乘以 1.1 的系数以便反映出节目中难度动作的均衡分配。

每位裁判还为节目内容进行评分,分值在 0.25 至 10 分之间,每次增加值为 0.25 分。

裁判组给每项节目内容的分数通过计算 9 个计分裁判的修正平均分得出。修正平均分按以上第 4 条中规定的方法计算。

之后每一项节目内容的裁判组分数乘以以下系数(青少年和成年相同):

男单:短节目:1.0 自由滑:2.0

女单:短节目:0.8 自由滑:1.6

双人:短节目:0.8 自由滑:1.6

乘以系数后的成绩精确到小数点后两位数,并且相加,之和为节目内容分。

每一次对下列规定的违反都要按以下方式扣分:

时间违规——每短于或超过 5 秒要扣 1.0 分。

音乐违规——使用声乐要扣 1.0 分

禁止动作违规——每一违规动作扣 2.0 分

服装和道具违规——扣 1.0 分

跌倒——每一跌倒扣 1.0 分。如果跌倒导致节目中断超过 10 秒,应额外再扣分:11—20 秒扣 1.0 分,21—30 秒扣 2.0 分,依此类推。

如果裁判组内裁判人数少于 9 人,那么应随机选出 5 名作为计分裁判。

(2)比赛每一部分的结果决定

每一部分比赛(短节目和自由滑)的每一名参赛者的节目总分是通过把总技术分和节目内容分相加并减去任何节目扣分计算出来的。

节目总分最高的运动员排在第一名,分数仅次于他的运动员排在第二名,依次类推。

如果两名或更多的选手成绩相同,那么在短节目中总技术分高的排名在前;在自由滑中节目内容分高的排名在前;如果总技术分、节目内容分也相同,那么参赛选手成绩并列。

(3)综合成绩和总成绩的确定

短节目总分和自由滑总分相加即一名运动员比赛中的最后得分,最后得分最高的运动员获得第一名。

在有资格赛自由滑的国际滑冰联盟锦赛中,该自由滑的节目总分将乘上一个相应的系数 0.25,再加入总成绩之内(在短节目和决赛自由滑比完之后)。

如果在任何阶段出现并列,那么在最后结束的节目中分数最高的排在第一位。

如果在这段(最后结束的节目)仍出现并列,上一个滑完的节目中的名次将用来确定最后名次。如没有上一个节目,那么相关运动员成绩并列。

二、滑雪运动竞赛文化

(一)高山滑雪

在冬奥会比赛中,高山滑雪的所有项目比赛采用单人出发的形式,运动员的出发顺序由抽签决定,所有的项目要参加两次比赛,第二次出发的顺序由第一次比赛的成绩决定。出发的间隔时间一般为 60 秒,只有回转项目采用不等时出发。出发时,运动员必须身穿经正式铅封标志的运动服,经裁判员许可后才能参加比赛。运动员要佩戴出发号码布,头戴护盔,脚穿滑雪板,手持滑雪杖,同时还要使用脱离式固定器,维护运动中的安全。

高山滑雪有很多项目,各项目之间有着一定的区别,最主要的区别在于场地起终点的高度差不同,地形和坡度的要求不同以及设置旗门的方法和数量不同。

在高山滑雪中,速降场地的起点与终点的高度差男子为 800～1000 米,女子为 500～700 米。线路长度的设计在冬奥会和世界锦标赛中应保证男子的最好成绩不少于 2 分钟,女子不少于 1 分 40秒。为保证比赛中的安全,除了在线路两侧插足够的红色和绿色指示旗外,还必须在重要的地段(如危险地段、坡度转换和颠簸地带等)设置旗门。旗门的宽度不得少于 8 米。运动员必须用至少一只滑雪板的前端和双脚都通过旗门线,方为正确通过旗门。假如场地起点与终点的高度差达不到规则要求,可以组织两轮滑行的滑降比赛。两轮比赛成绩相加,时间少者名次列前。

回转比赛的场地应建在坡度为 20°～27°的山坡上。场地宽不得小于 40 米。起点与终点的高度差,男子为 140～220 米,女子为 120～180 米。每个旗门由两面旗和两根旗杆组成。红、蓝旗门要交替插设。旗帜的规格为 24×22 厘米。旗门宽度为 4～6米。旗门设置应包括开口旗门、闭口旗门以及由 3～4 个旗门组成的旗门组,如蛇形门、螺旋门、三角门以及菱形门等。回转比赛的成绩以在两条不同线路各滑行一次的成绩相加,时间少者名次列前。

大回转比赛场地通常是多坡并呈波浪形,其宽度至少 30 米。起点与终点的高度差,男子为 350～400 米,女子 260～350 米。旗门数应是高度差的 12％～15％。旗门宽 4～8 米。最近两个上下连续门的旗门杆最小距离不得少于 10 米。大回转比赛一般须进行两轮滑行。第二轮滑行可在同一场地进行,但旗门必须重新设置。两轮滑行成绩相加,时间少者名次列前。

在冬奥会比赛中,超级大回转比赛场地的要求是呈波浪起伏状的地形。宽度不得少于 30 米。起点与终点高度差男子为 500～650 米,女子为 350～500 米。旗门宽度,开口旗门最少为 6 米,闭口旗门为 8～12 米。旗门数不得超过高度差的 10%,但男子最少不得少于 35 个,女子不得少于 30 个。

(二)跳台滑雪

在冬奥会比赛中,跳台滑雪比赛中的跳台由助滑坡、着陆坡、停止区三个部分组成。比赛时每个国家单项限报 4 人,团体限报一个队 4 名运动员。设有 90 米级(原为 70 米级)、120 米级(原为 90 米级)和团体 3 个男子项目。滑雪者两脚各绑一块专用的雪板,板长 2.30～2.70 米,宽 11.5 厘米,板底有 3～5 条方向槽。比赛过程中运动员不得用雪杖,不能借助任何外力,以自身体重从起滑台起滑,经助滑道获得 110 公里/小时的高速度,于台端飞后,身体前倾和滑雪板成锐角,两臂紧贴体侧,沿自然抛物线在空中滑翔,在着陆坡着陆后继续自然滑行到停止区,然后根据从台端到着陆坡的飞行距离和动作姿势评分。

跳台滑雪一共有 5 名裁判员。裁判员要根据比赛选手两次(飞行)姿态判分,姿态得分与距离得分相加,距离分以飞行的米数来计算。飞跃姿势裁判共 5 名,每人打分占 20 分。去掉一个最高分和一个最低分,满分为 60 分。

1. 普通台男子单人比赛

在冬奥会中,比赛从资格赛开始,世界杯赛排名前 15 名的选手不需要参加资格赛,直接晋级决赛。剩下的选手都要在资格赛争夺 35 个决赛名额。决赛共有两跳,第一跳 50 个人全部参加,取成绩最好的 35 人参加第二跳。第二跳的顺序是按照第一跳的成绩从低往高倒着进行。

2. 大台男子单人比赛

比赛规则基本与普通台男子单人一样,只不过是在大台上进行的。大部分的跳台滑雪世界杯都是在大台上进行的,一个赛季只有一两站是在普通台上进行的。

3. 大台男子团体比赛

在大台男子团体比赛中,每个队有四名选手。比赛分为两轮,第一轮比赛每个队先跳一个人,随后每队跳第二个人,然后是每队的第三个人,第四个人。每个队四名选手合计得分算总分。排在前八名的队伍才能参加第二轮比赛,第二轮比赛的出发顺序和单人比赛相同,按照成绩从低到高,最终总得分最高的队伍获胜。

(三)自由滑雪

1. 空中技巧

(1)定义:自由滑雪的空中技巧比赛主要包含两次不同的特技跳跃,强调起跳、高度和距离,正确的姿势和完成动作的准确性。

(2)评分:使用分段评分法。

(3)特技技巧主要由以下三个要素判定:

腾空:占得分的 20%。

动作:占得分的 50%。

着陆:占得分的 30%。

(4)评分程序:裁判员根据 FIS 自由式滑雪裁判手册 6004 项确立的标准独立评定运动员的技术表现。每跳的分数乘以难度系数(DID)决定该跳的总分。运动员两次跳跃的最终得分由每跳总分相加决定。

2. 雪上技巧

(1)定义:雪上技巧比赛包含在一条陡峭的、多雪包的线路上一次自由滑行,强调技术性转动、速度和空中技术动作。

（2）评分：雪上技巧运动员的技术按以下三个要素评分：

转动：占得分的 50％。

腾空：占得分的 25％。

速度：占得分的 25％。

3. 雪上芭蕾

运动员可根据自由表演的动作自由选择音乐伴奏。

（1）评分标准为：编排占 25％；技术动作难度占 25％；艺术表现能力占 50％。

（2）雪上芭蕾技巧：跳跃，如高速跳转动作；旋转，用单脚雪板的 360°旋转；连续步法，如逆交叉步等；利用雪杖的空翻，如前后空翻等。

（3）规则规定，空中技巧的比赛分别以两种不同的内容进行两次，雪上技巧和雪上芭蕾各进行一次。

第二节　冰雪运动损伤处理

在冰雪运动比赛中，受各方面因素的影响，运动员常会发生一定的运动损伤，这是不可避免的。在发生运动损伤后，运动员要对患伤部位做及时合理的处理，以免带来更严重的伤病。因此，学会如何处理运动损伤也是大学生所必须要掌握的一项基本素养。

一、发生冰雪运动损伤的主要原因

（一）思想上不够重视

大学生在参加冰雪运动的过程中，较容易发生运动损伤情况，导致运动损伤发生的原因是多方面的，其中一个非常重要的方面是在思想上不够重视。这不仅表现在学生方面，有时候，一部分体育教师或教练员也对运动损伤的认识不足，思想上麻痹大意导致运动损伤。

因此,我们要注意对体育运动从业者加强防伤观念的教育,在教学、训练和比赛中,认真贯彻"预防为主"的方针。有目的地对体育锻炼者、学生和运动员进行严格的管理和必要的相关知识培训,同时还要培养学生良好的体育道德风尚和运动习惯。

(二)身体功能和心理状态不良

大学生在参加冰雪运动的过程中,身体功能欠佳或者心理状态不良也常常会导致运动损伤。在平时的生活和学习中,学生难免会出现一定的身心问题,如睡眠或休息不好、心情不好、情绪低落或急躁等,在这样的情况下,人体的各项机能就会显著下降,警觉性和注意力减退,反应较迟钝,在这样的状态下参加冰雪运动就容易发生运动损伤。

(三)组织管理方法不当

大学生在参加冰雪运动训练的过程中,要严格遵守循序渐进和系统性训练的基本原则。而在组织方法方面,体育教师或教练员要给予学生正确的示范和指导,帮助学生提高自我保护的意识,一个良好的组织秩序能有效避免运动损伤。如果组织性纪律性较差就很容易导致运动损伤。

对于冰雪运动而言,学校体育相关部门要做好一定的监管工作,定期不定期地对冰雪场馆进行监督管理,做好安全防范措施,严格按照冰雪运动的规章制度行事,做好线路和危险地带、特殊路段的标识工作,大学生在参加冰雪运动训练或比赛的过程中要严格遵守既定的规则。

(四)技术动作不够规范

冰雪运动对参与者的技术要求较高,要求学生在学习技术动作时,应先从简单的动作学起,在熟练掌握基本的动作后再学习复杂的技术动作,要按部就班、循序渐进地进行,这样才有利于运动水平的提高,还能有效保护身体不受伤害,避免发生运动损伤。

很多学生在初次学习冰雪运动时,往往急于求成,在技术动作不够规范的条件下就学习复杂的技术动作,这违反了人体结构功能的特点及运动时的力学原理,往往就会导致运动损伤。

因此,学生在学习冰雪运动技术时,要循序渐进地进行学习,学会使用正确的技术动作。这样才能有效避免运动损伤事故的发生。据调查,技术动作不合理导致的运动损伤占 35.6%,排在运动损伤原因的第一位。例如,大学生在滑冰时常因身体的过度扭转而发生小腿及踝关节骨折,这就是技术动作不规范、不合理导致的运动损伤。

(五)身体特定部位运动负荷过大

一般来说,运动损伤发生的部位与运动专项技术特点之间有着密切的关系,以冰雪运动为例,运动员的身体特定部位受到较大的运动负荷,身体难以承受时就容易导致运动损伤。如高山滑雪空中技巧运动员常发生肩、腰、髋尖、跟腱等部位受伤,这与该项目中的转肩、跳跃、翻转等技术有关;速滑运动员多因髌骨软骨病丧失专项机能。因此,大学生在安排运动负荷时,要充分考虑到各自的生理特点与身体状况、运动水平,运动负荷要合理适中,不要超过身体可以承受的负荷量,否则就会因局部负担过大而导致运动损伤。

(六)准备活动不足

大学生在参加冰雪运动的过程中,受准备活动不足的影响也会发生一定的运动损伤。

1. 准备活动的内容不当

准备活动内容不当或者缺乏专项准备活动,运动员在运动中负担较重部位的功能没有得到充分改善和适应,就容易导致运动损伤。

2. 准备活动的量过大

在安排冰雪准备活动时,准备活动的量要适中,要符合学生的身体特点和条件,一般以身体感到发热、微微出汗为好。有时准备活动的量过大就容易导致身体出现疲劳现象,参加正式运动时,身体的机能水平不在最佳状态,此时参加剧烈运动就很容易导致运动损伤。

3. 准备活动的强度安排不当

大学生在做准备活动时,不要过于急躁,用力过猛,速度过快,就会违反循序渐进的原则和身体机能的基本规律,在这样的情况下就容易引起肌肉拉伤和关节扭伤。

4. 准备活动距专项运动的时间过长

大学生在参加冰雪运动时,有时候提早做完了准备活动而在很长的时间里都没有参加运动训练,这样就会导致准备活动所产生的生理作用逐渐减弱或消失,进而容易导致运动损伤。因此,大学生参加准备活动结束与专项运动的间隔时间应以 1～4 分钟为宜,这样才能保证运动安全。

(七)训练后放松整理活动不充分

在结束冰雪运动训练后,进行一定的放松整理活动也是尤为必要的。因为如果运动结束后立即休息就会使肌肉、肌腱、韧带、关节的复原受到一定的影响,不利于机体疲劳的恢复,影响训练计划的进行。因此训练后的放松整理活动与开始运动前的准备活动同样重要。大学生在参加冰雪运动的过程中要引起重视。

放松整理活动可以说是促进运动机体机能恢复的重要手段,它能快速消除运动者的身体疲劳,促使其尽可能地恢复到良好的体能状态。一个充分的放松整理活动可以使人体从紧张的运动状态逐步过渡到安静状态,还能加快人体乳酸的消除,缓解肌肉酸痛,预防运动损伤,保证运动的安全。

大学生在结束冰雪运动训练后,放松整理活动的方式与内容要符合冰雪运动的专项特点,主要采取放松跑和拉伸的方式,这样才能取得理想的恢复效果。

（八）运动中动作粗暴或违反运动规则

大学生在参加冰雪运动训练中不遵守规则也是导致运动损伤的重要原因之一。要想保证冰雪运动比赛的顺利进行,必须要按照既定的比赛规则进行,否则就会受到惩罚,而且还容易导致运动损伤。尽管制定了很多条文和规定来防范运动员恶意犯规,但在比赛中仍然存在着激烈的身体冲突,不遵守规则的情况,如单板滑雪追逐项目,运动员经常会出现身体碰撞,冰球运动员比赛时由于举杆过高而导致其他运动员面部损伤等。这些都会对运动员的身体造成一定的损伤。

因此,大学生在参加冰雪运动的过程中,为了保护自己和他人不受伤害,一定要严格遵守比赛规则,这样才能有效避免危险动作所带来的运动伤害。

（九）场地及设施的缺陷

场地设施不完善也是造成运动员运动损伤的重要原因之一。一般来说,合格的场地和器材可以有效保护运动员免受运动伤害,有利于获得理想的训练效果。在冰雪运动中,与其他项目相比,冰雪运动场地及设施的要求非常高,如果运动场地设计不合理、运动设施不完善,就容易导致运动员出现动作失误,进而引发运动损伤。另外,有些时候场地器械维护不良或年久失修,如果不注意检修,运动员运动训练中大意,就容易导致运动损伤。因此,在平时的工作中,一定要加强冰雪运动场地与设施的管理,尽最大可能地避免运动损伤。

（十）不良气象的影响

在低温环境下,运动员的肌肉黏滞性通常都比较大,在这样的情况下,运动员机体常会因为气温过低而发生冻伤等情况,还会因身体协调性降低而导致肌肉韧带损伤。另外,运动员在参加冰雪运动训练或比赛的过程中,难免会遇到风雪天气,受不良天气的影响,运动员的身体兴奋性会降低,反应也会变得迟钝,所做的技术动作会变得僵硬不协调,这样就容易导致运动损伤。因此,运动员在参加冰雪运动训练或比赛时要做好天气情况的预判,从而进行有针对性的调整,以避免运动损伤。

（十一）医务监督工作不完善

冰雪运动对运动员的技术要求非常高,加上运动环境的特殊性,因此运动员要定期进行体格检查,以免发生运动伤害事故。运动员在参加重大比赛的前后,也要进行必要的身体检查,以观察运动前后身体机能的变化情况。针对检查后的结果采取有针对性的措施和手段促进运动员的身体恢复。当前,冰雪运动员之所以容易发生运动损伤,与医务监督工作不完善也有一定的关系,因此为避免运动损伤,加强运动员的医务监督也是尤为重要的。

二、冰雪运动常见损伤的处理

（一）闭合性软组织损伤的处理

闭合性软组织损伤是指损伤局部皮肤或黏膜完整,无裂口与外界相通,损伤时的出血积聚在组织内,这种损伤在冰雪运动非常多见,其中挫伤、肌腱拉伤、关节韧带扭伤等都是最为常见的几种闭合性软组织损伤。

在发生运动损伤后,患者伤部会出现一定的肿胀症状,如果及时处理就会在短时间内得以恢复。一般情况下,急性闭合性软组织损伤治疗的黄金时间是受伤后的 48 小时之内。运动员在发生运动损伤后一定要立即采取止血措施,防止二次伤害以有效缩短愈合时间。

紧急处理闭合性软组织损伤的目标是止血、镇痛、防肿和减轻炎症反应。及时处理伤口能有效控制运动员机体组织内出血、水肿及过度的炎症反应。一般来说，要注意以下几个方面的要点。

1. 保护

当冰雪运动员在发生运动损伤后，要立即将其转移到安全地带，如果条件允许，可以利用夹板、护具、绷带等来保护受伤部位，运动员不要再做各种动作，避免受伤部位二次损伤，及时送往医院进行进一步的治疗。

2. 制动休息

运动员在出现运动损伤后，要立即停止活动，条件允许的情况下，利用石膏、拐杖或者支架等固定受伤部位，充分休息以控制肿胀和炎症反应，恢复期也应避免刺激伤区及牵拉未愈合牢固的肌肉、肌腱等组织。

3. 冷疗

(1)冷疗的时间不要过长，且尽量不要让冰袋直接接触皮肤，可以用湿的弹性绷带或冰毛巾保护皮肤。

(2)冷疗的过程中要避开尺神经、腓神经等表浅神经部位。

(3)不要太早停用冷疗而转用热疗，一般情况下，运动员伤后48小时内每天使用冷疗至少3~4次，严重者可以将时限延长至伤后72小时。

(4)患有循环系统疾病，雷诺氏病等症状者不可使用冷疗。

4. 加压包扎

加压包扎这一方法能增加组织间隙的压力，减少患者损伤部位的血流量，从而减少出血和肿胀。加压包扎可以在冷疗过程中或冷疗后进行，可以用绷带将冰袋包裹在伤处，也可以使用浸水后冷冻的弹力绷带,这样可同时起到冷疗和加压的作用,能促进运动员机体的尽快恢复。

一般来说,在运用加压包扎方法时,要注意以下基本要点。

(1)应从损伤部位的远心端向近心端牢固包扎。

(2)包扎时每层绷带应该有部分重叠,松紧适度,不要过紧,以免引起疼痛。

(3)可以使用脱脂棉及毛巾等做的加压垫来进行加压包扎。

(二)开放性软组织损伤的处理

开放性软组织损伤是指受伤部位的皮肤或黏膜有破损,形成伤口与外界相通,容易引起出血和感染,这一种运动损伤在冰雪运动中也非常常见。

运动员在发生运动损伤后要及时处理,如果处理不当,就会影响接下来的训练和比赛,甚至会引起全身感染,危及生命安全。因此,当发生开放性软组织损伤后,一定要止血和防止伤口感染,促使创面尽早愈合。一般来说,常见的开放性软组织损伤主要有以下几种。

1. 擦伤

擦伤是指身体表面与粗糙的物体相互摩擦而引起皮肤表层的损伤。运动员在参加冰雪运动的过程中常会因为摔倒而导致皮肤擦伤。这是非常常见的情况。

发生擦伤后,运动员机体被擦破的皮肤伤口,面积大、表皮脱落、有点状出血及组织液渗出。无感染时,伤口因易干燥结痂而成。

2. 撕裂伤

撕裂伤是指运动员身体受钝性暴力打击引起的皮肤、皮下组织撕裂,易发生在皮薄肉少的部位。伤口多为锯齿状,比擦伤深且容易持续出血。在冰雪运动中,运动员头面部皮肤撕裂伤最为多见,如双人花样滑冰或冰舞比赛中,受各种因素的影响,运动员会出现一定的失误而导致发生撕裂伤。

3. 撕脱伤

撕脱伤是指在剧烈摩擦或拉扯下,皮肤等组织被完整地拉扯剥离。这一运动损伤在冰雪运动中也较为常见。

4. 穿刺伤

穿刺伤是指因尖锐细物刺入人体所致的损伤。这一运动损伤的特点是伤口细小,但较深,可能伤及深部组织或器官,或者将异物带入伤口深处,容易引起感染。例如高山滑雪运动中运动员偏离滑道身体失去控制常会被周边的尖锐物体刺伤。

5. 切割伤

切割伤是指因锐器切入皮肤及皮下组织所致的损伤。如运动员在参加滑冰运动训练或比赛时被冰刀划伤或切伤。在发生这一运动损伤后,患者伤口出血会较多,但周围组织损伤较轻,严重一些的切割伤可切断大血管、神经、肌腱等组织。

发生切伤后,要做应急处理,要进行可靠的止血和保护伤口。为了预防和减轻感染,应注意无菌操作。简单处理后送往医院进行进一步治疗。

对于伤口较浅,面积小的擦伤,可用生理盐水或清水洗净伤口,然后用75%的酒精消毒,局部擦以红汞或紫药水,一般无须包扎,也可覆以无菌纱布。

患者关节附近的擦伤,可采用消炎软膏或多种抗菌软膏搽抹,并用无菌敷料覆盖包扎。因为刨面干裂易影响关节运动,一旦发生感染,也易波及关节。如伤口较大且内有砂石等异物,可先用生理盐水洗净伤口,用1%盐酸利多卡因局部浸润麻醉后用已消毒的毛刷等清除异物,再用双氧水等消毒伤口,根据需要用力凡诺尔或凡士林纱布湿敷,外用消毒纱布加压包扎。

需要注意的是,在处理撕脱伤时,应用无菌敷料加压包扎止血,同时保存好被撕脱的皮肤等组织一起送往医院做进一步的救治。对于情况不明的穿刺伤,注意不要轻易拔出刺穿物,以免引起大出血危及生命安全。

(三)关节脱位的处理

在体育运动中,由于身体受到暴力作用,严重时可以发生不同部位的关节脱位或骨折。

1. 关节脱位

关节脱位是指组成关节的各骨的关节面失去正常的对应关系,发生了错位现象。在冰雪运动中,运动员在比赛中出现失误时有时就会发生关节脱位的情况。

关节脱位主要有半脱位和完全脱位两种。前者为关节面部分错位,后者为关节面完全脱离原来的位置。按脱位后的时间来分,分为新鲜脱位和陈旧性脱位。冰雪运动中发生的关节脱位多为间接外力作用所致,肩、肘、手指关节是最容易发生脱位的几个部位。因此运动员要引起重视。

2. 关节脱位的症状

(1)一般症状

局部疼痛:运动员在活动患肢时常会感到疼痛加重。

肿胀:出现出血、水肿等现象,患病部位会出现明显的肿胀。

关节功能障碍:关节脱位后结构失常,关节活动能力下降。

(2)特殊症状

关节畸形:发生关节脱位后,骨端关节面的位置和正常骨性标志发生改变而出现关节畸形。脱位的肢体轴线发生改变,出现旋转、内收或外展以及外观变长或缩短等畸形,与健侧不对称,有时可在异常的位置摸到移位的骨端。如肩关节前脱位时,在原来空虚的腋窝下可触及肱骨头,原来丰满的三角肌塌陷而出现方肩畸形。

关节盂空虚:关节脱位后,原来位于关节盂里的骨端脱出处于异常位置,致使关节盂空虚。最初的关节盂空虚较易被触知,但肿胀严重时则难以触及。如肩关节前脱位,肩峰下关节盂空虚(图 6-1)。[①]

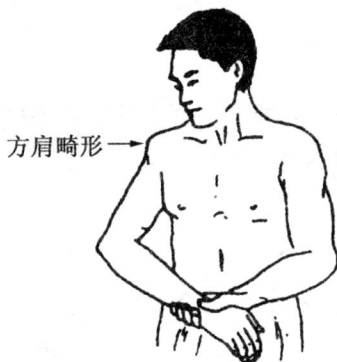

方肩畸形→

图 6-1

弹性固定:在发生脱位现象后,患者关节周围的肌肉痉挛收缩,可将脱位后的骨端保持在特殊的位置上,被动活动该关节时,仍可轻微活动,但有弹性阻力,被动活动停止后,脱位的骨端又恢复原来的特殊位置,这种情况称为弹性固定(图 6-2)。[②]

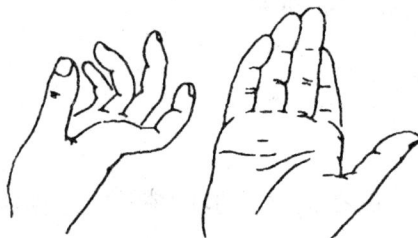

图 6-2

3. 关节脱位的处理方法

运动员在发生关节脱位后,一定要及时进行治疗,治疗的手

---

① 臧克成,刘杨,鹿国辉.冰雪运动损伤与防护[M].北京:化学工业出版社,2018.

② 同上.

法主要以复位为主,时间越早,复位越容易,效果越好。如现场不能复位,应将受伤的关节进行妥善固定后,送往医院进行救治。

(1)肩关节脱位的急救

肩关节脱位后现场应将患肢肘关节呈 90°固定,用三角巾悬吊于胸前,送往医院进行救治。复位后肩关节须固定,单纯肩关节脱位用三角巾悬吊于胸前;如患者关节囊破损明显,或肩周肌肉被撕裂,应将患肢手掌搭在对侧肩部,肘部贴近胸壁,用绷带固定在胸壁,一般情况下需要固定 3 周左右,然后才可取下做恢复运动。

(2)肘关节脱位的急救

当冰雪运动员在发生肘关节脱位损伤时,切勿强行将处于半伸位的伤肢拉直,以免导致更严重的损伤。可用绷带或三角巾将伤员的伤肢呈半屈曲位固定后,再悬吊固定在前胸部,及时送往医院做进一步的处理。

(四)骨折的处理

由于外力作用使骨的完整性或连续性受到破坏所引起的骨结构完全或部分断裂,称为骨折。在冰雪运动中,由于运动不当或受意外事故的影响,运动员有时也会出现骨折的情况。如花样滑冰不慎跪倒引起的髌骨骨折;雪上运动时摔倒手撑地而发生的前臂或锁骨骨折等。

1. 常见的骨折分类方法

(1)依据骨折是否和外界相通,分为闭合性骨折和开放性骨折两种。

(2)依据骨折的程度,分为完全性骨折和不完全性骨折两种。

(3)依据骨折后的时间,分为新鲜骨折和陈旧性骨折两种。一般骨折 3 周之内的称为新鲜骨折,3 周以上的称为陈旧性骨折。一般 2～3 周以内的骨折尚未充分纤维连接,仍可能进行复位。但 3 周的时限并非恒定,视具体情况而言。

(4)疲劳性骨折,多因骨骼系统长期受到非生理性应力所致,与超强度训练或姿势不当有关,多发生于频繁的长距离滑行、越野训练或单一课目的超负荷训练中,多发于胫腓骨、距骨等部位。

2. 骨折的处理方法

冰雪运动员在发生骨折后,要及时保护伤口,防止伤情加重,预防感染和休克,应根据伤后所在地点、时间、伤口的性质以及伤员全身表现等不同情况,做出及时合理的处置。

(1)抢救生命

在冰雪运动员发生严重骨折时,要及时抢救。如发现伤员心跳、呼吸已经停止或濒于停止,应立即进行胸外心脏按压和人工呼吸;昏迷病人应保持其呼吸道通畅,及时清除其口咽部异物;有意识障碍的病人可针刺其人中、百会等穴位;开放性骨折伤员伤口处可能有大量出血,一般可用敷料加压包扎止血;四肢骨折处出现局部迅速肿胀,提示可能是骨折断端刺破血管引起内出血,切不可随意搬动伤肢,可临时固定骨折断端后对局部压迫止血;对于大动脉出血难以止血时,可选择止血带止血。现场紧急处置后应立即送往医院做进一步的处理。

(2)伤口处理

运动员在发生开放性骨折后,除了要及时止血外,还要立即用消毒纱布或干净衣物包扎伤口,以防伤口继续被污染。伤口表面的异物要取掉,外露的骨折端切勿推入伤口,以免污染深层组织。条件允许的情况下先用消毒液冲洗伤口,然后再对伤口做包扎和固定。

(3)简单固定

发生骨折后,在进行现场施救时,要正确固定患者断肢,对受伤部位的包扎要便于患者的搬运和转送。但这一固定只是暂时的,做简单处理后要及时送往医院进行治疗。因此,在现场做骨折固定时应力求简单而有效,不要求对骨折准确复位;开放性骨折有骨端外露者,原则上不应在现场复位,而应用干净敷料覆盖原位固定,然后送往医院进行救治。

在对骨折患者进行急救时,可利用现场的木棍、板条、树枝等作为固定器材,其长短以固定住骨折处上下两个关节为准。如找不到固定的硬物,也可用布带直接将伤肢绑在身上,骨折的上肢可固定在胸壁上,使前臂悬于胸前;骨折的下肢可同健肢固定在一起。

(4)必要止痛

在发生严重的骨折时,患者会出现强烈的疼痛感,严重者可引起休克,如果患者受伤部位疼痛剧烈,条件允许的情况下可使用镇痛药,简单处理后送往医院做进一步的处理。

(5)安全转运

对骨折患者做简单的现场处理后,要及时、安全地将其转运到医院做进一步的救治。转运途中要注意动作轻稳,防止震动和碰坏伤肢,以减少伤员的疼痛。骨盆骨折是一种严重外伤,出血量大且难以止血。当怀疑有骨盆骨折时,应立即用宽大的棉织品或三角巾紧紧捆住臀部,将骨盆切实固定起来,防止骨折端继续出血。再用棉织品将双膝关节隔开并绑扎在一起后,三人平托轻轻将伤患放在硬板上,使之膝关节屈曲,下方垫上软物,减轻骨盆骨折的疼痛。

第三节 冰雪运动营养补充

冰雪运动的运动负荷较大,对人体素质有着较高的要求,因此大学生在参加冰雪运动的过程中,一定要注意合理的营养补充,只有身体充满能量,具备良好的身体状态才能参加冰雪运动训练或比赛。

一、营养补充的意义

(一)为机体提供适宜的能量

人体各项活动的进行需要建立在基本的能量基础之上,而能量的获取则主要通过各种能源物质的吸收和补充。运动者通过摄入富含糖类的食物,能够保证体内有充足的肌糖原和肝糖原储备,保证运动所需能量的持续供应。在能源物质分解释放能量时,需要相应的辅酶的催化作用,摄取充分的维生素和微量元素营养,可促进运动者的机体代谢并提高抗氧化能力,满足运动中水分和电解质的生理需要,在这样的情况下,运动员的身体机能得到改善与发展。

(二)延缓和减轻运动者的疲劳

大学生在经过长时间的运动锻炼后,身体难免会出现一定的运动疲劳,这是正常现象。人体之所以产生运动疲劳,其原因主要有以下方面:脱水引起体温调节障碍所致体温增高,酸性代谢产物堆积,电解质平衡失调造成的代谢紊乱,能源储备耗竭等。针对这一情况,大学生要进行合理的营养补充,机体摄取一定的能量后就能很快恢复原有的机能水平,促使疲劳得到恢复。

(三)防止运动损伤的物质保证

据相关研究表明,人体肌纤维中的糖原储备水平与运动损伤之间有着一定的关系。具体而言,人体的糖储备较高时,其耐力素质就会相对较高,运动能力也较高;而当人体肌糖原储备降低时,发生运动损伤的概率就会大大增加。当大学生参加长时间的运动锻炼后,其肌纤维中的糖原大量消耗,促使运动能力降低,从而诱发运动疲劳或运动损伤。因此,及时、合理地补充营养对于预防人体疲劳和运动损伤具有一定的作用。

(四)促进运动后的疲劳恢复

人体在发生运动疲劳后,经过一段时间的调整,疲劳就会得到恢复,人体机能也会恢复到原有水平,甚至超过原有水平,这就是所谓的超量恢复。一般来说,人体运动后的恢复主要包括:身体的能量供应及其储备、代谢能力、体液、元素平衡及细胞膜的完整性等内容。大学生在参加冰雪运动的过程中,要注意合理的营养补充,这样能有效促进机体的恢复,保证运动锻炼的安全。

二、营养补充的原则与措施

(一)基本原则

1. 应满足机体能量和体液平衡的需要

大学生在参加冰雪运动的过程中,摄入的食物体积和重量要小,如高碳水化合物、低脂肪、适量的蛋白质等都是合适的营养补充物,这些都便于机体的吸收和消化。在比赛期间应采取适当的措施和手段合理补液,以避免脱水状况的发生。另外,大学生在赛前、赛后也要及时补充水分和营养,以促进机体的尽快恢复。

2. 根据个人喜好及具体实际合理选择食物

大学生在参加冰雪运动训练或比赛期间,受精神紧张等因素的影响,通常都会选择自己喜爱的食物补充所需的营养素,这样能在一定程度上满足学生的心理需求,这对于改善其心理状态具有重要的作用。但需要注意的是,也不能一味地满足大学生的喜好来补充营养,要结合实际进行。

3. 应避免摄入过多脂肪

大学生在参加冰雪运动训练或比赛期间,应避免过多地摄入脂肪。一方面,脂肪摄入过多会导致体重增长;另一方面,脂肪摄入过多,会容易引发疲劳现象,不利于运动锻炼的进行。在比赛期间,大学生应该避免食用粗杂粮、韭菜等含纤维较多的食物,也不要食用辛辣或过甜的食物,这样可以减少食物对胃肠道的刺激,有利于保持良好的竞技状态。

4. 应补充充足的糖

糖是人体有氧、无氧供能的主要能源物质。大学生在参加冰雪运动的过程中,及时、合理地补充糖能为机体提供充足的能量,保证冰雪运动训练和比赛的顺利进行。

5. 饮食内容应针对比赛项目特殊需要做好准备

大学生在参加冰雪运动的过程中,其饮食应具有碳水化合物高、脂肪低和水分充足等特点,以保持较好的体能状态参加训练或比赛。在比赛的过程中,会有不同的时间间歇,此时可以携带一些营养食品,及时地补充能量,以维持机体能量的需求。另外,大学生也可以补充一些含电解质和糖的运动饮料,保证机体对能量的需要。除此之外,还要注意增加体内的碱储备以减少体内乳酸堆积,避免发生过早疲劳,影响训练和比赛的进行。

6. 善于总结饮食经验和规律

大学生在参加冰雪运动训练和比赛期间,可以通过记录饮食成分、时间及数量等与运动和比赛能力的关系,找出适合自己的食物,然后根据自己的喜好和运动水平制定合理的营养补充方案,这样才有利于竞技能力的保持,有利于取得理想的训练效果或比赛成绩。

(二)具体措施

1. 比赛前期的营养补充措施

运动员在参加比赛的过程中通常会处于一种兴奋状态,长期在这样的状态下,运动员的消化功能就会逐渐减弱,因此及时、合理的补充营养是至关重要的。运动员在参加比赛前,为保证良好的竞技状态,要进行合理的营养补充。如果营养补充不当,就会影响运动员的竞技状态,不利于获得理想的比赛成绩。

　　运动员在进行赛前营养补充时,要在保持原有饮食习惯的基础上适当增加或者减少营养成分。通常情况下,在比赛前教练员会帮助运动员进行一定的调整,以保证运动员良好的竞技状态,在调整期间运动量要适当,不宜过大,饮食中的热量也应相对减少一些,以防体重过大,影响比赛状态。

　　运动员在参加冰雪运动训练或比赛前,应根据自己的实际状态适当地增加糖的摄入以维持必要的糖储备。在比赛前及比赛中适量的补充糖可维持血糖的正常水平并提高比赛能力。在比赛前3～6天,运动员要逐渐增加碳水化合物的摄取量,确保充足的糖原储备;另外,运动员还要多吃高碳水化合物并能保证充足的睡眠和休息。

　　除此之外,运动员在赛前还应注意减少蛋白质和脂肪的摄入量,因为蛋白质和脂肪在体内的代谢产物会使体液呈酸性,会在一定程度上加速运动疲劳的发生,不利于运动员运动能力的发挥。需要注意的是,运动员在赛前不要大量补充氨基酸,否则不利于人体新陈代谢,进而影响比赛的顺利进行。

　　适当摄入维生素和无机盐也是维持运动员体能状态的良好的手段,通过维生素与无机盐的摄入能帮助运动员充分发挥人体肌肉的作用,有利于技术动作的顺利完成。但需要注意的是,摄入的维生素要适量,过大或过小都是不合理的。一般来说,运动员的维生素营养状况受膳食供应、运动强度等多方面因素的影响,因此在平时的饮食中,运动员要高度重视各种维生素的摄入。当然,在大强度的训练或比赛期间,运动员也可以从维生素制剂中获取身体所需的维生素。一般来说,补充维生素 A 或维生素 B_1,应在赛前 10 天补充,因为维生素 A 和维生素 B_1 在短期内不能发挥作用。在参加短时间的比赛时,应在赛前的 40 分钟左右补充维生素 C,这样才能有利于运动员保持良好的身体状态,保证比赛的顺利进行。

　　运动员在赛前补充营养,还要注意增加进食食物的抗氧化成分,适当进食瘦肉类食物、新鲜蔬菜和水果,要杜绝大量脂肪的摄入,以保持膳食平衡。

如果条件允许,运动员可在比赛前的 10 天至 2 周内,按照比赛期间的饮食制度进餐,这样能帮助运动员提前适应运动期间的营养状况,做好营养的补充和吸收,从而保证机体有一个良好的状态去迎接比赛。

总之,运动员在比赛前进行营养补充时应做到饮食的多样化和平衡性,适量补充蛋白质、无机盐和维生素。这有利于运动员比赛水平的正常发挥,有利于取得理想的比赛成绩。

2. 比赛当日赛前的营养补充措施

在参加比赛期间,运动员应尽量选择食物体积小、发热量高、易消化和吸收的食物。进餐时间要根据比赛时间而定,通常情况下要提前 2~4 小时就餐。需要注意的是,在比赛当日不宜改变饮食的习惯或食用新食物,否则就容易导致肠胃不适,不利于比赛的进行。

冰雪运动的强度较大,运动员在比赛过程中会损失一部分水分,因此要注意补液,应在赛前至少补液 500~700 毫升,良好的水合状态能帮助运动员提高自己的体能,维持良好的竞技状态。反之,如果运动员的机体处于缺水的状态,其运动能力就会下降,比赛成绩将受到严重的影响。需要注意的是,运动员赛前补液也应采用少量多次的方式进行,赛前补液最好选用适宜的运动饮料,不仅能补充水分,同时还能补充糖和电解质,这都有利于运动员维持良好的竞技状态。

赛前补充糖分也是保证运动员竞技水平发挥的重要方法,一般情况下,运动员补糖的时间应在赛前 15~30 分钟或 2 小时为宜,补糖不宜过多,糖的种类可以是葡萄糖、蔗糖、果糖和低聚糖等。运动员在赛前可以结合自身的实际情况合理的补充。

3. 比赛中的营养补充措施

在比赛过程中,运动员应优先考虑合理补液,依据自己的身体特点选择适合自己的运动饮料。除了在比赛前少量补液外,运动员还可以在比赛中每隔 15~30 分钟补液,但总体上以每小时补液量不大于 800 毫升为宜。运动饮料最好选用低聚糖的饮料。

一般来说,冰雪运动比赛持续的时间并不是很长,运动员没有必要在比赛过程中补充营养。但是如果赛前没有及时地补充营养,可以在比赛中合理补充含有碳水化合物的运动饮料,这样既能补充水分又能补充电解质,能有效保证机体的正常竞技水平。

4. 比赛后的营养补充措施

运动训练或比赛后的机体恢复非常重要,因此运动员还要注意赛后的营养补充。赛后及时地补充营养,可以促进运动员体力的及时恢复。大量的实践表明,膳食对运动员机体的恢复具有显著的影响,赛后合理营养的摄入对运动员恢复体能具有重要的作用。

为保证运动员体能的及时恢复,运动员可以结合自身的实际制定科学、合理的赛后营养补充方案,赛后的饮食应是含高糖、低脂肪、适量蛋白质和容易消化的食物。为促进赛后体能的恢复,补液至关重要。比赛后合理的加餐对于肌糖原恢复非常重要,可以和运动饮料、流质食物、水果、三明治以及能量棒等同时摄入,这样可以有效促进运动员机体的尽快恢复,运动员可在比赛后 30 分钟之内摄入,随后再补充一顿碳水化合物和蛋白质丰富的正餐。此外,为促进关键酶浓度的恢复,应补充维生素、微量元素和碱性食物;为加速抗氧化酶活性的恢复,可补充具有抗氧化性质的天然食物,如蔬菜和水果等。

一般情况下,运动员在参加比赛后,食欲会受到一定程度的影响,这时最好饮用流质食物。但运动员也可以选择摄入易于消化的固体食物,这样能有效促进运动员体能的及时恢复。另外,运动员在比赛后还可以补充高热量的食物,以保证机体能量的平衡,促进机体恢复。

三、各营养素的补充

冰雪运动对运动员的体能素质要求较高,运动员在训练或比赛中会消耗掉大量的营养,如果不及时补充,就会无法承担大强度的运动负荷而不能进行接下来的训练和比赛。由此可见,营养补充具有至关重要的意义和作用。

（一）基本能量需求

运动员在参加冰雪运动训练和比赛期间,每天的热量摄入必须要达到一定的要求,要能充分满足机体的需要,否则就难以承受大强度的运动负荷而导致运动损伤,这种现象经常会发生。因此,运动员如果在训练中能量摄入不足,不仅会影响运动训练和比赛的顺利进行,甚至还会影响身体健康。

由于每一名运动员都是不同的,在各方面都存在着一定的差距,因此运动员的能量消耗也存在着一定的差异,所以运动员在参加冰雪运动训练时要结合自身的具体实际制定合理的营养补充方案。在制定营养补充方案前,首先就要评定运动员的能量营养情况,其中监测体重的变化情况时最为常用的手段。通常来说,在能量摄入量与消耗量相等时,运动员的体重保持稳定;如果摄入能量大于消耗量,运动员的体重则会出现增加的情况;相反,体重则会减轻。如果运动员的体重和体脂同时增加,表明运动量不足或摄入能量过多,这不仅对运动训练不利,同时还影响身体健康。如果运动员的体重增加而体脂不变或减少时,表明运动员瘦体重增加,运动能力也会得到一定程度的提高。而当体重和体脂均减少时,就要结合自己的训练情况认真分析运动量是否过大、营养摄入是否不足等。一般来说,运动员能量摄入不足的原因常常是大运动量的训练后而没有及时地补充营养所致,因此要及时地补充营养。

运动员在参加长时间的训练和比赛后,常会出现胃肠道功能下降,食欲减退的现象,这给运动员的营养补充带来了一定的影响,在这样的情况下,运动员可以采取合理加餐的方式来补充营养,以保持必要的体力。

（二）糖的补充

在人体所需的营养素中,糖是非常重要的能源物质,糖能促进蛋白质的吸收和利用,促进 ATP 的形成。它具有耗氧量小、供能效率高的特点,是人体供能的主要能源物质。除此之外,糖也是人体大脑的主要能源物质,能维持人体中枢神经系统的兴奋,保证运动训练和比赛的顺利进行。因此,及时、合理地补充糖也是非常重要的。

运动员在参加冰雪运动训练或比赛的过程中,如果糖摄入不足就会严重影响训练水平或比赛成绩。一般来说,摄入人体内的碳水化合物主要是以糖原的形式贮藏在肌肉和肝脏中的,运动员在进行冰雪运动训练的过程中,血糖会被大量地消耗掉,这时机体就会分解糖原来提供运动训练所需的能量。因此,如果机体有充足的糖原储备就可以推迟运动疲劳的发生,进而保证运动训练的效果。大量的研究表明,在进行大强度的运动训练时,运动员可通过保持较高的糖原水平来增长自己的耐力。但需要说明的是,充足的肌糖原储备能维持较长时间的运动训练,但并不代表能提升运动员的速度。

综上所述,运动员要想保证冰雪运动训练或比赛的顺利进行,及时合理地补充糖分是尤为重要的。首先,运动员应该摄入碳水化合物含量丰富的食物,如面包、谷类、面食、稻类、水果、蜂蜜等。其次,在运动前、中、后均应补充必要的糖分,最好摄入含有糖的运动饮料。一般来说,运动前补糖可以提高运动员机体内糖原的储备,运动中补糖有利于保持血糖浓度,延缓运动疲劳,运动后补糖有助于糖原的快速合成,促进运动员身体机能的尽快恢复。

（三）蛋白质的补充

冰雪运动强度较大,因此运动员保持瘦体重和肌肉力量是非常重要的,这有利于运动员运动水平的发挥。运动员在参加冰雪运动训练的过程中,要进行大运动量的耐力和抗阻力训练,因此需要大量的蛋白质,一般来说,运动员机体的蛋白质需求量至少应达到 1.2～2.0 克/千克以上。如果蛋白质摄入不足,运动员的力量素质就不能得到有效的提高,有时甚至可能发生运动性贫血,从而影响训练的效果和质量。运动员要想保证机体对蛋白质的正常需求,在日常训练中,要多食用一些蛋白质含量丰富的食物,如鸡蛋、肉类、鱼虾、豆制品、奶制品等。需要注意的是,猪肉、烤鸭等食物中虽然蛋白质含量也不低,但这些食物中脂肪含量较高,运动员过多摄入不利于运动训练的顺利进行,因此,在食用此类食物时要谨慎。

目前,我国仍有很多运动员存在着肉即营养的错误观念,实际上,运动员在参加运动训练或比赛期间,过多地摄入蛋白质会带来严重的负面影响,不利于运动训练和比赛的正常进行。这是因为:首先摄入过多的蛋白质会引起人体体液酸化,体内酸生代谢产物堆积,导致疲劳过早出现;其次是摄入过多的蛋白质会在一定程度上导致肝肾负担加重,影响身体健康;再次蛋白质摄入过多还会影响运动员运动能力的提高;最后,蛋白质摄入过多就意味着其他营养素的摄入不足,造成营养不良的现象。由此可见,冰雪运动员的蛋白质补充一定要合理。

(四)脂肪的补充

大学生在参加冰雪运动的过程中,要在饮食中控制脂肪的摄入量,脂肪摄入过多就会使体内丙酮酸、乳酸浓度增加,使血流缓慢,从而影响氧的供给,除此之外,脂肪摄入过多还会影响运动者自身运动水平的提高,因此脂肪的补充一定要合理。

大学生在参加冰雪运动的过程中,饮食中的脂肪供能比例占总热能的 25%～30% 即可。也可以根据自身实际,适当增加膳食中脂肪的摄入量,不能盲目补充。

（五）维生素的补充

大学生在参加冰雪运动的过程中,维生素的摄入量一定要充足和合理。一般来说,适量的维生素能帮助运动员维持自身机体的正常代谢水平,而摄入不足则会引起运动功能紊乱和运动水平的下降;摄入过多则会引起机体不良反应。维生素,尤其是B族维生素对于运动员运动能力的提高具有非常重要的意义。人体摄入的碳水化合物、脂肪和蛋白质等要经过燃烧变成热能,这其中必须要有B族维生素的参与。运动员参加运动训练如果碳水化合物摄入不足,而B族维生素的缺乏将严重导致能量供应的不足,运动员就难以再继续进行训练。通常来说,维生素C和维生素E能有效抵抗运动员运动训练过程中产生的自由基对机体的损害。维生素A能维持运动员正常的体力,维生素D则有助于运动员骨骼的生长和发育。一般来说,不同的食物中都有各种不同的维生素,蔬菜和水果中维生素含量较高,因此,大学生在平时的冰雪运动训练中,要多食用蔬菜和水果,适当增加维生素的摄入量,这有利于运动训练的进行,有利于大学生的自身发展。

（六）矿物质的补充

虽然矿物质在人体内的含量较少,但其作用却是不可忽视的。如钠、钾、钙、镁等对维持体液的渗透压和酸碱平衡,维持神经、肌肉细胞的兴奋性,维持体内酶的活性以及构成组织细胞等方面具有重要的作用。钙对促进人体骨骼正常生长具有重要的作用。锌、铜、铁、硒等对调节人体的物质代谢、维持正常免疫机能等具有非常重要的作用。对于运动员来说,运动员在参加运动训练的过程中会大量出汗,伴随着体液的丢失,矿物质也会大量丢失,而矿物质的丢失会严重影响运动员训练水平和身体素质的共同提高。因此,大学生在参加冰雪运动训练的过程中,要注重矿物质的补充,要结合自身的身体素质确定摄入的量。

（七）液体的补充

水是生命之源，没有了水，不仅运动训练无法进行，人的生命活动也会停止。水在人体体温调节，氧、二氧化碳、营养物质和代谢废物的运输及各种代谢过程中起着不可替代的作用，适宜的水分能确保运动员运动训练或比赛的正常进行，因此大学生在参加冰雪运动训练时，要及时补充水分，以维持机体运动的需要。

运动员在训练中会出汗，如果不及时补充水分，就会严重影响运动训练的顺利进行。在运动训练中，运动员应该及时地补充水分，以保证机体的正常需要。但是，运动员不能把口渴作为补充水分的标准，因为运动员在感到口渴时，说明就已经进入了脱水的状态，这时再补水就显得"为时已晚"，因此要做好准备，在出现缺水现象时，及时补充水分。

大学生在参加长时间的冰雪运动训练后，会排出一定的汗液，受此影响，电解质会出现一定程度的丢失现象。电解质的丢失会在一定程度上影响细胞膜电位，使神经兴奋传递出现某种程度的障碍，影响人体运动能力的提高。因此，为使大学生的机体处于一个良好的状态，应及时、合理地补充水分。

大学生在参加冰雪运动训练期间，要选择合适的运动饮料，补充的液体最好是低渗或者等渗溶液，这样能迅速地从消化道吸收并经血液运输到体细胞。另外，水果、蔬菜汁、牛奶等都含有大量的液体和电解质，运动员可以适当地选择。在运动训练的过程中，运动员要想充分吸收并保持体内水分的充足，在饮用运动饮料的同时还需喝等量或2～3倍的白水。这样才能维持人体合理的水合状态。需要注意的是，在运动训练期间，不要喝含有咖啡因的饮料，因为咖啡因具有一定的利尿作用，而排尿则会导致机体水分的大量丢失，另外，咖啡因也影响运动员的睡眠，不利于运动训练的正常进行。

总之，大学生在进行液体补充时要注意以下几个方面的具体要求。

第一,及时补液,一般来说,人体每天至少需要 2～3 升水。

第二,针对自身情况,适当增加水的摄入量。

第三,补液的温度要稍低一些,这样可以提升口感,还要本着少量多次的原则补水。

第四,可采用测体重的方法来检测丢失的体液量。

第五,运动饮料中含有大量的碳水化合物和电解质,参加长时间的运动训练一定要备好运动饮料。

第六,头晕目眩、肌肉痉挛、口干舌燥等都是脱水的征兆,一定要及时补充水分。

第七,大学生要养成按时补液的良好习惯。

第四节　冰雪运动医务监督与医疗保障

大学生在参加冰雪运动的过程中,受主观和客观因素的影响,常会发生一定的损伤,除了加强运动损伤的预防和治疗外,还要从根本上建立一个有效的医务监督与医疗保障体系,这样才能降低运动风险发生的概率,免除学生参加冰雪运动的后顾之忧。

一、冰雪运动的医务监督

(一)冰雪运动训练中的医务监督

在运动训练中,医务监督是一项不可或缺的内容。通过医务监督,运动者能清晰地了解自身的发展情况,从而进行有针对性的调整,促使训练计划的顺利进行,有利于训练目标的实现。一般来说,冰雪运动训练的医务监督主要包括以下内容。

1. 通过医学手段监督运动训练

大学生要想提高自己的冰雪运动水平,除了坚持不懈地进行训练没有其他的捷径。通过长期的运动训练,能充分挖掘运动者的身体潜力。大学生在参加冰雪训练的过程中,往往会面临着负荷强度大的情况,因为只有通过高强度的训练,才能获得超量恢复,才能提升技术水平。但是,高强度的运动训练也会带来一定的运动损伤风险,因此为降低这一风险,可以通过医学手段来监督自己的运动训练情况,运动者可以根据医学的反馈来及时、合理地调整运动训练计划。

2. 检查并测试身体机能

检查与测试身体机能是医务监督的重要内容之一,通过身体检测能得出客观的结论,运动者就可以充分了解自己的身体情况。大学生在参加冰雪运动训练的过程中也要对身体进行必要的检测,这有利于运动训练的顺利进行。

3. 预防和治疗运动伤病

在长时间的运动训练中,运动者通常会累积不少的运动伤病。而要想以良好的身体状态和心态去参加训练,就要及时做好运动伤病的预防和治疗。

通过医务监督,运动者能充分了解自身的身体发展情况,从而展开有针对性的调整与恢复,实现运动训练的目标。

4. 消除运动疲劳

长时间参加冰雪运动训练是比较枯燥的,因此运动者难免会产生一定的运动疲劳,包括身体和心理两个方面。运动疲劳产生后,运动者往往会出现一定的负面情绪,这不利于运动训练的进行。因此,加强医务监督是至关重要的,通过医务监督能有效避免过度训练综合征、运动疲劳等情况的发生。

(二)冰雪运动比赛期间的医务监督

1. 赛前医务监督

(1)做好运动场地、体育器械检查工作

在参加冰雪运动比赛前,要做好充分的准备工作,如场地器械,运动员饮食、救护等工作,以保证比赛的顺利进行。

（2）医务人员协助教练员做好比赛日程安排

在赛程安排上,根据比赛的级别和运动员的性别来分组,并且还保证参加多项比赛的运动员有足够的休息时间。另外,赛事组织者要充分考虑到气候条件等因素,合理分配好比赛项目进行的时间和地点。

（3）坚持赛前体检制度

在参加比赛前,所有的运动员都要进行必要的身体机能检查,检查的重点是心血管系统,主要包括脉搏、血压、胸透等项目。在检查的过程中,如果发现运动员患有感冒、发热、心动过速等症状,最好退出比赛,等身体恢复后才能参加比赛。另外,对于女运动员而言,月经期间最好不要参加剧烈活动。

（4）做好比赛前的宣传教育工作

赛事组织者要做好赛前的宣传教育工作,这是一项重要的内容。工作内容主要包括赛事知识介绍,比赛医务监督,运动性病症的救护等相关知识。在冬季参加冰雪运动,常会因为温度较低,而出现各种不良身体状况,这就需要做好充分的准备活动,然后才能投入比赛。

（5）做好准备活动

冰雪运动强度较高,对运动者提出了很高的要求,要想尽可能地避免运动损伤,做好充分的准备活动是尤为必要的。准备活动主要包括一般准备活动和专项准备活动两个部分,做好充分的准备活动能有效降低运动伤病发生的几率。

（6）注意赛前营养

参加冰雪运动对人的能量消耗较大,因此,在赛前安排合理的饮食,补足能量也是非常重要的,运动者要选择自己经常吃或爱吃的食物,增加蛋白质、糖、脂肪的吸收,这样能保持积极的身心状态去参加比赛。

2. 赛中医务监督

(1)现场救护

运动员在参加冰雪比赛的过程中,常会发生一定的意外事故,因此建立临场医疗急救站是十分必要的。在比赛进行的过程中,赛事工作人员要准备好药箱及其他必要的医疗设备,密切关注场上运动员的状态,做好随时抢救的准备。

(2)严格遵守各项竞赛规则

运动员在参加比赛的过程中要体现出良好的道德素养,发扬公平竞赛的精神,严格遵守比赛规则进行比赛。

3. 赛后医务监督

(1)做好身体机能检查

运动员在结束比赛后,不要立即休息,还需要做好身体机能的检查,如果发现身体机能有异常情况,就需要做进一步的处理。

(2)注意休息,消除疲劳

在参加冰雪运动训练或比赛后,运动员可以利用推拿按摩、温水浴、理疗、吸氧等手段来促进体能的恢复。除此之外,暗示法、心理调整法、放松练习法等也具有良好的功效。

另外,在冰雪运动训练和比赛结束后,运动员要养成良好的生活习惯,做好充分的休息,消除运动疲劳。

(3)调配膳食,营养丰富

运动者在参加冰雪运动训练或比赛中会消耗大量的能量,因此比赛结束后要进行必要的营养补充以促使体能的恢复,可以食用高蛋白、高热量以及富含维生素 B、维生素 C 等的食物,这些食物都有利于运动者体能的尽快恢复。

(4)预防疾病

运动者在参加完冰雪运动训练或比赛后常会感到身心俱疲,抵抗力下降,在这样的情况下就容易生病。因此,要注意预防感冒及其他相关疾病,以免影响接下来的训练和比赛。

（三）冰雪运动训练的自我监督

自我监督也是冰雪运动医务监督的重要内容之一。大学生通过自我监督能很好地了解自己的身心发展状况，从而采取有针对性的措施进行训练。

1. 一般感觉

经常参加运动锻炼的人总会焕发充足的活力，身心会感到愉悦。但参加运动锻炼也有一定的限度，如果过度锻炼则有可能导致身体软弱无力、精神萎靡不振、易疲劳、易激动等不良现象。因此，大学生在进行自我监督时，可依据自己的感觉记录为良好、一般、不好等。

2. 运动心情

在冰雪运动训练中，如果大学生运动训练的方法不对或过度疲劳，就会出现对运动不感兴趣或产生厌烦的情绪。记录时可根据个人的心情记录为很想锻炼、不想锻炼、厌烦锻炼等。

3. 睡眠状况

据调查发现，经常参加运动锻炼的人，通常其神经功能会比较稳定，拥有良好的睡眠。早晨起床精神焕发，精力充沛，全身有力。如果出现相反的情况，则说明训练方法不当或运动量过大，这时就要检查运动量是否合适。大学生在记录时，可以写睡眠的持续时间和睡眠状况是否良好。

4. 食欲情况

大学生在参加冰雪运动时，如果出现过度训练的情况，就会导致食欲减退，饭量减少。此外，运动刚结束后马上进食，食欲也较差。记录时可写食欲良好、食欲一般、食欲减退、厌食等。

5. 不良感觉

在高强度或大运动量的运动训练下,大学生通常会出现四肢无力,肌肉酸痛等不良感觉,而经过适当休息后,这些现象会很快消失,体能得到恢复。如果大学生在参加冰雪运动训练后除了出现上述现象外,还出现精神状态或运动心情不良、睡眠及食欲不良、头晕、恶心等现象,则表示运动方式不当。记录时可以写头晕、恶心、气短、心慌等。

6. 出汗量

人在运动的过程中,会出现一定的排汗现象,出汗的多少与气候、运动程度、衣着、饮水量等因素有着密切的关系。如果突然出现大量出汗的现象,可能是过度训练,这时就要适当调整运动量。大学生在记录时可以写出汗适量、出汗增多、大量出汗等。

(四)冰雪运动医务监督注意事项

1. 体格检查

通过体格检查能充分了解大学生的健康状况,及时发现身体机能缺陷及运动中存在的潜在风险因素,并以此为依据确定训练方案或计划。由此可见,大学生在参加冰雪运动前进行体格检查是尤为必要的。

一般来说,体格检查包括一般史、运动史、体表检查、一般临床物理检查、形态测量、功能实验、化验检查、身体素质测试及特殊检查等内容。

(1)一般史

一般史主要包括被测人员的病史和生活史等。病史中主要询问既往所患的重大疾病和预防接种史,特别要注意询问影响内脏器官机能和运动能力的一些疾患,如心脏病、高血压、有无传染病以及与遗传因素有关的疾病。生活史,则主要询问被测人员的生活状况、营养状况,有无不良嗜好等。

（2）运动史

询问被测人员参加运动锻炼情况、年限、成绩、有无过度训练史或其他运动性伤病等。

（3）体表检查和运动系统检查

体表与运动系统检查是体格检查中的重点内容。一般来说,体表与运动系统检查主要包括:检查扁桃腺、甲状腺和淋巴结的情况,检查皮肤黏膜、肌肉发达程度、弹性和硬度、肌力大小,检查脊柱、胸部、上下肢和足弓形状及皮下脂肪的测定等内容。

（4）一般临床检查

一般临床检查主要检查被测人员的以下情况。

①心血管系统检查

脉搏频率;

测量血压;

有无胸部畸形和心脏异常搏动;

叩诊心脏大小,听诊心跳速率,节律心音强度及有无杂音。

②呼吸系统检查

胸部形状、呼吸频率、节律和呼吸类型;

叩诊检查有无浊音,肺底位置;

听诊有无呼吸音异常。

③消化系统检查

检测有无舌苔、巩膜黄染,腹部压痛、肿块和肝脾肿大,并注意腹壁肌力。

④神经系统与感觉器官检查

检查有无神经衰弱、视力、眼、鼻等是否有异常。

⑤形态测量

测量内容主要包括:体重、身高、胸围、坐高和呼吸差,颈围、腰围、四肢围度、四肢各环节长度、肩臂长、手足间距（站立摸高）、肢体宽度,其中前三项是最为重要的指标。

⑥功能检查

运动系统主要检查肌力、关节活动度、柔韧性等；

心血管系统主要检查台阶试验、定量负荷试验；

呼吸系统主要检查肺活量、闭气试验、PWCl70 试验及最大摄氧量等；

植物性神经系统功能检查主要应用卧倒—直立试验、直立—卧倒试验；

消化系统和泌尿系统的相关功能检查等。

⑦心血管机能检查

运动者长时间的参加冰雪运动训练容易导致心血管系统问题，因此定期做心血管机能检查是尤为必要的。长期系统的大运动负荷训练后，运动员身体机能水平应当提高。如果发现其机能水平下降，并伴有其他不良征象，应考虑运动负荷或健康原因。如果经过训练机能水平无变化，则应考虑运动负荷大小或其他原因。

⑧生理、生化指标评定

定期为运动员或健身者进行身体机能评定和生理、生化指标分析具有重要的意义。在正常情况下，当身体机能状况良好时，体内的血红蛋白、血清睾酮、血乳酸、血清肌酸激酶活性、尿蛋白及最大摄氧量等生理生化指标亦处于正常水平。若出现运动负荷过大或身体机能状况不良以及食物供给不足等情况，运动员的上述生理生化指标就会发生一定的改变。

通过观测运动员的生理生化指标，能及时了解运动员的体能情况以及判断运动负荷的安排是否合适，这样就可以及时调整训练计划，避免疲劳过度，降低运动损伤发生的风险。

⑨身体素质测试

冰雪运动项目对运动员的腰腹力量、下肢爆发力量及柔韧性灵敏性等身体素质的要求非常高，运动员的身体素质测试与一般运动项目不同，目前常用的冰雪运动员身体素质测试方法有：跳箱测试、软梯跳跃测试、萨金特跳测试、单足五点跳跃测试、仰卧起坐、俯卧撑等。

2. 加强运动性伤病的防治工作

相比其他运动项目,冰雪运动的风险性相对较高,因此加强冰雪运动的运动伤病防治工作是尤为重要的。除了加强大学生的安全教育外,还要监督其佩戴和使用专业的防护用具。要积极组建运动防护医疗团队,对大学生发生的伤病予以及时、妥善的处理。

3. 合理的营养补给

合理的营养补给对运动者的体能恢复及运动损伤的预防具有重要的作用。因此在冰雪运动训练中,要十分注意大学生的营养补给。大学生运动训练的营养补给要本着科学、合理的原则进行。

二、冰雪运动的医疗保障

(一)医疗卫生保障体系

在冰雪运动中,建立一个医疗卫生保障体系是非常重要的,这样能有效保障运动员的运动安全,确保冰雪运动训练或比赛的顺利进行。

1. 工作的总体原则

冰雪运动的医疗保障工作应遵循"统一领导,分级管理"的基本原则,以维护和保障参赛人员的身体健康为中心,做到指挥得力、安全有效、反应快捷、救治迅速、转运及时,为赛事参与人员提供高质量的服务保障。

2. 主要工作任务

医疗卫生保障的主要工作任务包括以下内容。

(1)赛事期间的医疗救援工作。

(2)赛事期间医疗卫生保障以及突发公共卫生事件应急处置

的有关准备工作。

（3）突发公共卫生事件和意外灾难性事故应急处置。

（4）分析可能引发疾病、食物中毒和公共卫生事件的相关情况，做好及时的预警，早发现早处理。

（5）制定紧急医疗救援预案，预防意外事件发生。

3. 医疗保障的组织机构及职责

一般情况下，冰雪运动的医疗保障工作体系主要包括6个工作组，每一个工作组都有具体的分工。

（1）医疗救援组

抽调能够满足赛会急救要求的各医疗卫生机构医疗骨干组成医疗救援组，分设驻地医疗组、现场救护组、应急救护组。

①比赛筹备期间工作任务

第一，制定医疗救治工作实施方案和重大突发医疗事件的应急预案。

第二，进行医疗救治培训活动和演练。成立医疗保障队，对相关人员进行培训。

第三，确定比赛定点医疗机构及指定急救中心。

第四，定点医院建立绿色诊疗通道，设立专用门诊和专用病房，救护车可直接将伤病员送至专用门诊，为运动参与者提供专门服务。

第五，在比赛场地设立赛会医疗站。

第六，在驻地宾馆设立驻地医疗站。

②比赛期间工作任务

第一，赛场医疗。赛场医疗救护不仅面向运动员、教练员、裁判员和来宾、媒体及有关服务人员、工作人员，也面向场地内观众。在比赛场地附近设立赛会医疗站，承担现场医疗救护任务，配备抢救器械和药品，以保证各项急救处置工作的开展。

第二，驻地医疗。按照组委会的医疗工作要求，在赛事驻地宾馆设立驻地医疗站，配备内科、外科医生和护士，提供常规药品和医疗器械,当运动员发生伤病时及时送往医院进行救治。

(2)医疗保障技术专家组

成立冰雪运动的医疗保障专家团队,由三级甲等综合性医院及相关医疗机构抽调运动创伤科、骨科、外科、内科、护理等医疗专家组成。负责实施和指导赛会医疗救治工作。

(3)卫生监督组

卫生监督组工作人员主要负责赛会期间的公共场所卫生和食品、饮用水监督工作,防止公共卫生事故的发生。按照全程监管、严格监督的原则,全面开展比赛场地、接待宾馆、酒店、社会餐饮业以及城市运行部分公共卫生保障工作,排除卫生安全隐患,保障赛事参与人员的卫生安全。

(4)突发事件应急保障组

由卫计委相关领导牵头,完善相关突发事件应急预案,做好各项应急准备工作。有效预防、及时控制比赛期间突发公共卫生事件,规范和指导应急处置工作,最大限度地预防和减少突发公共卫生事件对赛事参与人员的危害,保证赛事活动的顺利进行。

(5)传染病防控组

由当地疾病预防控制中心具体落实,做好传染病评估和防控工作,确保赛事期间传染病疫情防控。加强传染病预防控制工作,确保传染病疫情平稳,不发生重大传染病。在赛会期间,预防和控制在运动员、教练员、裁判员和来宾、媒体及有关服务人员、工作人员、观众中发生传染病流行,保障赛事参与人员的身体健康。

(6)综合协调组

由赛事主办方委托相关机构组建组委会医疗部办公室全面负责并落实各项工作。负责比赛期间医疗卫生服务保障工作的信息综合、报送工作。衔接组委会医疗部各项工作事宜,加强各医疗组之间及与各相关单位的联系。协调解决赛事筹备和运行工作中出现的各类相关问题。

（二）医疗保障体系运行的要求

1. 医疗保障服务

（1）驻地日常医疗保障。主要包括以下两个方面的工作任务：一是选派医护人员到赛会驻地宾馆驻会，全天 24 小时为参会人员提供医疗保障服务。二是赛事医务人员备齐备好常用药品和设备，保证赛事参与人员都能得到及时的诊疗。

（2）比赛场地的医疗保障。各比赛场地均设立医疗救护站，以运动员为主要服务对象，并兼顾工作人员和赛场观众。每个医疗站设负责人 1 名，负责医疗服务各项工作的开展。

各医疗站根据比赛具体实际设置 4～6 处场边医疗点，每处医疗点配备运动创伤科医生、翻译、担架员等人员。设两处流动医疗站，配备骨科、外科、内科、护理人员，并配置心电监测机、除颤器等各种医疗仪器，以便于展开医疗救护工作。

（3）医疗急救。在比赛场地安排足够的救护车和医护人员现场待命，保证第一时间内开展抢救工作。同时，指定医院 24 小时处于应急状态，确保医疗救治工作的顺利开展。

（4）加强急诊的协调和紧急处理工作。建立医疗服务联系，指定医疗单位 24 小时值班，值班人员严格遵守岗位责任制和首诊医师负责制。指定一名工作人员为联络员，具体负责赛会期间医疗卫生服务的组织协调及突发事件的紧急处理工作。

2. 卫生监督

（1）监督检查。派出食品卫生监督员，对指定接待宾馆、酒店及社会餐饮业的食品卫生、餐厅工作人员持证上岗情况进行全面检查，直接接触食品的从业人员必须持有有效健康体检证明，对存在的问题督促整改，发现问题及时解决处理。

冰雪运动赛事举办期间，成立食品卫生监督巡回小组，对接待单位、社会餐饮的食品卫生分片包干，巡回检查，确保比赛期间接待单位饮食和公共餐饮的卫生安全。对运动员入住和比赛场所公共卫生进行监督检查,确保达到卫生要求。

(2)落实责任。一是赛会期间,派食品卫生监督员到重点接待宾馆驻会,专人负责,对加工好的食品及加工过程进行现场监督。二是督促接待宾馆加强从业人员的卫生知识培训工作,提高卫生意识和责任意识。三是加强监督执法检查,消除各种卫生安全隐患。

3. 疫情防治工作

(1)针对实际情况制定相关的传染病防治方案,明确责任人,做好房间通风和物品的消毒工作。

(2)做好赛事参与人员的身体健康状况查询工作,发现可疑患病者,由接待单位负责安排到就近医疗机构做进一步的诊治。

(3)实行传染病疫情随时报告制度,一旦发现传染病疫情立即上报,然后做紧急预案。

4. 卫生应急工作,妥善处置突发疑似公共卫生事件

(1)制定《突发公共卫生事件应急预案》,并组织实施。

(2)组建医疗卫生救援专家队伍和医疗救治、疾病控制、卫生监督等应急处置队伍。

(3)做好突发公共事件医疗卫生救援的准备工作,指定医院做好人员、床位、医药物资储备等方面的准备。

(4)及时了解突发事件的相关信息,一经核实,立即上报组委会现场总指挥部,然后开展各项处置工作。

(5)按照现场总指挥部的指示开展各项工作。

第七章　我国冰雪运动的产业化发展研究

随着当今竞技体育的不断发展,竞技体育市场不断扩大,体育产业获得飞速发展,目前已成为推动国民经济发展的重要力量。而在 2022 年京张冬奥会申办成功后,冰雪运动受到人们的广泛关注,获得了比以往更加快速的发展,冰雪运动市场有着良好的发展前景,它作为竞技体育产业的重要内容,也将对我国国民经济的发展产生不可磨灭的作用。因此,加强我国冰雪运动产业的发展是尤为必要的。

第一节　我国冰雪运动产业发展现状

与传统的体育产业相比,我国冰雪运动产业发展较晚,在诸多方面还存在着问题,如冰雪运动基础设施建设落后,服务供给不足;产业人才比较匮乏等。需要我们根据当前我国冰雪运动的现状,优化与调整冰雪产业发展规划,推动冰雪产业的快速、健康发展。

一、冰雪设施薄弱,服务供给不足

据粗略调查统计,截止到 2016 年,我国滑雪场数量达到 646 个,并且随着 2022 年京张冬奥会的日益临近,这一数量仍在不断增加。但由于我国国土资源面积是有限的,受我国冰雪运动发展时间较晚等因素的影响,目前我国的冰雪运动基础设施建设还是比较薄弱的,突出表现为缺乏大面积的高质量的滑雪场。现有的滑雪场大多规模较小,面积较小,面积在 100 公顷以上的滑雪场极为稀少,垂直落差在 300 米以上的滑雪场仅 19 个。一般来说,滑雪场的规模与以上两个要素有着密切的关系。依据以上两个标准,我国大部分滑雪场的规模都偏小,难以容纳大量的冰雪运动爱好者参加比赛,这对于我国冰雪运动产业的发展是十分不利的。

二、冰雪设备和装备业发展滞后

据调查统计,目前我国每年参加滑雪运动的人数保持在五六百万人左右,这与我国人口基数和体育人口相比还存在明显的差距。造成这种情况的一个非常重要的原因就是,我国冰雪项目起步较晚,目前尚处在一个发展的初级阶段,未得到全面普及与推广,与我国其他产业相比,其发展存在明显的滞后性。在冰雪设备和装备方面,自给能力不足,大多依赖进口,市面上的冰雪用品有很多是低端产品,没有树立良好的冰雪运动品牌,因此与国外冰雪产业相比,我国冰雪产业的竞争力严重不足。

三、冰雪运动产业专业人员匮乏

虽然我国冰雪运动近年来获得了一定程度的发展,但据调查发现,在冰雪产业专业人才培养方面还存在严重不足,突出表现为欠缺高素质的冰雪产业专业人才,包括教练员、运动员、产业管理人员等。教练员整体素质普遍偏低;冰雪运动员数量较少,配备结构不合理,欠缺专业的冰雪产业管理人才等。冰雪运动人才比例严重失衡,这突出表现在速度滑冰和冰球两个方面。冰雪运动产业专业人才主要指技术指导员、赛事管理员、索道检修技师等。我国在这些方面也存在不足,需要今后大力发展。

第二节　我国冰雪竞赛与表演产业的发展

竞赛与表演业是冰雪产业中非常重要的内容。随着冰雪运动的日益发展,关于冰雪运动赛事与各种冰雪表演活动也逐步增多,在这样的形势下就形成了一个产业发展体系。目前,冰雪竞赛与表演产业受到世界各个国家的重视。

一、我国冰雪竞赛与表演产业的核心竞争力

（一）表演产品

冰雪运动中的各种表演都具有极强的观赏性，因此深受人们的欢迎和喜爱。在冰雪产业体系中，冰雪表演产品是客观存在的实物或服务，人们进行欣赏的过程也是一个体育消费的过程。可以说，表演产品是冰雪表演生产和国民欣赏消费之间的桥梁，它将冰雪产品的设计、营销、创作呈现在用户面前，形成一个完善的功能网链结构。这种纵向关联、横向合作的多企业集成的经济系统，极大地提升了冰雪产业的竞争力，推动了冰雪产业的迅速发展。因此，表演产品理所当然地就成为冰雪表演产业的核心，是冰雪产业发展的重要决定性因素。

随着我国冰雪运动近年来的发展，我国冰雪表演业推出了一系列产品，包括群众性冰雪秧歌、民俗节的"冰嬉"、哈尔滨的雪中飞舞表演等；竞技性有全国冰球锦标赛、中国冰壶公开赛、"雪地杯"雪地足球赛；集高雅竞技欣赏、艺术表达品鉴和深厚文化内涵于一体的冰上芭蕾、单板极限等休闲表演。以上冰雪表演产品极大地丰富了人们的业余文化生活，刺激了人们的体育消费，推动了体育产业经济的发展。

近些年来，我国开发出了众多的冰雪表演产品，深深吸引了人们的目光，向世人展示了我国冰雪运动发展的速度。需要注意的是，我国冰雪产业仍然处于一个初级发展阶段，其创造的经济价值与国外冰雪表演产品相比还存在比较大的差距。以北美冰球职业联赛为例，该赛事成立以来，经过长时间的发展与探索，在产品特性、经营理念和推广营销上日臻成熟，成为四大职业运动之一，发展为世界顶级冰球联赛。发展至今，北美冰球职业联赛的场均上座人数达到 17 476 人，各职业队每年在门票、电视转播、赞助等方面都能获得丰厚的报酬。北美冰球职业联赛的发展，对

于我国冰雪表演赛事具有一定的借鉴意义。与西方冰雪产业强国相比,我国冰雪竞技表演业还存在不小的差距,虽然目前在冰雪表演产品的"量"上已取得了突破式的发展,但在"质"上仍远远落后于西方冰雪强国,这需要我国大力发展,争取赶上西方冰雪强国发展的步伐。

（二）表演形式

一般来说,冰雪竞技表演形式主要有民间艺术表演、职业冰雪运动艺术表演、冰雪影视表演以及冰雪运动的竞技性表演等。这些表演形式能极大地丰富冰雪运动的文化艺术内涵,能在一定程度上完善冰雪竞技表演产业的层次结构,彰显冰雪产业的经济价值,不仅能推动国民经济的发展,还能使人们受到艺术的熏陶,有利于和谐社会的构建。

目前,演艺人员的舞台表演和运动员的赛场表演是冰雪表演产业的重要内容,其他形式还比较罕见,由此可见,虽然我国的冰雪产业已走上市场经济发展的轨道,但受各方面因素的制约和限制,在表演形式上缺乏创新,难以跟上时代发展的步伐。以花样滑冰世界冠军表演盛典为例,国内的主办方虽然开启了花样滑冰舞台表演纯商业化市场运营的先河,实现了艺术与竞技的结合,但实际上,仍旧存在着表演形式单一、创新不足的问题,虽然在短时间内能取得一定的经济效益,但不利于长远的发展,这种过度依赖运动员自身名气的做法致使在 2010 年举办之后,未能实现持续发展。而在花样滑冰世界冠军巡回表演的起源地美国,自1990 年创办以来,不仅每年在美国本土举办 2~3 场的表演,还要在法国、英国等十几个国家进行巡回演出,之所以能有如此发展,其中最为重要的一个原因就是保持创新。第一,组织者每年都会吸纳新的优秀运动员,这些新的运动员会给表演注入新的活力,刺激所有运动员的发展;第二,组织者要求演员要与观众做好密切的互动,这样能拉近彼此间的关系;第三,表演组织者充分利用社会时尚元素,对运动员的表演进行艺术化包装,能深深吸引观众的目光,满足人们日益增长的个性化需求。

总之,与国外冰雪竞技表演产业相比,我国冰雪竞技表演产业缺乏创新,创新能力的不足直接导致不能创造出较大的经济价值,因此加强冰雪表演产业的创新是今后需要高度重视的方面。

（三）表演人才

一般来说,冰雪竞技表演人才都具有良好的表演水平,熟练的表演技巧能使观众看得如痴如醉,能深深吸引冰雪运动爱好者前来参与活动,由此可见,表演人才是冰雪竞技表演产业的重要内容。冰雪表演人才是从事表演与形象塑造的设计、组织及表演艺术编导的专门人才,是冰雪运动表演的实施者。冰雪运动中的表演设计、创意等都需要演艺人员通过姿态、神情、造型等各种动作来实现。因此,要想提升冰雪表演产业的经济价值,大力挖掘与培养冰雪运动表演人才是一个重要的途径。

我国地域辽阔,有着丰富的体育资源,其中就包括冰雪运动。我国冰雪运动的发展历史也比较悠久,据史料记载,我国从远古时代就已经开始举办冰雪活动,并一直延续至今,出现滑雪、雪橇、冰嬉等各种富有特色的民族传统冰雪运动。这些得天独厚的条件为我国冰雪运动表演人才的培养与发展奠定了良好的基础。但需要注意的是,与西方冰雪竞技表演人才培养相比,我国冰雪竞技表演人才的培养欠缺系统性和人文性,以花样滑冰为例,虽然我国花样滑冰运动员的竞技表演技术水平都很高,技术动作高超,但缺乏良好的艺术表现力,而艺术表现力则是比赛打分的重要标准,这一方面我国花样滑冰运动比较欠缺,而在其他项目方面,也存在文化知识少、艺术修养不足等状况,导致表演人才始终难以获得快速健康的发展。虽然,近年来我国针对冰雪表演人才进行了一定的改革,但与国外冰雪表演人才的培养体系相比,仍然存在着较大的差距,突出体现在培养层次、培养质量和培养目标等方面,需要今后大力发展。

（四）产业价值

体育产业一个最为重要的目标就是实现经济价值和社会价值，同样，体育表演产业的价值也在于以顾客需求为主线，产业中各价值创造主体在不同的时间、空间上形成以顾客为中心的价值创造系统。在体育产业发展的过程中，价值创造主体遵循市场经济发展的基本规律，以特定顺序的前后连接，构成了系统的产业发展价值链，充分揭示了体育产业价值提升的特征。因此，如果要提升产业价值，就必须促进各产业价值主体之间获得协调、健康的发展。在冰雪产业发展的过程中，产业价值也是冰雪竞赛与表演产业的重要核心内容。

一般来说，冰雪竞技表演产业价值链主要由生产者、推广者、经营者和消费者组成，各价值创造主体之间的关系是供给与需求、投入与产出的关系。当前，在我国冰雪竞技表演产业发展的过程中，生产者和消费者呈现供求不断扩大的特征和趋势，导致这一情况的主要原因在于我国体育表演行业长期由政府主导，忽略了经营者和推广者在反馈民众需求上的作用。长此以往，冰雪产业价值链的各环节在资源、资金配置上的发展极不均衡，进而导致我国冰雪竞技表演产业不能将这种供需上的优势转化成产业价值。而对于国外冰雪产业强国，他们通常都能在表演产业资源配置上按市场规律办事，从而实现冰雪表演产业的均衡发展，确保冰雪表演产业的市场优势，在这样的形势下，有利于实现产业价值的不断递增。

总而言之，在冰雪运动竞赛与表演产业发展的过程中，只有不断优化产业链，合理配置、优化与升级各环节资源，才能促进冰雪竞赛与表演产业价值的提升，进而推动冰雪产业的可持续发展。

二、促进我国冰雪竞赛表演产业发展的对策

（一）打造品牌赛事

大量的实践充分表明，只有走品牌发展的道路，打造出人民

群众喜爱的冰雪运动表演产品,才能推动冰雪竞赛表演产业的可持续发展。因此,要想进一步提升冰雪竞赛表演产业的竞争力,就要采取有针对性的措施和手段打造富有特色的品牌赛事。对于我国冰雪竞赛表演产业的发展而言,可以采取以下策略。

1. 构建短道速滑竞赛联盟

以北京、上海等地建设起来的冰雪场馆为支撑点,构建一个遍布全国各地的短道速滑竞赛联盟,加强联盟内成员的沟通与交流,促进可持续发展。

2. 构建完善的赛事推广部门

建立一个冰雪竞赛推广部门也是重要的一环,冰雪竞赛表演产业的推广部门要与现代各媒体行业建立稳固的合作关系,通过艺术化的表达将冰雪赛事逐步推广到全国各族人民,吸引人们积极参与到冰雪运动中,实现冰雪运动的经济价值。

3. 赛事的经营部门要由职业经理人构成

一般来说,职业经理人都拥有丰富的产业管理经验。通过职业经理人的建设、规划及发展策略,能极大地推动冰雪竞赛表演产业的发展,促进冰雪产业经济价值的提升。

4. 通过赛事品牌化的发展形成忠实的客户群体

在冰雪竞赛表演产业体系中,观众是非常重要的组成部分,可以说观众是表演者的衣食父母,因此培养一大批忠实的冰雪运动爱好者,才能有利于实现冰雪产业的可持续发展。

(二)挖掘表演创新

在全球一体化发展的今天,社会各个层面都获得了快速的发展,当今社会变得更加多元化,在这种多元化社会背景下,表现在冰雪运动文化中,需要满足人们对冰雪运动的多样化需求,而要想实现这一目标就需要对冰雪竞赛表演形式进行革新。在促进冰雪产业发展的过程中可以采取以下对策来挖掘表演产业的创新。

（1）积极寻求与文化创意实体的合作，充分发挥文化创意实体的优势，创新多种多样的表演形式以满足人民群众日益增长的冰雪运动欣赏需求。

（2）充分发挥冰雪表演舞台上不同表演形式的特点，让观众切实感受冰雪运动的独特魅力。

（3）开发以数字媒体为表演文化载体的冰雪运动表演。利用现代信息技术创作富有特色的影视宣传片，吸引广大冰雪爱好者参与其中，增加冰雪消费人群，实现冰雪产业价值，提升冰雪竞赛表演产业的影响力。

（4）在冰雪竞赛表演活动中，加强表演人员与观众之间的互动，通过彼此间的互动能拉近冰雪运动与观众之间的距离，真正让冰雪运动走进千家万户，满足广大人民群众的冰雪欣赏需求，提升冰雪产业价值和社会价值。

（三）培育表演人才

当前，我国冰雪竞赛表演人才非常匮乏，这在一定程度上制约着我国冰雪竞赛表演产业的发展。因此要想改变这一现状，就要开展以继续教育为基础的冰雪表演人才的培训，以提升冰雪表演人才的水平。在培训过程中，不仅要提升冰雪表演人才的运动水平，还要注重运动员艺术表现力的培养，提升其冰雪文化素养。只有这样，运动员在表演过程中才能真正展示冰雪运动的魅力和内涵，让观众切实感受到冰雪运动的美。总的来看，要提升冰雪表演人才的综合能力，可以从以下方面入手。

1. 提高演艺人员的运动技能

要与时俱进地发展，紧跟世界冰雪运动的发展趋势，追求技术动作的高、难，发展动作极限。对运动员进行体能、技术、心理、艺术能力等方面的强化训练，大力提高冰雪运动员的难度动作水平。

2. 提高演艺人员的艺术修养力

运动员的艺术修养是一个长期的培育过程,不是在短时间形成的。要想提升运动员的艺术能力,不仅需要掌握艺术表演的相关理论,还要通过肢体语言来表达。因此,要将运动员的艺术表现力放到培训体系中,在平时的训练中加强运动员艺术表现力的培养和训练。

3. 培养演艺人员的艺术认知力

每一名运动员都有自己的艺术认知,它是运动员欣赏能力与评判能力的体现。演艺人员只有学会欣赏作品,才能发现自己的不足。而运动员艺术认知能力的培养,需要在专业的教练员指导下进行,通过大量的各种作品的赏析和评判,运动员能形成对作品的艺术认知并以客观的视角分析作品的美感,在这样的情况下,运动员才能在表演中充分展示出冰雪运动的美,从而满足观众的多样化欣赏需求。

(四)完善价值链

大量的事实表明,冰雪表演产业价值的提升需要建立在完整的产业价值链基础之上,因此构建一个完善的冰雪产业价值链至关重要。针对当前我国冰雪表演产业价值链的现状,相关部门应在产业资源的优化与配置上给予重点扶持。

(1)在现代多媒体行业中,扶植一批具有创意和特色的冰雪表演产品配套企业。充分利用企业的创新与设计能力,设计出多元化的产品或服务,以满足冰雪运动消费者的各种需求。

(2)给予冰雪表演产业政策上的扶持。冰雪产业的发展离不开一定的政策支持,因此作为政府部门,要放宽经营渠道,降低经营门槛,减免赋税,让多种经济体参与到冰雪产业经营活动中。

(3)加强对冰雪产业发展趋势的研究。依托国内外冰雪运动的相关研究成果,积极探索我国冰雪表演产业价值链的理论依据和形成特征。以此基础上,制定科学的发展规划,不断优化与配置冰雪产业资源,逐步提升冰雪竞赛表演产业的竞争力。

第三节　我国冰雪旅游产业的发展

目前,我国冰雪旅游产业获得了比以往更加快速的发展,这在一定程度上得益于近年来我国冰雪运动的宣传与推广。随着2022年京张冬奥会的日益临近,相信我国冰雪旅游产业的发展必将达到一个高潮。

一、我国冰雪旅游发展现状

(一)冰雪旅游的场地设施现状

冰雪旅游活动的开展需要借助"冰雪"这一媒介资源,因此冰雪场地建设是少不了,没有了冰雪场地设施就无法展开冰雪旅游活动。除此之外,冰雪旅游也具有"季节性"的特点,大多数在冬季展开旅游活动。我国东北、华北等地区冬季漫长,冰雪资源非常丰富,这为冰雪旅游的发展奠定了良好的基础。据粗略统计,截至2016年,我国有19个省级行政区建设有冰雪旅游资源,冰雪旅游场地超过200处,其中黑龙江省拥有最多数量的滑雪场,这一地区的人们已逐渐养成参与冰雪运动的良好习惯,每年冬季前来参加旅游的人也越来越多,这对于当地冰雪旅游产业的发展是极为有利的。

(二)冰雪旅游的游客与收入现状

通过我国近年来冰雪运动的发展情况来看,我国冰雪旅游有着广阔的发展空间,每年参加冰雪旅游的人数都在增加,这极大地提高了旅游地的收入水平。以黑龙江省为例,2017年春节期间,全省共接待超过300万旅游者,大部分旅游者是慕名而来的,都希望来体验黑龙江的冰雪旅游项目,这为黑龙江带来了丰厚的经济效益。

（三）冰雪旅游的品牌建设现状

发展到现在,我国很多地区都创建了自己独特的冰雪旅游品牌,如长春的净月潭冰雪旅游节、哈尔滨的国际冰雪节等,通过品牌战略,极大地吸引了人们前来参与冰雪旅游消费,带动了地区经济的发展,同时对我国全民健身也具有重要的推动作用。

（四）冰雪旅游研究现状

冰雪运动具有多种多样的价值和功能,如健身、休闲、娱乐等,通过参加冰雪运动,极大地丰富了人们的精神文化生活,对社会主义精神文明建设具有重要的意义。因此发展冰雪旅游产业具有重要的意义。随着我国冰雪运动的不断发展,人们参与冰雪旅游的热情也不断高涨,在这样的形势下,关于冰雪旅游的研究也不断增多。

有学者通过研究,指出除自然资源外,人文旅游资源、地域民族文化旅游资源、节庆旅游资源以及冰雪赛事的旅游资源等都属于重要的冰雪旅游资源,对整个社会经济的发展都具有重要的推动作用。

还有学者从人文方面对冰雪旅游展开研究,他们认为冰雪文化体现了人类一种真实的生存方式,它不仅具有突出的地域特性,还能塑造与完善人们的精神品质,蕴含着丰富的文化内涵,具有独特的价值。大力发展冰雪旅游,不仅能带动经济的发展,还能促进人的全面发展。

二、冰雪项目旅游的策划

（一）冰雪项目旅游策划概述

1. 冰雪旅游策划的概念

冰雪旅游策划是针对冰雪旅游资源开展的冰雪旅游产品策

划,其目的在于促进冰雪旅游市场的发展。具体而言,冰雪旅游策划就是在进行冰雪旅游市场分析的前提下,全方位整合冰雪旅游资源,由此达到优化组合资源、环境、交通、市场四方面因素的目的,最终顺利完成旅游产业发展的一个过程。

　　2. 冰雪旅游策划的基本要求

　　(1)冰雪旅游策划要建立在一定的旅游资源基础之上

　　冰雪旅游地之所以对旅游者具有巨大的吸引力,其中一个最为重要的原因就是旅游地拥有独特而丰富的冰雪资源。可以说,冰雪旅游资源是确保冰雪旅游事业实现可持续发展的物质条件。因此,冰雪旅游策划者应将旅游资源作为重要的基础,设计的冰雪旅游方案要尽可能地突出当地冰雪旅游的特色。

　　冰雪旅游策划还要非常重视冰雪旅游资源的评价,一般来说,冰雪旅游资源评价的要素主要包括资源密度、资源容量、资源特色、资源价值和功能、地域组合、资源性质等内容,策划者在评价的过程中要充分考虑以上要素。

　　冰雪旅游资源的调查对象主要有冰雪旅游资源本身、资源所在的环境、客源分析、周边冰雪旅游资源对目的地造成的正面影响或负面影响,等等。做好充分的调查才能为冰雪旅游策划方案的设计提供必要的依据。

　　冰雪旅游资源的调查与评价是一个科学的系统,具有专业性的特征,这一研究体系涵盖自然和人文学科在内的许多方面。因此要针对冰雪旅游资源展开全面、细致的分析,这是冰雪旅游策划的重要基础和条件。

　　(2)冰雪旅游策划要有市场基础

　　作为冰雪旅游策划者,要准确把握旅游者的心理需求特点,确保策划内容达到参与性和趣味性的双重要求,从而调动旅游者参与冰雪旅游活动的积极性。

　　冰雪旅游策划者要深层次剖析冰雪旅游市场的效果。冰雪旅游市场是冰雪旅游需求市场与冰雪旅游供给市场之和,反映国家之间、国家与冰雪旅游经营者之间、冰雪旅游经营者之间、冰雪旅游经营者与冰雪旅游者之间错综复杂的经济关系。

（3）冰雪旅游策划要注重冰雪旅游产品体系的策划

冰雪旅游产品体系策划在整个旅游策划中占据着非常重要的地位。冰雪旅游产品是指旅游经营者在开发冰雪旅游资源的基础上，向旅游者提供旅游吸引物和服务的组合，换句话说就是在旅游地向游客提供一次旅游活动所需的不同类型的服务之和。

在冰雪旅游体系中，冰雪旅游产品是冰雪旅游资源的具体化，但是并非所有优良的冰雪旅游资源都可以转化为冰雪旅游产品。即使一些冰雪旅游资源具有显著的价值，开发后，也并不一定能获得市场的认可。因此，冰雪旅游策划应当尝试把冰雪旅游资源的各项价值逐步转换成冰雪旅游产品的市场价值，将冰雪旅游资源的魅力呈现给旅游者，这样才能获得旅游市场的认可。

3. 冰雪旅游策划的原则

（1）资源导向与市场导向相结合原则

冰雪旅游的发展要建立在一定的冰雪资源基础之上，如果脱离了冰雪资源，冰雪旅游活动也便无法开展。冰雪资源分布情况对冰雪资源策划的资源导向性有决定性作用，因此在策划冰雪旅游方案时，要坚持资源导向的基本原则。然而，冰雪旅游单方面依赖冰雪旅游资源是一种不持续的策划理念，这就需要策划者同时要遵循市场导向的基本原则，将资源导向与市场导向充分结合起来进行。具体而言，市场导向原则是指参照和结合冰雪旅游市场的需求内容与变化规律，来准确定位开发冰雪旅游资源的主题、规模以及层次，最终开发出符合市场需求的冰雪旅游产品。

除此之外，随着冰雪旅游市场的不断发展，社会上不同类型的室内滑雪场和滑冰场大量涌现出来，这就要求冰雪旅游策划者在策划的过程中要始终坚持资源导向和市场导向相结合原则。这样才能保证冰雪旅游活动的顺利进行。

（2）独特性原则

冰雪旅游策划的独特性主要体现在以下两个方面。

一方面，各地域分布的规律和特点直接导致了冰雪旅游资源的不同，各地区的冰雪旅游都呈现出当地鲜明的特色和风格。例如，我国的东北地区依赖其优越的地理位置，开发出世界级的滑雪场，受到全世界滑雪爱好者的欢迎，黑龙江省凭借其自然资源优势建立了特色冰雪品牌。北京地区虽然雪质条件和气候条件与黑龙江省相比并不占优势，但其依赖优质的服务和完备的硬件设施，吸引了大量的冰雪旅游者。因此，在策划和开发冰雪旅游资源时，一定要充分考虑冰雪旅游资源的性质、特征、设施等方方面面，体现出冰雪旅游资源的独特个性。

另一方面，冰雪旅游策划者要根据冰雪旅游资源的特色开发出以冰雪旅游为主导、其他旅游方式共存的旅游模式。例如，新疆地区有机融合了冰雪旅游与少数民族文化旅游，相继策划了各式各样的冰雪节庆活动，这样能帮助冰雪旅游者深切体会到当地冰雪运动独特的魅力。

需要注意的是，合理利用冰雪旅游资源对冰雪旅游策划的实效性具有决定性作用。只有如此才能凸显冰雪旅游资源本身的吸引力、竞争力和生命力，实现冰雪旅游的价值。

（3）环境、经济、社会效益协调统一原则

在开发冰雪旅游产品的过程中要注重生态环境的保护，要始终坚持环境与经济、社会协调统一的原则。生态环境为旅游资源的存在提供了坚实的物质基础，要想充分开发各类旅游资源，就必须达到经济效益、社会效益、环境效益充分统一的要求，否则长远来看会带来不良的后果。

4. 冰雪旅游策划的内容

一般来说，冰雪旅游策划主要包括以下内容。

（1）冰雪旅游战略策划

制定冰雪旅游战略的目的就在于促进冰雪旅游的可持续发

展,冰雪旅游战略策划是一个复杂的大工程,需要做好多项准备工作。总之,冰雪旅游战略策划是一个持续时间相对较长的策划,主要有中期冰雪旅游策划和长期冰雪旅游策划两种。

①中期冰雪旅游策划

中期冰雪旅游策划是指从提出旅游策划创意到出台旅游策划方案再到实施旅游策划方案通常在 1～3 年之间。这种策划主要适用于冰雪旅游客源市场策划、冰雪旅游企业形象策划、冰雪旅游企业管理等方面。

②长期冰雪旅游策划

长期冰雪旅游策划的时间通常要长于 3 年。这一策划主要适用于政府旅游发展战略策划、冰雪旅游企业品牌策划等长期投资或发展的策划。

(2)冰雪旅游线路策划

冰雪旅游线路策划是为广大的冰雪旅游爱好者提供合适的旅游线路而开展的策划,策划者要以市场导向和资源导向为原则,科学决策旅游线路组合的宽度、深度以及关联度。无论旅游者选择随团旅游与自行旅游,都要选择旅游的最佳线路。作为一名冰雪旅游从业人员,要向游客提供最大限度地节省时间、精力、金钱的特色旅游线路,这是冰雪旅游策划的重要内容之一。

(3)冰雪旅游商品策划

冰雪旅游商品是一种特殊商品,不仅涵盖物质要素,而且还包含精神要素、文化要素、社会要素、历史要素等内容。深入分析冰雪旅游商品的特性及价值能帮助旅游产品策划者开发与设计出良好的冰雪旅游产品。作为冰雪旅游商品策划,应当合理、精准地定位旅游商品开发思路、开发种类、具体举措。冰雪旅游商品的可持续发展不仅有助于冰雪旅游产业的发展,也有利于冰雪运动本身的持续发展。

(4)冰雪旅游节庆策划

随着冰雪旅游热的到来,很多冰雪旅游地都设计与举办了各种各样的冰雪旅游节庆活动,深深吸引着冰雪旅游爱好者前来参与。冰雪旅游节庆活动不仅促进了当地经济的发展,还提升了当地城市的形象。对于冰雪旅游节庆策划来说,要保证节庆选题达到新颖和创新的双重要求,还要保证各项活动具备参与性与体验性,确保旅游者的人身安全等。

(5)冰雪旅游营销策划

进行冰雪旅游营销策划的主要目的在于宣传冰雪旅游活动,提升冰雪旅游产品的竞争力。一般来说,冰雪旅游营销策划的主要内容包括冰雪旅游产品定位、市场定位、渠道定位以及促销方式等几个方面。从整体来说,冰雪旅游营销策划是提高冰雪旅游核心竞争力的一项有效途径。目前,体验式冰雪旅游营销策划最受策划者的推崇。在冰雪旅游营销策划中,公关策划和广告策划是非常重要的两个方面。

进行冰雪旅游攻关策划的主要目的是增强冰雪旅游和社会的沟通,提升冰雪旅游的社会信任度与美誉度,从而建立一个良好的公众形象,吸引广大的冰雪旅游爱好者。

冰雪旅游广告策划的目的在于增强冰雪旅游广告的效果。发展到现在,广告已成为一种被广大公众肯定的促销方式,在拓宽旅游业销售规模、提升影响力方面都具有重要的作用。

(6)冰雪旅游地形象策划

进行冰雪旅游地形象策划的主要目的是提高旅游地总体形象,主要内容包括旅游形象的定位、主题口号的策划、形象符号标识系统的设计、物质景观形象、社会文化景观形象、旅游企业形象、核心地段形象以及代表人物或事件形象区域旅游形象系统的策划。

(二)冰雪旅游项目的创意策划

随着冰雪运动影响力的逐步提升,冰雪旅游已成为一个社会热点,吸引着越来越多的人的关注。发展至今,冰雪旅游在我国旅游市场中已占据非常重要的地位,为我国旅游产业的发展创造了极大的经济价值。另外,旅游者针对冰雪旅游项目提出的要求同样在持续提升,所以冰雪旅游企业或冰雪旅游景区在完成冰雪旅游项目的设计工作时应当把冰雪旅游的特色充分凸显出来,同时在可持续旅游的基础上尽可能满足旅游者的各项需求,创造出富有创意的冰雪旅游产品。

1. 冰雪旅游项目创意策划的总体原则

进行冰雪旅游项目创意策划的主要目的在于保证冰雪旅游项目能充分适应旅游地的发展需求,满足旅游者的冰雪旅游需求。但需要注意的是,在创新冰雪旅游项目的过程中要遵循相应发展的基本原则,始终保持"人无我有,人有我新,人新我转"的状态,坚持可持续发展、与时俱进的发展理念。

（1）人无我有

策划者要坚持"人无我有"的基本原则,设法创造出和其他旅游景区存在差异的冰雪旅游项目,这样才能吸引人们的目光,激发其参与旅游活动的兴趣。要想达到这种创新要求,往往需要策划者积累丰富的策划经验,拥有扎实的理论基础,才能设计出合适的冰雪旅游项目。

从整体来分析,因为部分旅游资源存在普遍性与类似性的特征,所以此类创意策划的方法难度比较高,但策划者一定要高度重视"人无我有"的原则。

（2）人有我新

如果某项冰雪旅游资源深受旅游者的喜爱,策划者就要在坚持其特色的基础上做好创新,即人有我新。

作为冰雪旅游的策划者要时刻关注冰雪旅游项目的差异性,并结合区域特色进行本土化改造,充分体现当地的民风民俗,增强与其他同类冰雪旅游项目的反差,从而形成一种极具冲击力的冰雪旅游项目,这能吸引大量的冰雪旅游爱好者前来参与。需要注意的是,在改造创新的过程中,要结合当地条件适当地增加冰雪旅游项目的科技含量,营造良好的文化氛围,以使旅游者获得愉快的心理体验。

（3）人新我转

"人新我转"是指面对一个旅游项目已经存在于其他旅游地的情况下，同时深受现有条件的限制，本地区难以凭借创新措施来确保本地旅游项目的优势大于其他旅游地，那么旅游开发地应当自觉舍弃这种旅游项目，设法设计出新型的冰雪旅游项目，以满足广大旅游爱好者的需求。

因此，冰雪旅游策划者要始终坚持"人无我有，人有我新，人新我转"的基本原则，设计出符合当地特色的旅游项目。旅游市场竞争的核心就是有关创新能力的竞争，所以在冰雪旅游项目创意策划的过程中应当全面兼顾当地冰雪资源的具体状况，设法把当地冰雪旅游项目的特色凸显出来，同时确保和其他地区的旅游项目存在差异，进而增大对广大游客的吸引力。当旅游项目的创新性无法提升本地旅游吸引力时，旅游策划者就要主动寻求新的旅游市场，策划出富有竞争力的旅游项目。

2. 冰雪旅游项目创意策划的内容与程序

（1）冰雪旅游项目创意策划的内容

旅游项目创意策划是一项大的系统工程，策划者要在对旅游区进行合理功能分区的基础上，综合利用各个功能分区内的各种资源，开发出能够吸引旅游者的旅游项目。

①旅游开发项目的名称

旅游开发项目名称的设计一定要引起策划者的高度重视，策划者在命名旅游项目时，应当分析并定位游客的综合需求，设计出富有创意的符合当地冰雪旅游特色的名称。

②旅游项目的风格

在进行冰雪旅游项目创意策划时，策划者要突出冰雪旅游项目的特色，注重民风民俗以及文化内涵等元素的展示，主要包括以下几个方面的内容。

A. 建筑物的规模、形状、外观、颜色等。

B. 建筑物的内部装修风格。

C. 与旅游项目相关的旅游辅助设施。

例如,在策划哈尔滨迪士尼冰雪游园会时,策划者注重在细节层面凸显冰雪迪士尼,在公园外侧的临界围墙以及护栏之间都能够发现冰雕刻而成的米老鼠头像,如此不仅能呼应游乐园中的迪士尼主题,还能增大迪士尼主题的宣传力度,能产生较强的吸引力。

③旅游项目所占土地面积以及地理位置

任何冰雪旅游项目都具有时间和空间的特点。策划者在进行冰雪旅游项目策划时,要重点说明所有子项目的占地面积、建设位置等,同时还要保证能够在实际空间中定点。

A. 旅游项目的具体地理范围。

B. 旅游项目中建筑总体布局、各类建筑物的具体位置、各类建筑物的实际距离。

C. 旅游项目中能够提供的开放空间大小以及空间布局。

④旅游项目的产品体系

冰雪旅游产品体系涵盖多方面的内容,既有一些当地的民俗活动,也有各种颇具特色的冰雪旅游产品,因此策划者在策划冰雪旅游项目时,要清晰地认识到冰雪旅游品牌的主导产品及其他子品牌或产品,力争构建一个完善的冰雪旅游产品体系。

⑤旅游项目的实施与管理

冰雪旅游项目策划具有全程性的特点,因此策划者不仅要呈交项目策划的文本,同时还要呈交整个运作过程中的管理规范及相关内容。具体而言,冰雪旅游项目创意策划主要涉及项目工程建设管理、日常经营管理、服务质量管理以及经营成本控制等内容。如我们在参加冰雪旅游活动时经常在旅游地见到安全警示牌,提醒旅游者注意安全,策划者在策划的过程中也要充分考虑到类似的细节。

(2)冰雪旅游项目创意策划的程序

①旅游项目所在地的环境分析

冰雪旅游项目所在地的环境分析主要包括内部环境分析与

外部环境分析两个方面。

内部环境分析是指就当地的自然资源、人力资源、物力资源以及财力资源展开综合分析,借助分析准确把握当地的人才储备、基础设施水平、建设资金实力等情况。

外部环境分析主要是分析冰雪旅游市场的实际需求、各个景区的竞争状况、人们的旅游需求变化情况等。不论是内部环境分析还是外部环境分析,都是冰雪旅游项目策划工作的重要基础。

②分析旅游所在地的资源特色

策划者在策划冰雪旅游项目时,应重点突出冰雪旅游项目特色,想要实现这一目标,策划者就要事先全面掌握旅游地的各类资源状况,结合各类旅游功能分区的实际情况,了解各个旅游区的旅游资源特征等,这样才能为冰雪旅游项目策划奠定良好的基础。

③旅游项目创意策划的初步构想

策划者的首要工作就是明确旅游项目的构思。关于冰雪旅游项目的构思,要严禁策划者单方面依赖自己的瞬间灵感或想法,旅游者应充分调查当地旅游资源特色,利用不间断地刺激思维来获得构思的思路,这样策划出的冰雪旅游方案才能符合大众的审美口味。

④旅游项目策划构思的评价

策划者在策划冰雪旅游方案时,要始终坚持以市场为导向,针对各类项目构思开展成本估算与营销测试,凭借该手段来准确甄别冰雪旅游项目的创意构思,果断舍弃那些不切实际的难以实现的冰雪旅游项目构思,这样才能筛选出更容易获得成功的冰雪旅游项目。

⑤旅游项目的创意设计

策划者在完成基本的构思工作后,应尽快形成创意,同时借助最后招标形式来募集资金。冰雪旅游项目创意设计的重点工作是进一步优化和落实旅游开发项目的构思,立足于全局的视角来优化与落实冰雪旅游项目构思,不仅要立足于整体完成相关的优化工作,还要充分兼顾各类细节问题,从细节问题开始着手,充分贯彻个性化设计理念,凸显旅游地的冰雪特色,设计出富有当地特色的冰雪旅游项目。

⑥旅游项目创意策划书的撰写

在完成前期工作后,策划者就要着手编写项目策划书。一般来说,冰雪旅游项目策划书主要包括以下几个部分。

封面:封面主要包括策划组办单位、策划组人员、日期、编号等。

序文:序文主要说明策划目标、主要构思、策划的主体层次等。

目录:目录主要是对策划书内部层次规划进行的记述。

内容:常见内容分别是冰雪旅游项目的名称、布局、产品体系、显著特征等。

预算:为保证冰雪旅游项目的相关活动有序开展,策划者需要将预算当成策划书的一个组成部分并反映出来。

策划进度表:主要内容包括策划部门创意的时间安排、旅游项目活动的开展时间安排等。

策划书的相关参考资料:主要目的是为策划者今后查阅资料提供便利。

策划者在撰写冰雪旅游项目策划书时要注意以下几点要求。

第一,语言要简洁明了。

第二,要体现显著的逻辑性特征,时间和顺序要正确。

第三,要有明确的主题。

第四,要正确运用图片、表格、照片等手段增强策划书的效果。

第五,策划书要有一定的可操作性。

三、冰雪项目旅游的设计

(一)冰雪旅游线路设计的内容

1. 冰雪旅游资源

旅游资源可以说是冰雪旅游线路设计的核心内容与物质基

础,在很大程度上影响着旅游者的选择。因此,我们在设计冰雪旅游线路时应恰当地体现冰雪旅游资源的价值。由于冰雪旅游线路的核心资源是冰和雪,所以设计者应当参照冰雪资源的存在形式,表现为具体的实物形态或者不具体的实物形态。具体而言,具体的实物形态主要包括自然风景、滑雪胜地、冰雪艺术等;不具体的实物形态是指以冰雪为题材的各类冰雪文化活动等。以上都是重要的冰雪旅游资源,在设计时要将其放在突出的位置上。

2. 冰雪旅游设施

一般来说,冰雪旅游设施主要包括基础旅游设施与专门旅游设施两种,它们是冰雪旅游活动开展的重要基础和保障。没有了这些设施,冰雪旅游活动就难以顺利地进行。总之,冰雪旅游设施是否完善将对旅游者参与冰雪旅游活动的兴趣产生至关重要的影响。

大多数情况下,冰雪旅游目的地的位置都不是城市的市区,而是在比较偏僻的地区,因此加强冰雪旅游的基础设施建设就显得更为重要。一般来说,常见的旅游设施主要有道路、桥梁、供电、供热、供水、排污、消防、通信、邮局、银行、路标、美化等内容。管理者不要忽略了任何一个方面的建设。

除了基本的基础设施外,冰雪项目旅游地还要提供专门的旅游设施,以满足旅游者的不同需求,其中餐饮、住宿、娱乐、购物是最为主要的几个方面,管理者一定要做好这些旅游设施的建设。

3. 冰雪旅游成本因子

人们在参加冰雪旅游活动时,旅游客源地、旅游目的地、旅游者闲暇时间等方面都存在较大的差异,因此具体的时间安排也要体现出不同。当旅游者逗留时间持续增加时,旅游者的消费同样会持续增加,旅游经营者得到的实际利润也会持续增加。

旅游价格是旅游者为使自身的活动需要得以满足,而购买的旅游产品价值的货币表现。在供求关系、汇率变动、通货膨胀等多项因素的作用下,旅游价格难免会产生一定幅度的变动。我国旅游市场价格体系的常见构成要素分别是旅游景区景点门票、旅游设计价格、旅游交通价格、旅游商品价格等。

4. 冰雪旅游服务

旅游服务是指经营者向旅游者提供劳务的过程,旅游服务质量会在一定程度上影响旅游线路的安排和质量,良好的服务是旅游线路得以产生与发展的重要保障,因此在设计冰雪旅游线路时要非常重视冰雪旅游服务质量的提高。

(二)冰雪旅游线路设计的特点

1. 时间上的多变性

在设计冰雪旅游线路时,时间因素非常重要。时间要素主要包括旅游需要的总体时长、各类活动的时间分配与安排等内容。一般情况下,旅游者都会要求从居住地前往旅游目的地花费的时间尽可能缩短,这样就能获得相对更多的游玩时间,因此设计者要充分考虑旅游者的这一需求。但需要注意的是,时间因素会随着客观因素的变化而发生变化,旅游设计者在进行各类旅游线路时间的安排时要根据具体实际而定。

2. 空间上的差异性

一般来说,旅游者外出参加旅游活动通常会追求旅游目的地和居住地之间的不同,他们都期盼旅游目的地和居住地在环境资源、风俗习惯等方面存在一定的差异,这样才能使旅游产生较大的吸引力,因此设计者在设计旅行线路时,要充分考虑到这一点,尽量体现出这些差异。

3. 内容上的关联性

在冰雪旅游中,旅游线路设计的内容主要和食、住、行、游、购、娱等各类旅游要素产生密切的联系,作为旅游设计者要确保旅游活动的所有环节处于密切衔接的状态,每一个环节的内容都要做好合理地安排。

4. 服务对象的复杂性

由于每一名旅游者都是不同的,在年龄、文化程度、旅游经历等方面都存在明显的差异,呈现出一定的复杂性特点。不同的旅游者会有不同的旅游喜好,对冰雪旅游线路的内容、价格等也会有不同的要求,因此冰雪旅游的设计者要充分考虑旅游者的差异性,争取设计出符合大多数旅游者的旅游线路和内容。

5. 线路价格的敏感性

在旅游产业发展的过程中,旅游线路的价格一直都是一个比较敏感的问题。一方面,冰雪旅游线路价格受多种因素的影响,各条旅游线路的价格会存在较大的差别;另一方面,旅游者往往期盼旅行社提供价格低廉,同时又有较高服务质量的线路。但对于旅行社来说,往往会以较低的价格来吸引旅游者,这样能获得理想的利润来维持自身生存和发展,但有时服务质量不高,往往会面临旅游者的投诉。因此,冰雪旅游线路设计者在设计旅游线路或内容时要充分考虑价格制定的合理性。

(三)冰雪旅游线路设计的原则

1. 满足旅游者需求的原则

由于每一名旅游者对冰雪旅游市场的需求都是不同的,因此,旅游企业在设计旅游线路时要提前做好调研,充分考虑旅游者的个性化需求,设计出具有不同风格和特色的旅游线路。例如,针对哈尔滨的冰雪旅游,可以根据旅游者的需求特点,设计出符合旅游者个性特色的线路产品;针对热衷于刺激和冒险的年轻人,可以设计一条集滑雪、狩猎为一体的线路,让他们获得极致的旅游体验;针对成熟的中年人,可以将冬泳、攀岩、滑雪、滑冰、冰雪风光游览等项目结合在一起,满足这部分人群愉悦身心的需求;对于老年人而言,可以制定一对一的特殊服务线路,确保老年人参与旅游活动的安全。

2. 多样化、不重复的原则

作为冰雪旅游线路的设计者,要尽可能地设计多样化的旅游线路以供旅游者选择,因为每一名旅游者都是不同的,都有着不同的旅游需求。设计多样化的旅游线路能为旅游者提供不同选择,满足他们的需求。

另外,旅游设计者在设计冰雪旅游线路时,一定要保持严谨和真实,防止重复和单调,可以适当增添一些参与项目,向游客提供切身参与旅游活动的机会。如可以向旅游者提供旅游地的美食,让旅游者参与旅游地的特色文化活动等。除此之外,冰雪旅游设计者还要尽量预防线路安排过于紧张,避免游客因过度疲劳而影响旅游体验。

3. 合理安排旅游景点、丰富旅游体验的原则

我国的东北地区拥有丰富的冰雪旅游资源,很多冰雪旅游地都建设有自己的旅游品牌,如哈尔滨市的冰雕雪塑知名度就非常高,吸引着大量的旅游爱好者前来参观。因此旅游经营者要充分考虑旅游者的心理需求,以此为依据制定旅游活动计划。从根本上来说,旅游就是一种审美体验活动。作为冰雪旅游设计者要科学规划旅游景点的顺序,尽最大努力花费最短时间组织游客游览更多景点,提升他们的旅游体验。

为确保旅游者获得愉快的旅游体验,设计者在组织旅游者游览景点时应当选择最佳时间段。以哈尔滨冰雪大世界为例,设计者应当组织旅游者在夜晚参观,因为只有这一时间段才能领略到冰雕雪雕艺术的美。

4. 突出特色、强化主题的原则

一个独具特色的冰雪旅游线路往往具有强大的竞争力与生命力,因此,旅游设计者要本着突出特色、强化主题的原则去设计旅游线路,以吸引广大冰雪旅游爱好者的目光。

5. 旅途安全、机动灵活的原则

大部分冰雪旅游活动是在户外进行的,存在着一定的安全风险问题,因此旅游设计者在设计冰雪旅游线路时一定要考虑旅游者的安全问题,确保旅游线路的安全性。一般来说,旅游安全主要涉及旅行社、旅游饭店、旅游车船公司、旅游景区景点、旅游购物商店、旅游娱乐场所和其他旅游经营企业。比较常见的旅游安全事故分别是交通事故、治安事故、火灾、中毒等。另外,还要注意保暖问题、防滑问题、防冻伤问题等。由于北方的室内、室外温差较大,因此旅游者要注意及时增减衣物。在设计冰雪旅游线路的过程中,设计者应针对一些安全隐患及时调整行程计划,尽可能地避免安全危险事故。

6. 经济、生态、社会相协调原则

发展到现在,旅游业已成为第三产业中的重要力量,对国民经济的发展具有重要的推动作用。但是,旅游业在推动经济增长的同时,不可避免地会破坏自然生态环境。因此在设计冰雪旅游线路的过程中,冰雪旅游经营者要充分顾及景区环境的实际承载力,在保证不破坏自然环境的情况下设计出合理的旅游线路,这样不仅能保证旅游者获得良好的旅游体验,还能促进人与自然的和谐发展。

7. 保证经营利润的原则

获取尽可能多的经济利润是冰雪旅游经营者的最终目的,但是不要将获取利润建立在损害旅游者切身利益基础之上,否则就会出现得不偿失的后果。因此,在设计冰雪旅游线路时,既要保证冰雪旅游企业获得正常的盈利,同时还要注意不能损害旅游者的利益。

（四）冰雪旅游线路设计的方法

冰雪旅游线路是借助特定交通方式科学衔接冰雪旅游线路的所有节点,这一节点就是组成冰雪旅游线路的基本空间单元,往往位于城市或者独立风景名胜区。冰雪旅游设计者在设计旅游线路时要科学布局所有的节点,依据冰雪旅游线路设计的原则与方法进行设计。

1. 最短路径,优势组合

科学安排旅游时间对于旅游者而言非常重要,一个合理的旅游时间能有助于最大限度减少旅游者的时间耗费和总支出,同时还能帮助旅游者在既定的时间内获得愉快的冰雪旅游体验。因此,设计者应尽量减少走回程路,将大多数景点串联在最短路程内,在保证旅游线路特色的基础上,联系旅游线路的实际主题与市场需求来科学组合各类游览景点,促使旅游经营者与旅游消费者实现双赢。

2. 市场导向,满足体验

冰雪旅游设计者在设计旅游线路时要以市场为导向,尽可能地满足旅游者的需求,设计出符合其心理体验的旅游线路或产品。具体而言,就是要求设计者要根据市场需求创新旅游线路,保证旅游者获得不同的心理需求和满足感,这样才能提升旅游地旅游产品的竞争力。

检验冰雪旅游线路是否合理的一个非常重要的标准就是看能否满足旅游者的旅游体验。由于冰雪旅游者的心理活动存在较大差别,审美标准也不尽相同,因此冰雪旅游设计者在设计旅游线路时要保证各类旅游资源合理分布,确保旅游爱好者获得多种心理体验。

3. 自由灵活,求新求异

由于每一名旅游者都是不同的,在审美观念和个人爱好等方面都存在着一定的差别,因此冰雪旅游设计者在设计旅游线路时要预留一定的自由发展的空间,从而便于调整旅游方案或计划。旅游线路经受连续不断的考验同样会逐步过渡到衰退期,和市场的实际距离不断增大,市场价值规律是造成这种现象的主要原因。因此,冰雪旅游经营者要时刻关注市场变化情况,以市场为导向设计出符合人们需求的冰雪旅游线路。

四、我国冰雪特色小镇的建设

(一)体育特色小镇概述

体育特色小镇作为中国城镇化浪潮进程的产物,是现阶段城镇化发展中的一颗璀璨明珠,它的出现是时代的产物,是历史的必然选择,它作为经济发展动力的新引擎,为我国社会发展注入了新的活力。体育特色小镇建设引起了学术界的广泛关注,自2015年浙江政府工作报告中"特色小镇"概念的提出,到2017年国家体育总局《关于推进运动休闲特色小镇建设工作的通知》的发布,目前关于体育特色小镇的研究越来越多。

发展到现在,体育特色小镇建设已成为我国经济社会建设热点。从广大学者对国内外体育特色小镇的研究结果不难看出,国外体育特色小镇建设特色鲜明、设施完善、功能齐备、注重体育产业与文化建设双丰收,我国体育特色小镇建设过程中对教育功能的配置明显缺失,除第24届冬奥会举办地河北崇礼外,以冰雪为特色的体育小镇建设,特别是西部地区的体育小镇建设未能引起学术界的高度重视。

(二)借助于京张冬奥会的契机发展我国西部地区冰雪特色小镇

1. 西部地区发展冰雪特色小镇的条件

由于受地理位置、气候条件等影响,国人惯性认为我国冰雪资源和条件都集中在东北、华北地区,就连国家的冰雪发展政策也都侧重于东北三省和京、津、冀地区,但实际上我国西部地区的冰雪条件也不差,而且条件多样。我国西部地区体育自然资源历来具有原始性、独特性和垄断性的特点:地文方面,高原、山地、河流、峡谷、湖泊、瀑布、冰川密布;水文方面,西部地区水资源总量约占全国水资源总量的 56.5%;气候方面,纬度跨度大,从热带到寒温带,昼夜温差大,冬季平均温度低;地理区位方面,从广西沿海到世界屋脊,我国三大高原均在西部地区,高原特征明显。根据西部地区生态环境的差异性可将其冰雪资源划分成四大基本区:西北区(内蒙古、新疆北),地处亚寒带,具有与黑龙江省类似的冰雪资源;黄土高原区(甘肃、宁夏、陕西),干旱半干旱气候,适宜开展滑沙、滑草和室内冰上运动;青藏高寒区(青海、西藏),平均海拔 4500 米,江河之源,世界第三极,适宜开展所有冰雪项目;西南高山峡谷区(云南、贵州、四川、重庆、广西)地势起伏大,高山峡谷众多,适宜开展滑雪和建设冰雪高原耐力训练基地。

2. 西部地区冰雪特色小镇的建设

"西部地区"历来是学术界关注的热词,近些年来出现了诸多的研究成果。如能在西部地区大力建设以冰雪为特色的体育小镇,并在体育小镇建设过程中植入教育功能,大力培育冰雪人才,不仅能提高西部地区体育产业,缩小东、西部差距,又能解决自身冰雪人才不足的问题。

但由于西部地区可利用的冰雪资源大都远离城市,要想将这些资源转化成产业进而为冰雪人才培养提供教室、教具(场地、设施)以及吃、住、乐等配套服务,就必须充分借助特色鲜明、设施完善、功能齐备、内涵丰富、人流道路便捷的体育特色小镇这一载体。

当前我国冰雪产业运营和盈利状况还不尽人意,产业投入成本高,但游客总量、消费水平、管理水平不高,导致部分企业只能实现微利甚至亏损。国内的冰雪运动装备只能依赖进口,部分滑雪服装和配件可以国产,但主要供给低端市场。就历届冬奥会成绩来看,我国具有明显的夏强冬弱特征,很长一段时间以来并未得到良好的改观。

从地域来看,无论是政策倾斜还是目标重点,我国冰雪运动的发展都集中在以黑龙江为首的东三省和京津冀及其周边地区。而对同处于温带、亚寒带季风气候类型的内蒙古、新疆,以及具有高海拔、水资源优势的西藏、青海、云南、贵州、四川等同样具有良好冰雪运动自然环境条件的西部各省重视程度不够。

在未来的发展中,要深入贯彻与实施"北冰南展西拓"战略,加强冰雪特色小镇的建设,助力我国各地区冰雪运动的共同发展。

五、我国冰雪旅游产业发展的策略

（一）发展以哈尔滨为中心的冰雪旅游

随着近年来我国冰雪运动的发展,很多地区的冰雪旅游已树立了自己的品牌,获得了不错的发展。以黑龙江省哈尔滨为例,先后形成了冰雪艺术、冰雪文艺、冰雪体育、冰雪游乐、冰雪旅游、冰雪美食等一系列冰雪文化链条,极大地吸引了人们的目光,慕名前来参与冰雪旅游的人越来越多。然而,需要注意的是,为满足人们参与冰雪旅游的需求,还需要进一步加强冰雪旅游基础设施建设。目前,在哈尔滨除了兆麟公园举办冰灯游园会、在松花江江北岸设置冰雪大世界、在太阳岛水阁云天开辟小型雪雕公园等拥有较大影响力的冰雪文化设置之外,还没有产生规模较大、拥有集群效益的冰雪文化空间。除此之外,冰雪旅游具有极强的季节性特征,参与冰雪旅游只能在冬季进行,夏季前往冰雪旅游地的旅游者要想体验北国的冰雪风光是非常难的。因此,针对这一问题,当地政府相关部门可以构建大规模的、以冰雪为主要内容的主题公园,从而确保在不同季节人们都能体验到冰雪运动的魅力。

(二)科学定位、树立品牌、提高竞争力

我国冰雪旅游产业要想获得健康、快速的发展,必须要走品牌化路线,创造具有特色的品牌,体现差异化,这样才能吸引冰雪运动爱好者前来参与旅游消费。因此,我国各冰雪城市应结合自身优势,找准定位,树立冰雪品牌,从根本上提高自身的核心竞争力。如哈尔滨的冰灯、国际滑雪节就是我国东北地区冰雪旅游的一面旗帜,哈尔滨市应充分展现冰灯的新、奇、特等特色,持续不断地加大冰雪旅游产品的开发力度,开发出人们喜爱的冰雪旅游产品,同时还要提高冰雪旅游的服务水平。吉林雾凇是当地的特色,因此要加强这一品牌建设,做活冰雪旅游。长春市具有丰厚的冰雪资源,应把冰雪旅游定位成"冰雪结合、以雪为主、动静结合、以动为主",做好"净月潭瓦萨国际越野滑雪节"这一具有世界影响力的滑雪品牌,这对于当地社会经济水平的提高具有重要的意义。

(三)借助国际赛事,促进冰雪旅游的可持续发展

举办各种类型的冰雪体育赛事,不仅能提高我国的冰雪运动水平,还能形成一个以竞技观赏旅游为核心内容的竞赛体系,从而取得可观的经济效益。因为高水平的体育比赛能够为体育旅游注入巨大的推动力,所以奥运会、世界杯足球赛等国际大赛已经成为世界各国争相举办的重要赛事。因此,我国拥有冰雪资源的地区要加大冰雪旅游的开发力度,在人民群众中大力宣传与推广冰雪运动,将冰雪旅游和体育竞赛有机融合在一起,从而实现我国冰雪旅游产业的可持续发展。

（四）大力发展冰雪旅游相关产业

旅游业属于一个综合性产业，与社会多项产业之间有着非常密切的联系，它具有关联性和带动性的基本特征，因此，我国各地在开发冰雪旅游资源的过程中，要采取各种手段与措施实现冰雪旅游产业与相关产业的协调发展，如滑冰、滑雪装备的开发，冰雪旅游品和纪念品的开发等都与冰雪旅游之间有着极为密切的关系。

（五）加强专业人员的培养，培育冰雪旅游消费群体

我国北方地区，尤其是东北三省拥有丰富的冰雪资源，因此可以借助当地高等体育院校在教学资源方面的优势，在学校设置关于冰雪旅游专业方面的课程，培养冰雪旅游专业人才，提升我国冰雪旅游市场管理水平。在加大冰雪旅游专业人员培养力度的同时，还要积极开发客源市场，不断提升冰雪旅游的影响力。另外，还要注意冰雪运动的宣传与推广，让更多的人充分认识到冰雪运动的内涵与价值，激发其参与冰雪运动的强烈动机，满足人们的冰雪运动需求，培养稳定的冰雪旅游消费群体。

（六）注重冰雪旅游产品的开发、深化和创新

在冰雪旅游产业发展的过程中，一定要重视旅游产品的开发，要以市场为导向，不断开发出符合市场变化和消费者需求的冰雪旅游产品。因此，我国冰雪旅游资源地要做好充分的调研工作，真实客观地预测冰雪旅游客源市场，把握冰雪旅游者的需求特征及冰雪旅游市场的发展和变化，加强冰雪旅游产品的设计与创新，设计出符合大众审美和口味的冰雪旅游产品。

另外，要想保证冰雪旅游产品能持续不断地吸引人们消费，就要采取各种措施和手段尽可能地延长冰雪旅游产品的生命周期，加强冰雪旅游产品的深层次开发，积极推进冰雪旅游产品的更新换代，促使其获得良性循环发展。

（七）加强安全管理，完善法律法规建设

冰雪运动本身具有一定的刺激性和惊险性特征，人们在参与冰雪旅游活动的过程中难免会发生一定的危险事故，因此就需要加强冰雪旅游的安全管理，确保旅游者的人身安全。这需要管理者做好以下两方面的工作：一方面，应当加强政府监督机制的建设，提高冰雪旅游企业的入门门槛，参照相应标准完成审批工作；另一方面，旅游企业要立足于长远的眼光看问题，保证冰雪旅游活动的所有环节都有一定的安全保障，从而确保旅游者的人身安全。随着我国冰雪旅游产业的不断发展，我国也在积极推进旅游立法工作，实现依法治旅的目标。立法能从根本上解决冰雪旅游活动中产生的各种纠纷以及人身伤害财产损失赔偿责任问题，切实保障冰雪旅游者以及冰雪旅游企业的合法权益。

第四节　我国冰雪运动产业的区域化发展

2022年京张冬奥会的成功申办为我国冰雪产业的发展带来了机遇和挑战，在当今全球一体化发展的形势下，我国冰雪产业要紧跟时代发展的步伐，努力实现区域内经济的发展和交流，进而提升冰雪产业的影响力，促进其可持续发展。

一、东北地区冰雪运动产业发展

受地理位置的影响，我国东北地区的冰雪资源非常富足，尤其是黑龙江、吉林、辽宁等的冰雪运动有着深厚的文化底蕴，这些地区的冰雪文化色彩是其他地区所不具备的。经过多年的发展，东北地区的冰雪资源已成为重要的体育品牌，冰雪产业在东北地区各省体育产业甚至地区国民经济中都占据着重要的地位。

总的来看，我国东北地区冰雪产业呈现出以下特点。

（一）自然环境

东北地区属于温带大陆性季风气候,冬季寒冷且漫长,夏季温暖短促。一般情况下,东北三省(黑龙江省、吉林省、辽宁省)的冬季时长可以达到 6 个月左右,在冬季能形成巨大的天然冰场,冰层较厚并且冰期较长,非常适合开展冰雪运动。在东北地区,每逢冬季的来临,人民群众都会聚集在一起参加马拉爬犁、小网挂鱼等富有特色的冰雪活动,因此我国东北地区拥有良好的冰雪运动氛围和群众基础。

（二）区域文化

受地理位置和自然条件的影响,东北地区的冰雪运动文化氛围远比其他地区要丰厚,从东北地区走出了大量的竞技体育人才。不仅如此,在平时的生活中,人们也都愿意参加冰雪活动,群众基础非常好,当地政府部门会定期举办各种形式的冰雪旅游文化活动,极大地传承与推广了冰雪运动文化。

据统计发现,我国大部分的冰雪运动教练员或运动员都来自于东北地区,如申雪、赵宏博等花样滑冰运动员,王濛等短道速滑运动员都是来自于东北的著名冰雪运动员。他们屡次在世界大赛中取得优异的成绩。总的来看,黑龙江省是我国各类冰雪赛事的举办地,吉林省是我国全运会的主要举办地,经过多年的累积,他们都拥有了特色的赛事品牌文化。

东北地区的冰雪运动文化氛围非常浓厚,据统计,每年在冬季举办的冰雪文化节多达 10 个以上,其中哈尔滨国际冰雪节是影响力最为广泛的冰雪文化节,这个活动创办于 1985 年,迄今为止已举办 33 届。哈尔滨国际冰雪节涵盖冰雪旅游、冰雪艺术欣赏、冰雪经济贸易等各方面的内容,人们可以在活动中进行饮食、摄影、会展等方面的交流,受到世界各地人民的欢迎和喜爱。

总之,我国东北地区拥有浓厚的冰雪运动氛围和深厚的群众基础,冰雪基础设施相对于其他地区而言也是比较完善的。每当冬季来临,随时随处可见人们参加冰雪活动的身影,参加冰雪运动已深入东北地区人们的内心,成为人们重要的生活方式。

(三)品牌效应

东北地区的冰雪旅游业非常发达,经过长时间的发展,冰雪产业已成为当地经济收入的重要组成部分。据国家旅游局的统计,可以明显地看出我国东三省游客数量及旅游总收入的变化情况(表7-1)。

表 7-1　2016 年我国东三省游客数量及旅游总收入

省份	游客数量	游客数量同比增长(%)	旅游总收入(亿元)	旅游总收入同比增长(%)
黑龙江	901.14	31.18	107.46	13.61
吉林	889.77	15.42	75.69	22.44
辽宁	980.1	10.5	69.2	11.1

早在 20 世纪 60 年代,冰雪运动就成为人们重要的休闲娱乐活动。发展到 20 世纪 80 年代初,冰雪运动达到初步的兴盛,随处可以看到浇筑式冰场,参加滑冰运动的人非常多。但随着经济体制的改革与发展,我国大量的冰场开始逐渐消失,冰雪运动开始逐渐走下坡路,这一状况是不容乐观的。但随着 2022 年京张冬奥会的举办,冰雪运动作为重要的比赛内容,受到人们的欢迎和喜爱。

当前,我国冰雪产业的发展主要以冰雪器材及装备为主,但这些方面还相对滞后,没有形成具有世界影响力的品牌文化。2015 年在齐齐哈尔,20 世纪享誉国内外的黑龙冰刀再次投入生产,它是中国规模最大的冰刀制造厂,在那一时期,这一冰刀制造厂是区域范围内较为优秀的冰雪运动装备器材制造厂。

我国东北地区还建立了一些关于冰雪运动的俱乐部,发展到现在,这些俱乐部日趋完善,专业化程度较高,能为广大的冰雪运动爱好者提供高质量的服务。针对不同人群有不同形式的俱乐部,如有专注于各种赛事的正大体育冰球俱乐部,也有为残疾人提供冰壶培训的昊远冰壶俱乐部,还有大学生社团发展壮大的哈工大英才学院冰弈冰壶俱乐部等,这些俱乐部都为人们参加冰雪运动提供了重要的场所。

(四)政策支持

东北地区的冰雪运动之所以发展得较好,取得了不错的成绩,其中一个非常重要的原因就是政府部门的政策支持。在学校层面,当地政府给予大量的财政补贴,帮助学校建设冰场,开设冰雪课程,极大地吸引了青少年和儿童的参与,为我国冰雪运动人才做好了必要的储备工作。

2015年,黑龙江省出台《黑龙江省人民政府关于加快发展体育产业促进体育消费的实施意见》,提出要以冰雪产业为基础,各地区要依据当地特色构建完善的冰雪产业带,推进冰雪产业的不断发展。省政府出台了一系列有利于冰雪产业发展的政策,通过政策引导市场发展,通过政策与市场的结合有效配置冰雪资源,通过政策吸引冰雪运动人才,从而很好地推动了黑龙江省冰雪运动的快速发展。

2015年,辽宁省出台《辽宁省人民政府关于加快发展体育产业促进体育消费的实施意见》,该意见强调要以冰雪运动为突破口,加快推进群众冰雪体育的发展,采取各种措施和手段引导人们参与到冰雪产业消费中,实现冰雪产业的经济价值。除此之外,还要打造以长春为中心的冰雪产业集群,推动冰雪产业的区域化发展,创建冰雪运动旅游示范区,促进冰雪运动经济效益和社会效益的实现。

二、华北地区冰雪运动产业发展

与东北地区相比,华北地区的冰雪资源并不丰富,但这一地区的京津冀地区是我国重要的旅游市场,同时也拥有广泛的群众基础,这一地区的冰雪产业发展较快,发展至今已建立了相对成熟和完善的运营模式,同时也有大量的冰雪运动人才,包括高水平的教练员、运动员和产业经营管理人才等。

(一)区域发展优势

京津冀处于华北地区,这一区域的经济发展水平较高,人们的消费水平也较高。北京、天津两个经济发达城市具有广泛的辐射效应,带动了周边地区的发展。

随着2022年京张冬奥会的申办成功,为这一地区人们参与冰雪活动带来了充足的活力。冬奥会的举办将进一步推动冰雪资源的整合,带动京津冀地区冰雪产业的进一步发展。

华北地区针对本地区的优势资源,以市场为基础,细分目标市场,开发并建设了一批高质量的冰雪运营场所,不断提升冰雪服务水平。围绕以北京为中心的客源进行开发,落脚到整体市场的不同类别以及同类市场的不同阶层。总的来看,华北地区开发冰雪产业的模式主要以资源为依托、以市场为基础,充分利用区域经济与资源优势带动冰雪产业的发展。

(二)冬奥会举办的效应

2022年京张冬奥会的申办成功为华北地区的冰雪产业带来了良好的发展契机,这一良好的发展机遇是其他地区都不具备的。通过冬奥会的举办能推动华北地区尤其是京津冀地区冰雪运动产业品牌的推广,吸引广大人民群众参与冰雪消费,推动当地冰雪产业的发展。

另外,冬奥会的举办还会加快华北地区冰雪运动基础设施的升级与改造,通过冰雪场地与基础设施的建设,这一地区的冰雪产业将迎来崭新的历史发展阶段。

2022年京张冬奥会申办成功后,北京地区新建了5个冰场,为人们参加滑冰运动提供了良好的场所,这就是冬奥会的辐射效应。除此之外,北京各地还组织了一系列冰雪进校园活动,营造了浓厚的冰雪文化氛围,为我国冰雪产业培育了源源不断的客群,各地还广泛开展了面向群众的冰雪知识培训活动,大大普及了冰雪知识。冬奥会的举办对于华北地区乃至我国的冰雪产业而言既是机遇又是挑战,对场馆运营、经营者的综合素养都提出了很高的要求,因此必须要加强这方面的培训。

冬奥会的举办具有强大的辐射效用,除了能带动各地区冰雪产业发展外,还能带动冰雪运动相关产业的发展,如为保障冬奥会的顺利举办,政府部门会加强城市的基础设施建设,加强区域环境治理,提高旅游服务,提高餐饮与住宿服务等,带动城市居民消费水平的提升,从而促进地区国民经济的增长。为了冬奥会的成功举办,北京市政府规划、审批和投资了许多重大项目,同时还吸纳了大量的民间资本,加强了冰雪装备器材的研发、举办各种类型的冰雪赛事、提供相应的冰雪运动培训服务、开展冰雪旅游活动等,由此形成了一个复合型冰雪产业,推动了我国冰雪产业的升级与发展。

(三)大力推广宣传冰雪活动

为推动华北地区冰雪产业的发展,华北地区相关政府部门及民间组织都加强了冰雪运动的宣传与推广,充分利用各种多媒体传播途径和手段,向广大人民群众传播和灌输冰雪运动知识,营造良好的冰雪运动文化氛围。北京作为冬奥会主要申办城市,在2015年举办了各种类型的冰雪活动,人民群众受到了极大的熏陶。如东城区举办了龙潭湖文化冰雪嘉年华活动、西城区举办了陶然亭公园冰雪节、北海公园冰雪节,鸟巢与五棵松体育馆每年都会举办冰雪嘉年华活动,深深吸引着人们的参与。在河北省崇礼还连续举办了14届滑雪节,目前"崇礼国际滑雪节"已成为著名的冰雪品牌活动,另外,崇礼也是重要的国际滑雪训练基地之一,在这里举办过多次世界滑雪大赛。万龙滑雪场、密苑云顶乐园等滑雪场也能为广大的滑雪爱好者提供高质量的服务,深受广大滑雪者的欢迎和喜爱。

伴随着 2022 年京张冬奥会的到来,华北地区更加重视冰雪运动的开展,加大对冰雪运动的宣传,然而冰雪运动的发展程度参差不齐,许多场馆设施的规划设计存在先天不足的问题,参与者的构成也比较复杂,需要更多的时间和精力去引导和培养。为此,举办大量高规格的赛事吸引并提高冰雪运动的关注度,是让更多人参与冰雪运动的一个重要途径。

华北地区在冰雪产业发展的过程中,建立多样化的冰场运营模式,开发各种类型的冰场资源,满足人民群众的不同冰雪需求。以北京为例,截至 2016 年,北京市室内冰场的数量为 24 家,此外还有大量天然冰场,如北海公园、陶然亭公园等。另外,北京还汇集了大批高学历、经验丰富的冰雪管理人才,极大地提升了滑雪场的管理水平。北京地区的冰雪产业发展水平非常高,这一地区的冰雪俱乐部和冰球、冰壶运动发展尤为迅速,目前已有 15 家冰球俱乐部,16 支青少年冰球队。北京市每年还举办青少年冰球联赛,为我国输送了大量的高质量人才。

三、西北地区冰雪运动产业发展

我国西北地区也拥有丰富的冰雪资源,冬季温度较低,非常适合运动员参加冰雪运动训练。近些年来,新疆通过举办"十三冬"、冬季博览会等活动,加强了当地冰雪资源的整合与开发,提升了当地冰雪品牌的影响力,吸引了广大冰雪爱好者前来参加活动。

(一)冰雪资源丰富

我国西北地区拥有 4 座 8 000 米以上的山峰,,分别为乔戈里峰、迦舒布鲁姆Ⅰ峰和Ⅱ峰、布洛阿特峰。这四座山峰常年都覆盖积雪,有着丰富的冰雪资源。

除此之外,新疆还拥有阿勒泰、伊犁州、乌鲁木齐、昌吉州四大冰雪资源丰富的地区。其中阿勒泰是国际公认的人类滑雪的起源地,被誉为中国最美雪乡。伊犁州拥有伊犁河谷的优势资源,成为世界旅游精品和国际旅游谷。近些年来,乌鲁木齐市借助"丝绸之路",全力打造冬季冰雪旅游特色品牌,开展各种冰雪活动,推动了冰雪产业的多元化发展。

(二)富有民族特色

西北地区各省海拔差异大、气候条件多样,由此形成了富有特色的区域文化。同时西北地区也是我国少数民族聚居区,大量的少数民族生活在此地,既有草原游牧文化,同时也包含现代商业元素、狩猎文化,呈现出多样的文化形态。这一地区的人们在学习和工作之余经常参加各种冰雪运动,丰富了自己的业余文化生活。总之,西北地区的特色冰雪文化为当地旅游业的发展奠定了良好的基础。

(三)冰雪资源优势明显

在西北地区,新疆处于核心地位,其冰雪运动发展水平在一定程度上代表着西北地区的整体发展水平。发展到现在,西北地区各省正在将冰雪运动资源与体育结合、与旅游结合、与赛事结合,大力推动冰雪产业的发展。截至2015年,西北五省区滑冰爱好者超过10万余人,并且每年都在迅速增长,这为西北地区的冰雪运动发展奠定了良好的群众基础。

发展到现在,新疆地区的雪上项目发展水平较高,其高山滑雪、单板U形等场地赛水平居于世界前列。2016年,第13届新疆冬季运动会,向外界展示了新疆地区独特的冰雪运动文化魅力。通过承办冬季运动会,新疆建设了一些高规格的冰雪运动中心、丝绸之路滑雪场、天山天池滑雪场等,为运动员和冰雪运动爱好者参加冰雪训练提供了良好的场所。

除此之外,新疆还非常重视冰雪人才的培养与发展,在赛事组织、安全保障、后勤服务等方面都培养了大量的人才,这些人才为西北地区冰雪产业的发展作出了突出的贡献。

四、南方地区冰雪运动产业发展

(一)创造冰雪资源

与我国北方地区相比,南方地区气候温暖潮湿,冰雪资源比较稀少,没有良好的冰雪场地,要想开展冰雪活动,需要人为建造大量的冰雪场地,尽管如此,南方地区的人们对冰雪运动也有较高的运动需求。为推动我国冰雪运动的快速发展,我国在20世纪80年代提出了"北冰南展"的发展战略,主要目的是促使南方冰雪运动赶上北方冰雪运动发展的步伐。2016年《体育发展"十三五"规划》中提出要"大力普及冰雪运动项目",推进冰雪运动"南展西扩"战略,鼓励南方地区各城市大力开展冰雪运动,这些政策或文件的发布为南方冰雪运动的开展带来了一定的保障,是南方冰雪运动发展的良好机遇。

近年来,我国南方地区的冰雪运动获得快速的发展,前来南方参加冰雪旅游的人非常多,其中滑雪运动尤为深受人们的青睐,在全国冰雪类景区中,南方景区占据半壁江山,由此可见南方地区的冰雪运动呈现出良好的发展潜力,具有广阔的发展前景。

2017年开始,我国冰雪产业的规模强势崛起,这主要源于两个重要的契机——第23届、第24届两届冬奥会。对于起步较晚的我们来说,没有比这更好的助燃剂了,冰雪产业将进入一个绝佳的发展周期。在这个周期内,我国打造的冰雪产业将有效解决基础人群冰雪文化薄弱的问题,促进冰雪产业合力发展。我们南方地区的冰雪产业同样也在崛起,科技的进步突破了南方雪量不足的硬伤,造雪机器的升级为雪场的正常运营提供了保障。南方市场的开发让冰雪产业的布局显得更加广阔,而且南方雪场消费性更强,对冰雪的需求也更加强烈。四川西部为川西高原,得天独厚的地理位置,便捷的交通,大众强烈的冰雪需求,促成了西南地区三大雪场的崛起。而滑雪场作为滑雪运动的重要基础设施更是有着不可小觑的作用。滑雪场的开发建设将成为雪场所在地对外经济、与社会联系的窗口，促进本地与外地的经济技术、文化协作与交流，拓宽信息来源渠道，明显提升其知名度，从而为该地区吸引人、财、物创造有利条件，加快该地区的现代化发展。滑雪场不但弥补了冬季旅游的"空白"，而且还为游客提供了一个休闲娱乐的地方。而且滑雪器材装备的出租，滑雪技术的教授，器材的维修等，直接带来的经济效益不容小觑。

（二）引入大型赛事

随着我国冰雪运动的不断发展，为追上北方地区冰雪运动的发展步伐，南方地区的冰雪运动也采取了各种手段和措施加强冰雪运动的发展。近年来，南方地区兴建了大量的冰雪运动场馆，为人们参加冰雪运动提供了必要的场所，同时也为南方冰雪产业的发展奠定了良好的基础。南方地区各省市利用现代化的技术与手段建立了不少的室内滑雪馆及滑冰馆，吸引了冰雪运动爱好者前来参与消费，这有效地推动了南方地区冰雪产业的发展。如广东和深圳近年来掀起了滑冰热，花样滑冰与冰球深受青少年的青睐；上海举办了短道速滑世界杯赛事，树立了自己的冰雪品牌，提高了上海冰雪运动的知名度和影响力。除此之外，上海还引入了国外顶级俱乐部的冰球赛事，如俄罗斯大陆冰球联盟比赛等，这极大地提升了南方地区冰雪运动的品牌价值，对我国冰雪产业的发展具有重要的推动作用。

第八章　2022 年京张冬奥会周期我国冰雪运动的发展战略研究

随着 2022 年京张冬奥会的临近,我国冰雪运动的发展应在各方面都做好充分的准备。如加强冰雪运动基础设施建设,大力挖掘与培养冰雪运动人才,提高冰雪运动产业运营水平等,只有这样才能向世人展示我国冰雪运动发展的前景和潜力,证明我国举办冬奥会的实力。总之,要想在 2022 年京张冬奥会上取得理想的成绩,就必须要制定一个良好的发展战略。

第一节　2022 年京张冬奥会对我国冰雪产业的影响

2022 年京张冬奥会的申办成功是继北京夏季奥运会后我国又一重大的世界性体育赛事,这不仅是一项盛大的体育赛事,而且是一个全世界人民沟通与交流的集会。通过这一盛会,世界各国人民加强了彼此间的沟通与联系,获得了共同发展。可想而知,京张冬奥会的举办将对我国冰雪产业的未来发展产生深远的影响。

一、冬奥会的举办会增加大量的冰雪场馆

自 2022 年京张冬奥会申办成功以来,我国便开始了冬奥会的筹备工作,其中冰雪运动场馆的建设是非常重要的方面。秉承 2008 年北京夏季奥运会所提出的"绿色奥会"与可持续发展的基本理念,京张冬奥会的场馆建设方面充分发挥旧场馆的再利用,如首都体育馆、国家体育馆和国家游泳中心等可满足冰球、冰壶

项目和花样滑雪等比赛项目的场地需求,在充分利用和改造旧场馆的同时,新建一些现代化的冰雪场馆以满足赛事需求。截至目前,我国已经建成600多个户外滑雪场,在冬奥会的影响下,还将兴办650个室内滑雪场,同时大力推动我国南部地区的场馆建设。[①] 大量的冰雪场馆的建设将极大地带动冰雪产业的发展。

二、冬奥会的举办会增加冰雪产业消费人群

我国冰雪运动发展时间较短,与世界强国相比,不论是冰雪运动竞技水平还是产业发展水平都处于落后的局面。与国外冰雪运动强国相比,我国冰雪运动参与的人较少,难以形成较大的冰雪市场规模,因此当前我国的冰雪产业发展不太景气,这与我国竞技体育大国的身份是不相符的。

而伴随着2022年京张冬奥会的成功申办,这为我国冰雪运动产业的发展带来了良好的契机,我国冰雪运动面临着巨大的发展机遇和挑战。可以想见,通过冬奥会的举办,我国将极大地增加冰雪产业的消费人数,推动冰雪产业的快速发展。在冬奥会举办期间,我国人民可以近距离地欣赏到世界各国高水平冰雪运动员的表演,这能极大地激发人们参与冰雪运动的热情,开拓冰雪产业市场,促进体育产业经济的发展。据调查统计,2015年,我国全年滑雪人次为1250万,2016年增长至1510万人次,增长率达到了20%,有很明显的增长趋势。[②] 相信伴随着2022年京张冬奥会的到来,冰雪产业的这一发展趋势将更为明显,我国冰雪产业的消费群体将更为广大。

① 单琛蕾,张伟,郝鹏飞.北京冬奥会对我国冰雪运动的影响[J].南京体育学院学报,2018,1(01):40-44.
② 高欢,李晓峰.北京冬奥会对我国冰雪产业的影响研究[J].体育科技文献通报,2019,27(04):119+129.

三、冬奥会能够激发冰雪运动人才的培养

在任何时期,任何领域都离不开人才。在冰雪运动领域,同样也离不开人才的培养与发展。2022年京张冬奥会要想成功举办,除了加强基础设施建设,做好冰雪运动的宣传外,还需要挖掘和培养大量的冰雪运动专业人才,2022年京张冬奥会项目分为5个冰上项目和10个雪上项目,共102个小项,据分析需要冰雪运动专业人才达8万余人,因此我国冰雪运动人才培养的工作任重而道远。目前,总的来看,我国冰雪运动专业人才还比较匮乏,不论是教练员、运动员还是管理人员等都存在着人才稀缺的局面,这需要采取有针对性的手段和措施加以解决。

因此,为保证京张冬奥会的顺利举办,我国必须要在这一奥运周期内加强冰雪运动专业人才的培养,做好冰雪运动人才的储备,建设一支高质量的冰雪运动人才队伍,为我国冰雪运动的发展提供各方面的支持,提升我国冰雪运动的竞争力,促进我国冰雪运动的可持续发展。

四、国家政策支持,推动冰雪相关产业快速发展

为保证我国冰雪产业健康稳定的发展,近些年来我国政府相关部门陆续出台了一些有利于冰雪产业发展的政策,这能为我国冰雪运动的发展奠定良好的制度基础。2014年,国务院就曾发过相关文件,要求制定冰雪运动发展规划,以推动我国大众冰雪运动与冰雪产业的发展。2016年5月,国家体育总局发布《体育发展"十三五"规划》(以下简称《规划》),《规划》中指出,要以京张冬奥会为契机,把握历史的发展机遇,大力发展和普及冰雪运动,增加冰雪运动参与人群,提升我国冰雪运动竞技水平。2016年11月又发布了《冰雪运动发展规划(2016—2025年)》(以下简称《规划》),《规划》中指出到2025年,我国冰雪运动上升一个台阶,大众参与冰雪运动的积极性日益提高,拥有广泛的群众基础,冰雪

竞技水平居于世界前列,国际竞争力日益提升。国家所出台的一系列关于冰雪运动发展的文件或政策,对于我国冰雪产业的发展具有深远的影响和意义。

京张冬奥会是继 2008 年北京奥运会后的又一次盛大的体育盛会,因此受到我国领导人的高度重视。2017 年 2 月,习近平总书记在进行考察时,就指出北京冬奥会的举办是我国历史节点上一个代表性的活动,铭记着我国在世界上的成长历程,是我国进行自我展示、振奋民族精神的一个良好契机。[①] 因此,2022 年京张冬奥会的举办将对我国冰雪运动及冰雪产业的发展产生极为重要的影响,能推动我国冰雪运动健康、持续地发展,不仅如此,通过冬奥会这一全世界人民的盛会,还能增强与他国之间的联系,推动我国社会各个层面的发展。

第二节　2022 年京张冬奥会对京津冀地区的影响

2022 年冬奥会将在我国的首都北京和张家口举行,受地理位置的影响,京张冬奥会的举办将对沿线地区——京津冀地区各个方面的发展产生重要的影响。

一、促进京津冀区域一体化建设,提升区域凝聚力

当前,区域经济一体化的发展趋势日益明显,通过区域间的合作,各地区能互通有无,获得协同发展。而 2022 年京张冬奥会将是京津冀地区协同发展的一个极具社会影响力的活动,对于京津冀协同发展将产生极为重要的影响。京张冬奥会不仅是一次体育盛会,更是全世界人们的一次聚会,京张冬奥会的举办将极大地推动京津冀地区经济的发展,同时对京津冀地区其他事业的发展产生重要的影响。

---

① 高欢,李晓峰.北京冬奥会对我国冰雪产业的影响研究[J].体育科技文献通报,2019,27(04):119+129.

区域经济一体化的发展是当前一个社会热点,世界各国都非常重视。与国内外其他区域经济板块的发展一样,京津冀一体化建设也面临着区域内民众对"京津冀"概念的认同感与归属感欠缺的掣肘。① 为推动京津冀一体化发展,我国政府制定和颁布了一系列文件,在这样的形势下,国家政策对京津冀协同发展的推动与社会心理对区域概念排斥之间的矛盾,将随着京津冀一体化建设的发展而变得越来越明显。体育运动能促进人的社会化,而重大体育赛事的举办将对区域经济产生极大的推动,这都是被历史证明了的事实。因此,采取必要的措施加强冰雪运动的宣传,推动京津冀一体化发展是一个正确的决策,不论是对京津冀地区还是我国社会经济的发展都具有重要的意义。

二、创新冰雪场馆模式,提升场馆的利用率

近些年来,我国社会经济稳步发展,包括体育事业在内的各项社会事业都获得了不错的发展。在体育领域,竞技体育继续稳定发展的同时,全民健身运动如火如荼地进行,体育运动逐渐成为人们的一种生活方式。在全民健身和竞技体育快速发展的背景下,我国加强了体育场馆的建设力度。发展到现在,据粗略统计,我国体育场馆数量已接近200万个,与之前相比,体育场馆规模进一步扩大。但据调查发现,大部分体育场馆并没有得到充分的开发和利用,体育场馆运营不合理,绝大部分都处于亏损的状态,这给当地政府带来了巨大的财政负担。一般来说,体育场馆的利用具有一定的时令性特征,春末至秋初是最为重要的时段,其中在夏季,体育场馆的利用率最高。总的来看,我国绝大部分体育场馆的利用率不足,对群众体育事业的发展是十分不利的。

为提升我国体育场馆的利用率,促进我国体育场馆的建设与发展,我国公布了《关于加强大型体育场馆运营管理改革创新提

---

① 沈伟斌. 京张冬奥会背景下京津冀地区大众滑雪运动发展研究[J]. 河北科技大学学报(社会科学版),2017,17(01):24—30.

高公共服务水平的意见》（以下简称《意见》），该《意见》为我国体育场馆的建设与开发利用提供了重要的政策保障，同时还开拓了新的体育场馆建设与发展的思路。在这样的形势和背景下，京张冬奥会组委会提出了"改造旧场馆，举办新赛事"的申办宗旨，这符合我国政府所强调的节俭办奥运的指导思想，同时也能大大提高我国体育场馆的利用率，可谓是一举两得。

2022年京张冬奥会的举办将对我国体育场馆的开发与利用产生极大的影响，尤其对京津冀地区体育场馆的建设将产生直接的影响。冰雪场馆的建设与开发能赋予体育场馆更大的附加值，创造出更大的社会效益与经济效益。体育场馆的全天候开发与利用，能为人们提供重要的运动场所，满足京津冀地区人们的冰雪运动需求，这为推动京津冀地区的冰雪运动发展奠定了良好的基础。

三、有效推动京津冀地区群众体育的发展

2022年京张冬奥会的成功申办为我国冰雪运动的发展创造了一个良好的契机，我国冰雪运动迎来了一个良好的发展机遇。习近平总书记曾经指出，京张冬奥会的举办，其中一个非常重要的目的就是促进我国冰雪运动的发展和进步，推动群众体育更加健康、快速地发展。我国要想成为一个世界强国，群众体育在其中起着非常重要的作用，因为群众体育是竞技体育发展的基础，只有群众体育发展了才能为竞技体育营造一个良好的环境，在这样的环境下才能涌现出更多有潜力的高质量的体育人才。

冰雪运动的技术难度大，对运动员的综合素质要求较高，同时具有较强的观赏性、娱乐性和刺激性，因此深受体育运动爱好者的欢迎和喜爱。随着京张冬奥会各项筹备工作的开展，越来越多的人开始关注并参与到冰雪运动中，对于京津冀地区的人们而言尤其如此。

据相关调查研究发现，我国群众参加体育运动锻炼受季节变化的影响较大，这突出表现在北方地区。受体育运动参与季节性

规律的影响,人们参加体育运动锻炼在夏季与冬季有着明显的差异,春末至秋初季节有规律参与体育运动锻炼的人数接近九成,而在冬季参加体育锻炼的人数则非常少,这种时间上的断层非常不利于群众体育的发展。另据调查,造成人民群众参与体育运动锻炼季节性规律特征的主要原因有两个方面,一是受天气因素的影响,冬季气候比较寒冷,不适合参与体育健身;二是冬季缺少合适的运动项目和场地。

而京张冬奥会的举办将对京津冀地区人们参与冬季体育运动锻炼产生重要的影响,京张冬奥会能吸引人们将目光转移到冰雪运动项目上,激发人们参与冰雪运动的热情,为群众体育的开展提供运动场所及运动项目。① 京张冬奥会的举办将会极大地激发我国群众体育参与冰雪运动的潜力,推动京津冀地区冰雪运动的极大发展。除此之外,京张冬奥会的申办还能极大地丰富群众体育的内涵,促进京津冀地区群众体育的全方位发展。

四、为京津冀地区培育新的体育产业增长点

我国是一个人口大国,同时也是一个体育大国,近些年来我国竞技体育取得了令世人瞩目的成就,我国正走在体育大国向体育强国发展的道路上。发展到现在,体育已成为我国重要的社会事业,体育产业也已成为推动国民经济发展的重要力量,在国民经济发展中扮演着十分重要的角色。习近平总书记曾指出,京张冬奥会的举办将对我国冰雪产业的发展产生重要的影响。目前,体育产业已经成为我国第三产业中的十大支柱产业之一,在国民经济中占据着重要的地位。在《关于加快发展体育产业促进体育消费的若干意见》中提出了到 2025 年实现体育产业总值达到 5 万亿的目标,实现这一目标,并不是一件容易的事情,需要我国政府相关部门积极开拓体育市场,培育新的体育产业增长点,而冰

---

① 沈伟斌. 京张冬奥会背景下京津冀地区大众滑雪运动发展研究[J]. 河北科技大学学报(社会科学版),2017,17(01):24—30.

雪产业就是这样一个新的增长点,对于推动体育产业市场的发展具有重要的作用。

近些年来,冰雪运动项目及其背后的产业链受到人们的广泛关注。受各种因素的影响,目前我国的冰雪产业产值在国内体育产业总值中的比例还很低。但京张冬奥会的举办将成为一个体育热点和时事热点,能极大地推动我国冰雪运动休闲娱乐市场的发展,伴随着京张冬奥会的举办,相信在京津冀地区将涌现出大量的经营性冰雪运动娱乐场所,这将吸引人们参与到冰雪运动消费中,从而推动我国体育产业经济的发展。

2008年北京奥运会的成功举办,极大地促进了我国体育事业与社会经济的发展,北京奥运会从申办成功到举办的这些时间里,我国体育产业从起步阶段向飞速发展转变,不仅如此,我国社会各个层面都受到了北京奥运会的辐射和影响,社会各项事业都获得了不错的发展,这就是奥运会的巨大影响力。而京张冬奥会的申办成功,也同样会为我国体育产业的发展带来良好的机遇,不仅能为京津冀地区的体育产业开辟新的领域,还能推动我国整个体育产业和体育事业的发展。

第三节　2022年京张冬奥会筹备情况

一、场馆建设情况

2015年7月31日,北京和张家口获得2022年第24届冬季奥林匹克运动会的举办权,这标志着我国冬奥会正式进入筹办阶段。2015年12月15日,我国成立了2022年北京冬奥组委会,宣布京张冬奥会共设北京、延庆和张家口三个赛区,三个赛区将建设25个场馆供运动员比赛和训练使用,这25个场馆的具体情况见表8-1。

表8-1　2022年京张冬奥会场馆建设情况

赛区	场馆类型	场馆名称	比赛项目/用途	规模	位置	建设类型
北京赛区（12个）	竞赛类场馆5个	国家速滑馆	速度滑冰	12 000人	奥林匹克公园	新建
		国家游泳中心（水立方）	冰壶	4 500人	奥林匹克公园	现有
		国家体育馆	冰球（男）	18 000人	奥林匹克公园	现有
		五棵松体育中心	冰球（女）	9 000人	北京市海淀区	现有
		首都体育馆	短道速滑、花样滑冰	18 000人	北京市海淀区	现有
	非竞赛类场馆7个	国家体育场	开、闭幕式	91 000人	奥林匹克公园	现有
		北京奥运村		2 260人	奥林匹克公园	新建
		国家会议中心	主新闻中心、国际广播中心		奥林匹克公园	现有
		北京颁奖广场		10 000人	奥林匹克公园	临时
		首都滑冰馆	训练		北京市海淀区	现有
		首都综合馆	训练		北京市海淀区	现有
		首体短道速滑馆	训练			现有
延庆赛区（5个）	竞赛类场馆2个	国家高山滑雪中心	高山滑雪	8 500人		新建
		国家雪车雪橇中心	雪橇、雪车	10 000人		新建
	非竞赛类场馆3个	延庆奥运村		1 430人		新建
		延庆山地媒体中心		9 000平方米		新建
		延庆颁奖广场		8 000人	延庆城区	临时

赛区	场馆类型	场馆名称	比赛项目/用途	规模	位置	建设类型
张家口赛区（5个）	竞赛类场馆5个	云顶滑雪公园场地 A	自由式滑雪 & 单板滑雪	7 500 人		现有
		云顶滑雪公园场地 B	自由式滑雪 & 单板滑雪	7 500 人		现有
		冬季两项中心	冬季两项	10 000 人		新建
		北欧中心跳台滑雪场	跳台滑雪、北欧两项	10 000 人		新建
		北欧中心越野滑雪场	越野滑雪、北欧两项	10 000 人		新建

冬奥会场馆的建设不仅要符合赛事组委会的标准和要求，还要能最大化地利用土地等各种资源，推动奥运会承办地区的经济发展和各项事业的发展。

据相关数据统计，2022 年京张冬奥会场馆临建设施比例高达 20%，比北京夏季奥运会的 9% 有了明显的提升，由此可见，2008 年北京夏季奥运会遗产得到了充分的利用，这符合我国节俭办奥运的基本理念。

二、赛区发展情况

（一）北京赛区

北京赛区将承担京张奥运会的所有冰上项目比赛，主要包括短道速滑、速度滑冰、花样滑冰、冰球与冰壶，共 3 个大项 5 个分项 32 个小项。在其使用的 12 个场馆中，其中有 11 个为 2008 年北京夏季奥运会的遗产，其中 9 个能够直接使用，如在国家游泳中心举办冰壶比赛；在国家体育馆举办男子冰球比赛；在五棵松体育馆举办女子冰球比赛；在首都体育馆举办短道速滑比赛和花样滑冰比赛等。这极大地提升了体育场馆的利用率，符合节俭办奥运的理念。

除了以上现有的体育场馆都可以直接投入使用外,北京赛区还需要新建一个竞赛类场馆——国家速滑馆,这一场馆是在北京奥运会临时场馆——射箭场与冰球场临时场馆的基础上兴建的,临时用地拆除工作已于 2017 年 3 月底前完成。国家速滑馆按照国际标准 400 米滑道来设计,能容纳观众 1.2 万名。据赛事组委会的介绍,在京张冬奥会结束后,国家速滑馆将会对外开放,方便人民群众参与各类冰上运动项目,同时也能作为运动员训练馆使用。

2022 年京张冬奥会将在鸟巢举行开幕式和闭幕式,并在水立方和鸟巢之间搭建颁奖广场,可容纳 1 万人进入现场参与活动。另外,在京张奥运会举办期间,北京奥运村建设也是非常重要的,北京奥运村占地 300 亩,其设计理念富含民族风,可同时容纳2 260 人居住。

(二)延庆赛区

延庆赛区位于北京西北部燕山山脉附近,气温适合,风速稳定,冰期均衡,是举办冬奥会的理想地区。通过赛事组委会的介绍,2022 年京张冬奥会延庆赛区共设有 5 个场馆,其中 3 个为新建场馆,2 个为临时搭建场馆。在延庆赛区将进行 3 个大项(高山滑雪、雪车、雪橇)、4 个分项(高山滑雪、雪车钢架雪车、雪橇)、20个小项的比赛。其中,高山滑雪赛事将在国家高山滑雪中心举行,雪橇雪车赛事将在国家雪车雪橇中心举行。

2016 年底,延庆区开始冬奥会的筹办工作,2017 年成立了冬奥组委延庆运行中心,同时还成立了奥会筹办工作领导小组,组织与管理延庆赛区的奥运会相关工作。截至目前,延庆赛区已完成体育场馆以及相关配套设施的规划,并制定了投资人相关招标方案。目前已基本完成施工道路工程,为场馆建设打下了良好的基础。

作为 2022 年京张冬奥会的重要赛场,目前延庆赛区的场馆建设正在有条不紊地进行着。在延庆,人民群众参与冰雪运动开展的氛围非常浓厚,人们对冰雪运动都有着极大的兴趣,由此可见,这一地区的冰雪运动宣传工作做得非常好,这对于延庆地区冬奥会各项赛事的成功举办具有重要的意义。

(三)张家口赛区

张家口赛区是 2022 年京张冬奥会除北京赛区外的唯一一个赛区,据赛事组委会的介绍,张家口赛区共建设 8 个场馆,进行 2 个大项(滑雪、冬季两项)、6 个分项(单板滑雪、自由式滑雪、越野滑雪、跳台滑雪、北欧两项、冬季两项)、50 个小项的比赛。张家口赛区作为京张冬奥会的重要承办地区将极大地缓和北京赛区的压力,为奥运会的成功举办奠定良好的基础和保障。

早在 2017 年,张家口赛区冬奥场馆就已经进入规划优化阶段。现有的滑雪场将进行优化和升级,雪道由 35 条增加到 88 条,总长 70 公里;高速缆车由 4 条增加到 22 条,总长 30 公里。除此之外,张家口赛区还将新建滑雪小镇,单板滑雪和自由式滑雪世锦赛暨冬奥测试赛将在云顶滑雪场进行。目前,张家口赛区的冰雪场馆建设正在有条不紊地进行着,相信通过赛事组委会及相关部门的努力,一定能保质保量地完成冬奥会冰雪场馆建设的任务。

三、北京冬奥会交流计划

随着 2022 年京张冬奥会筹备工作的开展,北京奥组委制定与实施了冬奥会交流计划。其目的是促进 2022 年冬奥会理念的实现,激发广大人民群众参与冰雪运动的积极性。为宣传与推广京张冬奥会,赛事组委会开展了大量的工作,这为京张冬奥会的成功举办奠定了良好的基础。

(一)国内方面

关于国内冬奥会的交流计划,除了依赖传统的媒体宣传外,还要充分利用现代新媒体平台宣传与推广冰雪运动,如利用智能手机、各种社交软件等拉近与青少年群体的距离,推动冰雪运动的普及与发展。

1. 第一阶段(2015—2018 年)

2015 年,京张冬奥会申办成功后,北京冬奥会理念与奥林匹克运动在各种多媒体平台上进行传播,这极大地宣传与推广了冰雪运动。从 2016 年开始,冬奥会相关部门每年都举办冰雪文化节与奥林匹克运动文化节,为 2022 年冬奥会的举办打下了良好的基础。

2. 第二阶段(2019—2021 年)

在奥组委的带领下,举办各类冬奥会的宣传活动,招募志愿者,向公众公开奥运吉祥物,同时,着手设计奥林匹克长廊以及选定奥运火炬手。在奥运测试赛期间,做好赛事的宣传工作,加强与赛事合作伙伴之间的联系,推动冬奥会交流计划的进行。

3. 第三阶段(2022 年)

在冬奥会筹备期间举办各种类型的大型交流活动,在各大媒体中循环播放奥运宣传片,加深人民群众对冬奥会的印象。

(二)国外方面

1. 第一阶段(2016—2018 年)

在世界范围内做好京张冬奥会的宣传,邀请全球主流媒体参与京张冬奥会、冬奥会历史的成果展示。举办"国外摄影师在北京"活动,并向世人展示中国举办冬奥会的愿景。

2. 第二阶段(2019—2021 年)

通过国外媒体展示京张冬奥会的会徽、标语、主题曲以及吉祥物等。从全球范围内招募志愿者,建立京张冬奥会沟通与交流的平台。在奥运测试赛期间向世人展示我国先进的体育场馆、文化底蕴和现代科技水平。

3. 第三阶段(2022年)

通过国外媒体报道京张冬奥会各项工作的进展情况,为新闻工作者提供便捷的服务。冬奥会运动员及相关工作人员将有机会参与中国新年活动。

(三)机遇与挑战

通过京张冬奥会的举办,向世人充分展示北京、张家口等城市形象,展示中国特色的传统文化,同时要促使世界各国人民参与到中国冰雪运动市场之中。

通过京张冬奥会的举办,充分弘扬与传播奥运精神,参赛运动员要树立自信心,在努力拼搏取得优异成绩的同时积极传递奥林匹克精神。

通过京张冬奥会的举办,鼓励社会企业与奥运会之间的沟通与交流,加深企业对冬奥会的理解,促使企业发挥自身应有的力量支持冬奥会的发展。

四、其他准备情况

(一)城市活动

在2022年京张冬奥会举办期间,三大赛区将会举办各种庆祝活动,吸引人们积极加入到冬奥会大军之中,向世人展示我国城市风采的同时宣传冬奥会文化。奥组委要组织机构对其中的某些活动进行现场直播。其中所有比赛区域的公共区域、大型体育场、运动场等都可以作为直播的地点。除了在举办城市进行直播外,奥组委还可以搭建一个奥运会的网络转播平台,通过网络向世人展示冬奥会的各项工作进展情况。

（二）体育活动

在冬奥会举办前，北京市已成功举办各项类型的体育赛事，如北京夏季奥运会，中国网球公开赛、马拉松比赛等。除此之外，还多次承办过滑冰比赛、冰壶比赛、冰球比赛等冬季项目比赛活动；张家口每年举办国际雪联高山滑雪比赛；崇礼举办传统国际冰雪节活动等。这些活动的举办，都激起了人民群众参与体育活动的热情，极大地推动了体育运动在我国的发展。另外，为促进冬奥会的宣传，相关部门还要组织人员推行"冰雪进校园"活动，为运动人才的培养提供一个良好的平台，并且建立牢固的群众基础。另外，还开展"百万青少年上冰雪"活动，利用各种运动设施举办不同类型的运动比赛，提升青少年冰雪运动水平。我国体育部门还要积极引进高质量的冰雪运动赛事，加强与国外运动员的沟通与交流，提升本国运动员的冰雪运动水平。每年定期举办各种各样的健身活动或冰雪文化交流会，扩大冰雪运动在我国的影响力，丰富人们的业余文化生活。

第四节　我国冰雪运动的可持续发展战略

发展至今天，可持续发展的理念已深入人心，当前我国冰雪运动通过近些年来的发展已有了一个良好的发展势头，加之2022年京张冬奥会的举办，冰雪运动在我国更是成为一个时事热点。这为冰雪运动的可持续发展奠定了良好的基础。冰雪运动的可持续发展是一项长久的工作，要想实现这一目标，就要从当下抓起，注重每一个环节和细节，结合我国具体实际采取有针对性的手段和措施推动我国冰雪运动的可持续发展。

一、冰雪运动可持续发展的愿景

（一）环境改善与发展

2022年京张冬奥会的举办要切实遵守可持续发展的基本理

念,在赛事开展的过程中,要更多地使用各种清洁能源,应用环境
友好型的科技产品;冰雪运动大部分项目是在户外进行的,因此
要保护好森林、湿地等环境,做到赛事与环境保护的和谐发展。

(二)促进区域经济发展

在竞技体育中,各类运动会或体育赛事的举办都与举办地之
间有着极为密切的关系。冬奥会的举办也是如此,冬奥会冰雪场
馆的规划需要全方位考虑,冬奥会的举办将会为举办地带来丰厚
的遗产,推动北京及张家口冰雪产业及体育旅游业的发展,同时
也能带动社会其他产业的发展。另外,举办地的城市基础建设,
又能美化城市环境,提升城市的形象,促进社会经济的发展。

(三)更高水平的公共参与

为推动冬奥会的发展,充分利用冬奥会的辐射影响力,学校
可以在允许的条件下加入一些冬季运动课程,促进冰雪运动在校
园中的发展。除此之外,还要建设一定数量的冬季项目俱乐部,
以满足人们的冰雪运动需求。在社会上大力宣传奥运会的理念,
帮助人们建立可持续发展观念,鼓励人们积极参加体育运动锻
炼。总之,在弘扬与传播奥运会理念的基础上,利用可持续发展
模式推动我国冰雪运动的健康发展,充分利用冬奥会的辐射力,
帮助人们养成主动参与体育锻炼的习惯,进而形成终身体育锻炼
的意识。

二、促进我国冰雪运动可持续发展的战略

(一)新建冰雪运动场馆

京张冬奥会的举办具有重要的辐射效应,因此我国政府要充
分利用好这一辐射效应进一步推动我国冰雪运动及产业发展。
在冰雪运动可持续发展体系中,冰雪场馆的建设至关重要,因为
它是人们赖以运动的场所,没有了冰雪场馆,人们便无法参与冰

雪运动。国务院第 46 号文指出:"冰雪运动规划的制定,离不开社会的积极参与与支持,应正确引导企业加入冰雪运动场地场馆建设中,加快冰雪运动发展,形成新的经济增长。"需要注意的是,冰雪场馆的建设,不仅仅是指新建场馆,还包括旧场馆的改造与利用,要提高冰雪场馆的利用率,这样才能推动冰雪运动的可持续发展。为推动冰雪运动的可持续发展,国家做了以下努力和尝试。

首先,为推动冰雪运动的健康发展,我国政府部门陆续出台了一系列关于冬季运动的相关政策,为冬奥会的举办保驾护航。到 2022 年,我国冰雪场馆的数量都会有明显的增加。

其次,在我国政府的引导下,运用市场运营机制聚集社会分散资本,由专业化的投资机构运作与管理,促进我国冰雪产业的发展。

最后,为社会居民提供良好的服务保障体系,保障人们参与冰雪运动的安全。相关部门要认真听取群众对冰雪场地建设的意见和要求,进一步完善冰雪场馆的建设。

(二)构建冰雪运动文化体系

冰雪运动作为一种冰雪文化形态,有着自身的发展特点和规律。因此,我们在构建冰雪运动文化体系的过程中要遵循冰雪运动的发展规律,按部就班地推动其发展。冬季奥运会传递的是卓越、包容、和谐、多元等多种理念,这些理念是冰雪运动文化发展的基础。冰雪运动的发展要围绕冰雪文化进行,我国北方创造的"马蹄善走""山羊角""骑木而行"以及各种冰雕艺术等都能推动冰雪运动文化的进一步发展。当前,我国冰雪运动存在着人才匮乏的局面,而冰雪运动文化的发展能在一定程度上解决这一问题。冰雪运动文化体系的形成能为我国 2022 年冬奥会培养高水平的竞技运动员、教练员、科研人员以及管理服务人员提供保障,同时,还能吸引大量的青少年参与到冰雪运动中,这对于我国冰雪运动的可持续发展是非常有利的。①

冰雪运动文化体系的构建,对于我国全民健身的发展还具有重要的意义,另外,人们积极投入到冰雪运动消费中,还能推动我国冰雪产业的发展,进而促进我国社会经济的发展。

(三)创建冰雪运动专业人才库

虽然随着 2022 年京张冬奥会的成功申办,我国的冰雪运动受到人们的重视,近年来获得了一定程度的发展,但是总体来看,在各方面都还是比较欠缺的,如冰雪人才匮乏就是一个非常重要的方面。因此,大力挖掘与培养冰雪运动人才,建立一个完善的冰雪运动专业人才库势在必行。在新的时代背景下,我国社会经济、文化、社会价值观等发生了一定程度的变化,以往的运动人才培养模式已难以适应现代竞技体育发展的要求,另外,教练员的综合能力与素质也会影响和制约运动人才的发展。鉴于此,为推动冰雪运动的发展,构建一个健全的冰雪专业人才库要从以下方面展开。

首先,政府部门颁布了一系列有利于冰雪运动发展的政策,如《关于加强青少年体育增强青少年体质的意见》《冰雪运动发展规划(2016—2025 年)》,通过这些政策的颁布与实施,能打破我国传统选材的桎梏,充实运动专业人才队伍,培养出大量的高素质人才。

其次,学校组织与社会团体组织分别作为培养冰雪运动人才的孵化圣地与选材路径,同时,建立冰雪运动人才兴趣班,引导学生积极参与运动。

最后,采取"走出去,引进来"的人才发展战略,将我国有潜力的冰雪人才输送到国外进行深造,同时引进优秀的冰雪人才,推动我国冰雪运动的发展。

---

① 张婷,李祥虎,肖玲,张媛.北京冬奥会背景下我国冰雪运动可持续发展路径研究[J].体育文化导刊,2018(07):17—21+31.

（四）搭建冰雪管理标准服务体系

为推动奥林匹克运动的可持续发展,国际奥委会建立了一个知识管理系统,这为冰雪运动的可持续发展提供了良好的借鉴。因此,为促进我国冰雪运动的可持续发展,可以构建一个冰雪运动管理标准服务体系。

首先,国家政策支持导向。《国务院关于加快发展体育产业促进体育消费的若干意见》指出:营造冰雪朝阳产业作为绿色产业,进一步管理体育消费,抓好安全监管、质量监管,对市场进行宏观调控,政策方针制度把控,向"强政府、强市场、强社会"的格局发展。[①]

其次,在社会方面,要始终坚持净化市场的服务理念,管理好企业,保持良性竞争,打造特色化的管理运营机制,确保管理标准的透明化、清晰化,吸引更多的企业加入到冰雪产业之中。

最后,企业要有良好的服务意识,并将服务意识贯彻进企业文化之中,提高企业的核心竞争力。这对于促进企业的健康发展,推动冰雪产业的可持续发展具有重要的意义。

---

① 张婷,李祥虎,肖玲,张媛.北京冬奥会背景下我国冰雪运动可持续发展路径研究[J].体育文化导刊,2018(07):17—21+31.

参考文献

[1]李树旺,张磊.冬奥会项目及观赛指南[M].北京:中国人民大学出版社,2018.

[2]孙承华,伍斌,魏庆华等.中国滑雪产业发展报告[M].北京:社会科学文献出版社,2017.

[3]孙承华,杨占武,刘戈等.中国冰上运动产业发展报告[M].北京:社会科学文献出版社,2017.

[4]全国体育院校教材委员会.冰雪运动[M].北京:人民体育出版社,2007.

[5]唐炎,朱维娜.体育人才学[M].重庆:西南师范大学出版社,2006.

[6]臧克成,刘杨,鹿国辉.冰雪运动损伤与防护[M].北京:化学工业出版社,2018.

[7]杨桂兰,武玉元.冰雪运动的道德教育价值[J].冰雪运动,2005(06):89-91.

[8]周阳.2022冬奥会对北京市中小学生参与冰雪运动发展策略研究[D].首都体育学院,2018.

[9]王毅.哈尔滨高校校园冰雪体育文化现状及发展对策研究[D].哈尔滨体育学院,2012.

[10]芮秋云.北京市海淀区中小学冰雪运动进校园的开展现状与对策研究[D].首都体育学院,2018.

[11]刘万鹏,丁日明,刘邢.探析冰雪运动对高校校园体育文化建设的影响[J].当代体育科技,2018(12):86+88.

[12]张智敏.冰雪运动对高校校园体育文化建设的影响[J].青少年体育,2019(01):137-138.

[13]庞博韬,刘俊一.冰雪运动进校园的价值与实施路径[J].体育文化导刊,2019(01):88－93.

[14]丁日明,李永霞.北京冬奥背景下的高校校园冰雪体育文化建设[J].冰雪运动,2018,40(03):75－78.

[15]张志成,周祖旭.高校冰雪文化建设与发展策略研究[J].黑龙江工业学院学报(综合版),2018,18(10):24－27.

[16]秦晨晨,于冲.北京冬奥会背景下我国冰雪基础设施发展现状与路径选择[J].当代体育科技,2018,8(19):219－220.

[17]刘佳宇.我国冰雪运动场地布局与发展研究[D].北京体育大学,2017.

[18]彭丽娜,张崇龙,江志全,李丹,周旭雪,王万朋.京津冀高校冰雪运动人才培养路径初探[J].当代体育科技,2019,9(06):218－219＋221.

[19]王锥鑫.我国冰雪运动竞技人才储备与发展路径研究[J].南京体育学院学报(社会科学版),2017,31(02):82－87.

[20]张婷,李祥虎,肖玲,张媛.北京冬奥会背景下我国冰雪运动可持续发展路径研究[J].体育文化导刊,2018(07):17－21＋31.

[21]高欢,李晓峰.北京冬奥会对我国冰雪产业的影响研究[J].体育科技文献通报,2019,27(04):119＋129.

[22]沈伟斌.京张冬奥会背景下京津冀地区大众滑雪运动发展研究[J].河北科技大学学报(社会科学版),2017,17(01):24－30.

[23]杨晓明.张家口市小学冰雪运动开展策略研究[D].河北师范大学,2019.

[24]王丹.天津市中小学生参与冰雪运动情况分析与完善策略[D].天津体育学院,2019.

[25]唐赢.北方校园冰雪运动调查研究[J].农家参谋,2018(15):296.

[26]彭迪,连洪业.齐齐哈尔市青少年冰雪运动发展现状及对策研究[J].理论观察,2018(07):91－93.

[27]王革,张引等.高校校园体育文化的内涵与构建.韩山师范学院学报[J],2001(4):24—26.

[28]单琛蕾,张伟,郝鹏飞.北京冬奥会对我国冰雪运动的影响[J].南京体育学院学报,2018,1(01):40—44.

[29]徐静.速度滑冰对大学生健康体适能影响的实验研究[D].哈尔滨师范大学,2014.